Ullstein Sachbuch

ÜBER DAS BUCH:

Nach der Zerstörung des Tempels von Jerusalem und der Unterwerfung des Reiches Juda durch den Babylonierkönig Nebukadnezar II. im Jahr 586 v. Chr. flüchtete ein Teil der überlebenden Juden aus ihrer Heimat auf die Iberische Halbinsel. Dort lebten sie unter christlicher und maurischer Herrschaft bis ins 15. Jahrhundert zumeist friedlich. Durch den Terror der spanischen Inquisition sahen sich viele Sephardim gezwungen, das Land zu verlassen. Sie siedelten sich im islamischen Nordafrika, in Ägypten, Syrien, Anatolien, Südfrankreich, Italien und Griechenland an.

Dieses Buch verfolgt die wechselvolle Odyssee der sephardischen Juden von Anbeginn an über ihre kulturelle Hochblüte im 17. Jahrhundert bis in die Neuzeit hinein.

Béatrice Leroy

Die Sephardim

Geschichte des
iberischen Judentums

Ullstein Sachbuch

Ullstein Sachbuch
Ullstein Buch Nr. 34768
im Verlag Ullstein GmbH,
Frankfurt/M – Berlin
Titel der französischen
Originalausgabe:
L'Aventure séfarade
Aus dem Französischen
übersetzt von Frederica Pauli

Ungekürzte Ausgabe

Umschlagentwurf:
Volker Noth, Grafik-Design
Unter Verwendung einer
Abbildung des Archivs
für Kunst und Geschichte,
Berlin
(Jüdische Buchmalerei,
Spanien, 14. Jahrhundert)
Alle Rechte vorbehalten
© 1986 by Éditions Albin Michel S.H., Paris
© der deutschen Ausgabe 1987 by
Nymphenburger Verlagshandlung GmbH,
München
Printed in Germany 1991
Druck und Verarbeitung:
Ebner Ulm
ISBN 3 548 34768 1

Juni 1991

CIP-Titelaufnahme
der Deutschen Bibliothek

Leroy, Béatrice:
Die Sephardim: Geschichte des iberischen
Judentums / Béatrice Leroy. [Aus dem
Franz. übers. von Frederica Pauli]. –
Ungekürzte Ausg. – Frankfurt/M; Berlin:
Ullstein, 1991
(Ullstein-Buch; Nr. 34768:
Ullstein-Sachbuch)
Einheitssacht.: L' aventure séfarade <dt.>
ISBN 3-548-34768-1
NE: GT

INHALT

Vorwort 7

Erster Teil

AUF DER IBERISCHEN HALBINSEL

Erstes Kapitel: »Sepharad« 13
Die ersten Alarmzeichen 14
Die Zeit von Al-Andalus 23
Erste Flüchtlinge; letzter andalusischer Glanz 31

Zweites Kapitel: Jüdische Untertanen im
christlichen Spanien 43
Das Recht, als Jude und als Spanier zu leben 45
Das Recht, sich zu äußern 61
Das Recht, an der Regierung teilzunehmen 72

Drittes Kapitel: Die Vertreibung aus Spanien 77
Emarginiert oder ausgeschlossen? 78
Vom Ausschluß zur Ausweisung 90

Fazit des ersten Teils: Gab es in der mediterranen
Welt Sephardim schon im Mittelalter? 111

Zweiter Teil

DIE SEPHARDISCHE DIASPORA

Viertes Kapitel: Sephardim in den Städten des
Abendlands 125

Die Wiederansiedlung 126
Amsterdam, das »dutch Jerusalem« 134
Ein jüdisches und ein westliches Leben 145

Fünftes Kapitel: Die Sephardim im Mittelmeerraum . 153

*Eine immer noch westliche Zuflucht: Italien und
seine Bücher* 155
Die türkischen Städte; eine glanzvolle Episode 164
Erlöser und elende Zeiten 173

Sechstes Kapitel: In den arabischen Ländern
der Neuzeit 189

Die »jüdisch-arabischen« Gemeinden 191
Eine neue Ära in Ägypten 200
Das neue Israel und die arabischen Länder 207

Epilog 213

Bibliographie 217

Namen- und Sachregister 224

VORWORT

Die sephardische Geschichte hat ihren Ursprung in der Genesis. Sie beginnt mit dem Bund, den Gott mit Abraham schloß, und der Verheißung an sein Volk, sein auserwähltes Volk; sie beginnt mit dem ersten Abenteuer der Menschheit, dem Auszug der Israeliten aus Ägypten, die als erste die Sklaverei ablegten und einen einzigen Gott, ein einziges Land, eine einzige Schrift und einen einzigen Tempel in Jerusalem wählten.
Dieses Volk – jedenfalls einen Teil von ihm – vertreten die Sephardim –, heute die Juden des Mittelmeerraums, die sich von den Aschkenasim in Zentral- und Nordeuropa unterscheiden. Wir werden auf die Bezeichnungen noch zurückkommen müssen und sie im einzelnen genau prüfen anhand der Stationen einer Jahrhunderte dauernden Diaspora. »Sepharad«, »Aschkenas« und »Zarefat«, zunächst einmal Orte der Bibel, bedeuten noch nicht »Spanien«, »Deutschland« und »Frankreich«. Erst im Lauf der Jahrhunderte nahmen sie jene Umrisse an. Doch obwohl sich die Konturen immer genauer abzeichneten, zu exakten Grenzen sind sie nie geworden.
Um die sephardische Lebensweise verständlich zu machen, müßte man zuerst das Judentum erklären. Nichts anderes könnte sie besser charakterisieren. Darüber hinaus ist alles nur Ergänzung, Nuance, ohne jedoch der grundlegenden Feststellung – die Sephardim sind Juden – etwas zu nehmen oder hinzuzufügen.

Das Judentum war die erste monotheistische Religion. Später entstand aus ihm das Christentum, und noch später wollte der Islam eine weitere Botschaft bringen. Die Israeliten, Nachfahren jener zwölf Stämme, die um das Jahr 2000 vor Christi Geburt das auserwählte Volk Gottes bildeten, zerstreuten sich in mehrere Wellen über die ganze Welt, vertrieben von fremden Mächten, die ihre Hauptstadt Jerusalem belagert, ihren Tempel zerstört und nur dessen westliche Mauer übriggelassen hatten. Den Gläubigen (den als Juden geborenen und den zum Judentum übergetretenen) blieb seither als gemeinsames Ziel die Rückkehr: zurückkehren nach Jerusalem, um an der Mauer zu beten und dort das Ende aller Zeiten und die Zukunft des Messias zu erwarten. Das irdische Leben, sei es in Jerusalem oder an einem beliebigen Ort der Diaspora (griechisch für Zerstreuung), ist nur Erwartung; der Gläubige bereitet sich vor im Gebet und mit Werken der Nächstenliebe, und wenn er eine Arbeit – manueller oder intellektueller Art – verrichtet, unterwirft er sich lediglich dem göttlichen, von Mose übermittelten Gesetz. Seine Arbeit und sein Gebet bringen ihn beide dem Tag des Gerichts einen Schritt näher.

In der Tora, den ersten fünf Büchern der Bibel, und zwar zur Hauptsache im 4. und 5. Buch Moses, ist dieses Gesetz aufgeschrieben und erklärt. Ein gläubiger Jude kann sich den Geboten nicht entziehen, und er respektiert auch die Feiertage, jene fröhlichen oder traurigen Feste zur Erinnerung an Ereignisse aus der Geschichte des Volkes Gottes. Rosch ha-Schana markiert den Anfang des Jahres; Jom Kippur ist »Tag der Sühne« oder Versöhnungstag, Sukkot das Laubhüttenfest zur Erinnerung an die Zwischenhalte der fliehenden Israeliten auf der Sinai-Halbinsel, Chanukka das an die Makkabäer-Fürsten und die Belagerung Jerusalems erinnernde Lichterfest. Purim geht zurück auf Esthers Rolle am persischen Königshof; Passah feiert die Befreiung und den Auszug Israels aus Ägypten. Mit Schawuot werden die ersten Früchte der Natur begrüßt, und am 9. Tag des Monats Aw wird der Zerstörung des Tempels gedacht. An hohen Festtagen und bei andern, ebenfalls wichtigen Gelegenheiten trifft sich die Gemeinde in der Synagoge, ihrem »Haus der Versammlung und der religiösen Übung« – in der Diaspora der Ersatz für den einzigen Ort, an dem einst geopfert werden durfte, den Tempel. Eine Wand der Synagoge weist nach Jerusalem, dort sind in einem Schrein die Gesetzes- oder Torarollen untergebracht. Als Krönung und Höhepunkt der Woche wird, mit Beginn am Freitagabend, von einem Sonnenuntergang zum andern der Sabbat zelebriert. Er ist der Tag des Herrn, alle menschlichen Verrichtungen sind aus ihm verbannt.

Nach dem Gesetz soll die Ernährung bestimmte Normen erfüllen. Fleisch wird nur von rituell geschlachteten Tieren gegessen. Milch- und Fleischprodukte dürfen nicht zusammen verzehrt werden; gewisse Fleisch-, Fisch- und Ölarten sind verboten; Wein darf nur von Juden gekeltert werden. Wurden diese Gebote mißachtet, gilt die Nahrung als nicht koscher. Vorgeschrieben sind auch bestimmte Fastentage: am Vorabend von Festen, am Versöhnungstag (Jom Kippur) und am 9. Tag von Aw; im Lauf des Kalenderjahres kommen einige kleinere Fastengebote hinzu.

In der Synagoge leitet der Rabbi das Gebet, er predigt und segnet die Versammelten; er wacht zudem bei allen Gemeindemitgliedern über die jüdische Erziehung und die Einhaltung der Rituale. In der Vergangenheit zelebrierten der Cohen, der Priester, und die Leviten, seine Gehilfen, die Opferhandlungen im Tempel. In der Synagoge steht dem Rabbi der *Chasan* oder Vorsänger zur Seite, der auch die Trauungen vornimmt. Spezielle Funktionen üben eine Reihe weiterer Würdenträger aus: der Beschneider, *Mohel*; der Schächter, *Schochet*; der Finanzverwalter, *Gabbai*, und der Synagogendiener, *Schammasch*.

Alle Israeliten nehmen in völliger Gleichheit am Leben in

der Gemeinde und am Gebet in der Synagoge teil. Jedoch braucht es zum Gebet mindestens zehn erwachsene Männer, die zusammen den *Minian* bilden. Das jüdische Blut vererbt sich über die Frau, die die Kinder nach dem Gesetz erzieht. Ihre Rolle ist die einer Vermittlerin, das Gebet darf sie nicht sprechen, nur erwachsene Männer sind dazu berechtigt. Der Knabe wird acht Tage nach der Geburt beschnitten und erreicht in seiner Gemeinde mit dreizehn die religiöse und bürgerliche Volljährigkeit durch die *Bar-Mizwa-Zeremonie* (er wird »gebotspflichtig«). Dabei liest und singt er in der Synagoge einen Vers aus dem Talmud, und fortan hat er das Recht, den *Kiddusch* über den Sabbat-Wein zu rezitieren und an den Gebeten in der Synagoge teilzunehmen.

So bestimmt es das Gesetz; so hielten es die Juden, als sie sich in alle Welt zerstreuten, und so halten sie es noch immer, denn noch immer ist für sie die Heilige Schrift das Buch des Lebens. Auch in ihrem Jahrhunderte dauernden Exil ließen sich die Sephardim von diesem Gesetz leiten.

Erster Teil:

AUF DER IBERISCHEN HALBINSEL

»... Ich habe mein Haus verlassen, mein Erbe verstoßen, habe den Liebling meiner Seele in die Hand seiner Feinde gegeben.
Mein Erbe ist mir geworden wie ein Löwe im Walde; es erhob wider mich seine Stimme, darum lernte ich's hassen ...
Viele Hirten haben meinen Weinberg verwüstet, haben meinen Acker zerstampft, haben den Anger, der meine Lust war, zur öden Steppe gemacht.«

Jeremia XII, 7,8,10

Erstes Kapitel

»Sepharad«

Die jüdische Überlieferung bezeichnet mit dem hebräischen Namen »Sepharad« die Iberische Halbinsel, die sich zwischen Mittelmeer und Atlantik ausbreitet und im Westen als ein Ausläufer des Abendlands für die Menschen der Antike und der mittelalterlichen Epochen das Ende der ihnen bekannten Welt bedeutet. Jenseits von Sepharad, noch weiter im Westen, fahren keine Schiffe, kann man sich nicht niederlassen und nicht leben. In diesem entlegensten Schlupfwinkel für Flüchtlinge aus dem Orient landet man und versucht, sich einzurichten. Manchmal freilich müssen Flüchtlinge auch aus Sepharad wieder weiterziehen, in die afrikanischen Steppen, auf den Straßen der Ebenen und auf den Flüssen des Abendlands oder über die Routen des Mittelmeers, das sie genauso gut wieder aufnehmen und zu seinen östlichen Gestaden bringen kann, nachdem es sie bereits ans Ende der Welt geführt hat.
Spanische Juden des 15. und 16. Jahrhunderts legten stets besonderen Wert darauf zu erzählen, wie ihre frühesten Vorfahren um 586 v. Chr. aus Jerusalem flüchteten, nachdem Nebukadnezar von Babylon den Tempel und das Reich Juda zerstört hatte. Der ganze Stamm Juda – oder besser, was von ihm übriggeblieben war, einige jüdische Chronisten nennen auch noch den Stamm Benjamin – sei irgendwo bei Askalon oder Asdod auf Schiffe geflüchtet, um nach und nach das Mittelmeer zu überqueren und schließlich in Sepharad, jenem äußersten westlichen Zipfel, wo

noch kein Jude hingekommen war, zu landen und für immer dort zu bleiben. Als die christlichen Könige im 13. Jahrhundert von jeder jüdischen Gemeinde eine Summe als Kollektivsteuer forderten, die den dreißig Silberlingen entsprach, für die Christus verraten wurde, antworteten ihre jüdischen Untertanen, sie hätten im Gegensatz zu ihren Brüdern aus der Zeit des Herodes keinerlei Schuld zu tilgen, da sie lang vor der Verkündigung und Kreuzigung Christi bereits in Spanien ansässig gewesen seien, um dort das Gold und andere wertvolle Materialien und auch Gelder zu sammeln, die für den Bau des Tempels nötig waren.

Solche Überlieferungen haben, wie andere auch, primär den Wert einer Tradition. Jedenfalls stammen die jüdischen Grabsteine in Tarragona, Tortosa und Mérida höchstens aus dem ersten Jahrhundert vor Christus; weder um 970 noch um 586 vor unserer Zeit landeten Juden in Sepharad, und wenn, dann keinesfalls so offiziell (von Salomo geschickt?) und in so großer Zahl (der gesamte Stamm Juda, der nach Westen zieht). Aber die von allen spanischen Juden durch die Jahrhunderte bewahrte, weitergegebene und ausgeschmückte Legende verrät uns etwas Wesentliches: In der Geschichte ihrer Diaspora wollten die Juden seit der Antike in Sepharad leben, da sie es liebten und beschlossen hatten, zu bleiben, mit ihren Familien und all ihren orientalischen Gewohnheiten. Seit den Anfängen ihrer Niederlassung in Sepharad dienten ihnen See- und Landwege, auf denen der Güter- und Gedankenaustausch mit Zion und den östlichen Ufern stattfand, von denen sie ausgezogen waren und zu denen sie früher oder später zurückzukehren hofften.

Die ersten Alarmzeichen

Ein sephardisches Volk gibt es seit der Römerzeit, und es hat seinen spezifischen Charakter stets bewahrt (der Name wurde ihm allerdings erst in einer späteren Epoche gegeben). Es sind jene Juden, die das Leben auf der Iberischen Halbinsel gewählt haben, im *Hispania* der Römer (sei es als Zuflucht, als Exil oder aus freien Stücken). Rom verwandelte mit ein paar Siegen und Gründungen das ehemalige Land der Iberer in eine der ansehnlichsten Provinzen der Republik und des späteren Kaiserreichs. Sein Vorgehen auf der Halbinsel deckt sich mit dem im benachbarten Gallien, in der Provence oder in »Afrika«: Rom erobert, baut Städte oder macht aus den Agglomerationen der eingesessenen Bevölkerung seine administrativen Zentren, ohne die es keine *pax romana* gäbe.

In Spanien sind griechische und karthagische Kolonien; vom dritten vorchristlichen Jahrhundert an werden sie abgelöst von römischen Städten: Tarragona (das iberische Cesse), das 218 gegründet, sehr bald schon zu Ehren von Julius Caesar *Colonia Julia Victorix Triumphalis* genannt wird, dann Cordoba, 152 und Mérida 25 gegründet. In diesem römischen Westen siedeln Juden, genau wie in der Provinz Narbonne, im Rhonetal, der Provence und selbstverständlich in Italien und Nordafrika. Schon vor der Zeit der Diaspora sind es viele, die außerhalb ihres Landes Israel leben, in Alexandria, in Byzanz oder im westlichen Mittelmeerraum. Auf den Karawanenstraßen, die Ägypten über Tripolitanien mit Mauretanien verbinden, bewegt sich von Syrien bis Hispania ein ständiger Fluß von Menschen und Gütern. Fragmente von Inschriften in hebräischer Sprache (vor allem Teile von Grabplatten) bezeugen in den archäologischen Museen Spaniens, daß zwischen 100 und 50 v. Chr. Juden als römische Untertanen in den Mittelmeerhäfen Tarragona und Tortosa oder in Mérida, im Innern des Landes, gelebt haben.

Das Christentum wird unmittelbar nach dem Tod Christi in die römische Welt getragen und schon im 4. Jahrhundert offizielle Religion des Kaiserreichs. Langsam aber sicher lassen sich die Römer von der neuen, dem Judentum im Innersten entgegengesetzten Religion gewinnen. Die christliche Lehre bekämpft den Judaismus nicht, um ihn zu verleugnen, sie ist ja aus ihm entstanden, braucht ihn; sie nimmt jedoch für sich in Anspruch, ihn zu vollenden und eine neue Botschaft, ein neues Gesetz zu bringen. Der Gott Israels ist ebenso der Gott, der in Jesus Christus Mensch wurde, doch wer nur zum Gott Abrahams, Isaaks oder Jakobs betet, ist blind und taub für die wahre Botschaft des Neuen Testaments. Das Volk Gottes, das *verus Israel*, wird fortan vom christlichen Volk repräsentiert; eine Substituierung, in der bereits der Keim für den späteren Antisemitismus enthalten ist. Der heilige Augustin ging sogar so weit, zu sagen, nur Christen verdienen die Bezeichnung »Juden«, alle andern hätten die entsprechenden Eigenschaften eingebüßt.

Im 4. Jahrhundert verstärkten Gelehrte mit Argumenten und Betrachtungen das Fundament der neuen Doktrin, und nach und nach, zunächst in den Städten, dann auf dem Land, gewinnt sie Volk und Adel. Streitbar ist das frühe Christentum nur in seinen Schriften; während sich jedoch der heilige Hieronymus, der die Bibel ins Lateinische übersetzt, in Bethlehem mit befreundeten Juden trifft, die ihm das Judentum erklären sollen, geben sich die Gebildeten in Spanien und Afrika weit weniger freundlich. Augustinus, der in der Gegend um Hippo Regius zahlreiche Juden bekehrt und – umgeben von Häretikern – beinahe gezwungenermaßen polemisiert, greift wie Origenes und Tertullian den Judaismus mit Vorliebe in Form einer Apologie des Christentums an: Unfähig, die Wahrheit Christi zu vernehmen, sind die Juden verschloßen und tückisch. Hören sie aber zufällig die christliche Botschaft, versteifen sich darauf, ihrem angestammten Glauben treu zu bleiben, »gleichen sie Hunden, die zu ihrem Erbrochenen zurückkehren«.

Die mittelalterliche augustinische Tradition gab die Äuße-

rungen des Kirchenvaters oft überspitzt wieder, jedoch verdammte schon das Konzil von Illiberis oder Elvira, nahe bei Sevilla, Anfang des 4. Jahrhunderts den näheren Umgang mit Juden; im christlich gewordenen Spanien der Römer werden sie also bereits als andersartige Nachbarn betrachtet, die man besser nur von weitem grüßt und ausschließt von allen persönlichen, nicht geschäftlichen Beziehungen.
Die Juden leben in Sepharad – seit den Jahren 70 und 135 sogar immer zahlreicher. Die Ereignisse, die sie in dieser Zeit direkt betreffen, sind nicht so sehr das Leben Christi oder die Predigertätigkeit des heiligen Paulus, als vielmehr die jüdischen Aufstände unter Hadrian und Titus, das Ende des jüdischen Staates und die Zerstörung des zweiten Tempels von Jerusalem im Jahr 70, der Bar Kochba-Aufstand, die Eroberung Jerusalems und die große Diaspora nach 135. In den Ruinen Jerusalems oder im nahen Mesopotamien, wo bereits die *Geonim*, die »Geistesfürsten«, den Talmud redigieren, der das religiöse Fundament des Glaubens in der Diaspora werden sollte, bleiben nur die gläubigen Juden zurück, sie aber für immer. Die große Masse flüchtet über den gesamten Mittelmeerraum, nach Sepharad und auch zu andern Ufern. Die Juden befinden sich einmal mehr, und für beinahe zwei Jahrtausende, im Exil, fern von ihrem Land und ihrem Tempel, von dem nur noch eine Mauer steht, fern von ihren kulturellen und geistigen Zentren, und sie versuchen, die Verbindung zu ihrem Ursprung nicht abbrechen zu lassen. Man kann als Jude zwar außerhalb Jerusalems leben, etwa in Narbonne oder Mérida, aber nur unter der Bedingung, daß man Briefe verschickt und Antworten erhält mit Ratschlägen und Erklärungen zu Tora und Talmud, zur Einhaltung des jüdischen Gesetzes und zum täglichen Leben innerhalb einer heidnischen, dann christlichen, entweder monophysitischen oder arianischen oder römisch-katholischen Gesellschaft.
Sicher gab es in diesem Exil überall in der Diaspora auch Be-

kehrungen zum Judentum. Man weiß davon wenig, jedenfalls war das Christentum, das sich zur gleichen Zeit in den gleichen Regionen ausbreitete, erfolgreicher. Aber daß sie vorkamen, wird zur Gewißheit, wenn man die Verbote der verschiedenen spanischen Konzile liest: Den Juden ist es nicht erlaubt, mit Christen über ihren Glauben zu sprechen. Den Christen wiederum wird untersagt, zusammen mit Juden zu essen oder die Predigt des Rabbi zu hören. Solche Maßregeln weisen einerseits auf die Existenz einer jüdischen Mission hin, sie zeigen aber auch, daß sich die Iberer und Nordafrikaner im 3., 4. und 5. Jahrhundert angesichts der verschiedenen monotheistischen Lehren unentschlossen verhalten konnten. Und die Juden dürften sich in der Diaspora erst einmal gefragt haben, warum Gott sein Volk ins Exil schickte; dann dachten sie nach über die Rolle, die ihnen innerhalb der Völker von jetzt an zukam: Sie mußten zu ihnen sprechen, mußten sie mit dem Wort Gottes bekannt machen. Das Leben in der Diaspora, zuerst eine Heimsuchung, wurde so zu einer heilsamen Gelegenheit, überall den jüdischen Glauben zu verkünden.
Die Zahl der in den ersten Jahrhunderten auf der Iberischen Halbinsel ansässigen Juden läßt sich nicht exakt berechnen, ja nicht einmal schätzen. Ihre Gemeinden zählen kaum irgendwo mehr als hundert oder ein paar Dutzend Gläubige, jedoch trifft man sie in den meisten Städten. Sie können sich auch in den ländlichen Kreisen frei bewegen, besitzen vielleicht einen Weinberg und Vieh, aber ihre bevorzugte Beschäftigung ist doch der Handel in den Städten. Wie ihre »Syri« genannten Brüder in den Regionen Galliens handeln sie mit Purpur, Pfeffer, Gold und Sklaven. Sie sind zahlreich und unternehmend genug, um sich bald wachsendem Mißtrauen gegenüber zu sehen, das rasch in Feindseligkeit umschlägt.
Zunächst ist diese Feindseligkeit lediglich ideologischer Art, sie bleibt beschränkt auf die christlichen Gelehrten und

auf die wenigen Gebildeten, die imstand sind, einen *Adversus Judeos* und seinen philosophisch-polemischen Inhalt zu verstehen. Erst mehrere Jahrhunderte später, zur Zeit des westgotischen Königreichs, trifft sie die Juden direkt. Die Westgoten tauchen 409 in Aquitanien und Spanien auf, gleichzeitig breiten sich Wandalen und Sueben bis nach Portugal aus. Die Römer halten eine Weile stand, spielen die einen gegen die andern aus, lassen aber zu, daß sich die Westgoten, die lang vor 476 die wirklichen Herren sind, diesseits und jenseits der Pyrenäen installieren. 476 bricht das weströmische Kaiserreich zusammen, das westgotische Königreich, bis anhin mit Rom »alliiert«, wird unabhängig, die Sueben behalten nur das spätere Portugal und Galizien, die Wandalen müssen sich weit nach Afrika zurückziehen. Aber in Gallien haben sich die Franken eingenistet, König Chlodwig schlägt die Goten 507 bei Vouillé. Die Besiegten verlieren Aquitanien und ihre Stadt Toulouse, bald auch das Gebiet von Narbonne. Als neues Herrschaftszentrum wählen sie erst Barcelona und Mitte des 6. Jahrhunderts Toledo im Herzen der Iberischen Halbinsel.

Die Westgoten gehören zu den letzten Barbaren, die dem arianischen Bekenntnis treu bleiben. Sie lassen »die Andern« in ihrer Umgebung – die Katholiken und ihre Kirche, die Juden – in Ruhe, verschließen sich aber selbst standhaft jedem Bekehrungsversuch. König Leowigild, Sieger über die Sueben und die letzten Ostgoten, die erneut Fuß gefaßt hatten in der Levante, schafft sich ein sehr bemerkenswertes westgotisches Königreich, ist jedoch dessen letzter arianischer Herrscher. Rekared, der ihm 586 auf dem Thron folgt, wählt von Anfang an das katholische Christentum – gerade noch zur rechten Zeit, um das westgotische Volk vor einer unseligen Endogamie zu bewahren, die ihm drohte, da es sich mit den christlichen Iberern nicht durch Heirat verbinden konnte. Es war auch Zeit, den Anschluß an die Zivilisation nicht zu verpassen und zusammen mit Bischöfen und Äbten, den eigentlichen Herren der Städte und lang auch einzigen Gebildeten des Landes, zu regieren, und um alle Einwohner Spaniens als ein Volk mit einem einzigen, geschriebenen Gesetz zu versammeln und zu vereinen.

Die katholisch gewordenen Westgoten, bisher den Juden gegenüber gleichgültig, entwickeln sich rasch zu Antisemiten. So wie sie die letzten Arianer bekämpfen, die dem Diktat des Königs nicht Folge leisteten, wenden sie sich auch gegen die andersrassigen Juden. Alljährlich rufen die Könige den Klerus und die Würdenträger zu einem Reichskonzil in die Hauptstadt Toledo, wo sie gemeinsam Gesetze erlassen und die politische und kirchliche Administration des Königreichs strukturieren. Jahr für Jahr bringen die Bestimmungen von Toledo auch Schikanen für die Juden: Sie schließen sie aus der übrigen Gesellschaft aus, verbieten ihnen die Religionsausübung, und am Ende sollen sie ganz verschwinden. Der erste Herrscher, der die Judenverfolgung erlaubt, ist Sisebut (612 – 621), der größte spanische Kirchengelehrte jener Zeit der heilige Isidor von Sevilla.

Der Bischof von Sevilla, Isidor, wird in diesem westgotischen 7. Jahrhundert zum hervorragenden Gelehrten, Historiker, Philosophen und Exegeten, und überdies zum bevorzugten Ratgeber der Könige. Er organisiert 633 das vierte toledanische Konzil und steht zweifellos hinter den antijüdischen Gesetzen. Im selben Jahr schreibt er für seine Schwester Florenza, die Äbtissin eines Klosters nahe bei Sevilla ist (wo vielleicht die zwangsgetauften jüdischen Kinder erzogen werden), sein berühmtes Traktat *De fide catholica contra Judeos*. Dieses das Christentum verherrlichende Werk liegt ganz auf der Linie der Schriften des Origenes und des heiligen Augustin. Zwar kennt Isidor von Sevilla die hebräische Sprache nicht, und oft täuscht er sich in der Interpretation der jüdischen Feste und Gebote, aber das kümmert ihn wenig, sein einziges Ziel ist die Apologie des Christentums. Da er nicht gegen die Bibel schreiben kann,

nicht mehr jedenfalls, als ein Christ es tun darf, hält er sich an Werke, die in der Diaspora entstanden (das Christentum also zurückweisen): »syrische Apokalypse«, die Bücher von Baruch und Esdras, orientalische, im 4. und 5. Jahrhundert in der gesamten jüdischen Welt verbreitete Werke. Er duldet keinen der jüdischen Feiertage, verwirft auch den Sabbat; alle Zeremonien sollen fortan abgelöst werden vom Weihnachtsfest zur Geburt Christi, von Ostern zur Auferstehung des Herrn und von der Sonntagsmesse, wo Brot und Wein geteilt und zu Leib und Blut Christi werden. Wer als Jude nichts ändern, nichts hören und nichts sehen will, ist verdammt.
Der heilige Isidor verlangt von niemandem, die Juden zu verfolgen; außerhalb der geistigen Elite in seiner Umgebung verbreitet sich sein *Contra Judeos* nicht mehr als die andern polemischen Schriften, die er noch verfaßt. Gott allein richtet und verdammt, der Mensch kann sich nicht in seinem Namen äußern. Die Nachfolger Isidors haben da weniger Skrupel. Die Konzile von 660 bzw. 670 befehlen den Juden, die Städte zu verlassen, nachdem ihnen bereits untersagt worden ist, am Sonntag in Anwesenheit von Christen zu arbeiten.
Bald darauf beschließen König Wamba (671) und sein Erzbischof Julian von Toledo die totale Ausmerzung des Judentums. Jüdische Kinder werden ihren Eltern weggenommen und zwangsweise in Klöstern aufgezogen. Taufe und christlicher Name werden zur Pflicht für alle. Es sind eigenartige Persönlichkeiten diese beiden, Wamba und Julian. Man sagt, der Erzbischof von Toledo sei selbst ein getaufter Jude oder zumindest ein Kind von Konvertiten gewesen: Tatsächlich ist antisemitischer Eifer immer suspekt, gern verbirgt sich dahinter ein ehemaliger Bruder der Verfolgten. Spanien erfuhr das noch zur Zeit der Inquisition im 14. Jahrhundert. Erstmals im Abendland macht Julian von Toledo Wamba auf die Bedeutung der Königsweihe nach ju-

däischem Ritus aufmerksam und salbt seinen Herrscher persönlich im Jahr 671. Wenn er nicht selbst Jude war, so hat er jedenfalls mehr gelesen als nur das Neue Testament, hat er die Geschichte Israels in jüdischer Umgebung kennengelernt oder von Gebildeten, die dieser nahestanden. Von 630, 670, 700 an verstummen die Juden. Sie beginnen sich zu verstecken. Nun machen sie die Erfahrung des äußerst gefährlichen Kryptojudaismus. Offiziell nennen sie sich Pedro, Juan oder Maria, doch bleiben sie deshalb nicht weniger Abraham, Moses und Myriam. Sie nehmen am christlichen Kult teil, praktizieren aber weiterhin ihre eigene Religion – da die Synagogen mittlerweile zerstört sind, in Höhlen und Grotten. Ihre Söhne lassen sie beschneiden und hinter geschlossenen Lippen sprechen sie den Segen an jüdischen Hochzeiten und Begräbnissen. Sie leben gern in den Dörfern, wo sie sich der Illusion hingeben können, nicht gar so viele indiskrete Nachbarn zu haben. Wenn man sie in flagranti bei der Sabbatfeier oder beim Fasten am Versöhnungstag überrascht, werden sie dem Richter vorgeführt und exekutiert. Das Judentum bleibt trotzdem weiterhin verbreitet, jedenfalls verschwindet es nicht. Zwischen 670 und 710 gelingt es den spanischen Juden während langen vierzig Jahren zu überleben; ob der Kryptojudaismus aber auch zwei, drei Generationen hätte widerstehen können, ist fraglich. Vermutlich nicht; oder er hätte dann alle möglichen Aus- und Abwege suchen müssen, wie sie jeder Rückzugssituation, jedem versteckten Kult eigen sind. Das Judentum lebt jedoch 710 – 730 unverändert und ohne etwas von seiner Vitalität eingebüßt zu haben wieder auf. Eine Folge unerwarteter Ereignisse macht dies möglich.

Die Zeit von Al-Andalus

710 überschreitet der Berber Tarik bei den Säulen des Herkules die Meerenge (seither Djebel Tarik oder Gibraltar genannt) und besiegt bei Guadalete den letzten König der Goten, Roderich. Innerhalb von zwanzig Jahren erobern die Berber, unterstützt von einer arabischen Elite, den größten Teil des iberischen Bodens. Einige Städte, zum Beispiel Mérida, widerstehen zunächst, und ein paar Westgoten werden wenigstens für die Dauer einer Generation Alliierte des neuen Staates – etwa im Osten der Sierra Nevada ein Theodomir oder Tudmir (sein Name wurde unverzüglich arabisiert). Die »arabische« Eroberung gelingt vor allem aufgrund des Überraschungseffekts: Mit Windeseile galoppieren die mohammedanischen Truppen bis nach Galizien, nach Narbonne, bis hinein ins Herz der Pyrenäentäler. Für die spanischen Historiker späterer Epochen ist dieser plötzliche Fall des Westgotenreiches überhaupt nur mit Hilfe eines Verrates möglich gewesen, und der Verräter saß im eigenen Haus: Es waren die jüdischen Untertanen der christlichen Könige, die nur um sich für die kurz zuvor erlittene Verfolgung zu rächen, den Muslimen Tür und Tor geöffnet haben.

Diese in der spanischen Geschichtsschreibung stark verwurzelte These hielt sich bis in unsere Epoche. Nun hatten aber die Juden, als Israeliten jedenfalls, seit mehreren Dezennien gar nicht mehr das Recht, in den Städten zu leben. Wie soll man sich zwischen 711 und 722 (als die letzte Eroberungsschlacht bei Covadonga geschlagen wurde) eine Masse bewaffneter Juden vorstellen, die die städtischen Garnisonen in ihre Gewalt bringt, bevor sie die Agglomerationen den Invasoren übergibt? Man weiß im Gegenteil, daß die Muslime bei der oft langwierigen und schwierigen Einnahme einer Stadt die in der Umgebung sich versteckt haltenden Juden aufstöberten, zusammentrieben und zwangen, eroberte Stützpunkte mit Waffen zu verteidigen. In der gesamten islamischen Welt gab es befestigte Stellungen und städtische Garnisonen, die einer nicht autochthonen Gruppe der Bevölkerung anvertraut waren, was sehr wohl verständlich ist.

Vom 12. Jahrhundert an haben auch die Spanier bei der Rückeroberung der wenige Jahrhunderte zuvor verlorenen Städte diese vorteilhafte Regelung übernommen, indem sie an den Mauern jüdische Soldaten zurückließen, während sie, ohne die offensiven Truppen zu schwächen, weiterzogen. Verräter waren die Juden 711 also nicht. 720/30 trugen sie gelegentlich Waffen, aber im Prinzip gab ihnen der Islam nicht das Recht, an der Seite der Gläubigen zu kämpfen.

Um 750 flüchtet der letzte Omaijade von Damaskus nach Cordoba und gründet dort ein Emirat (vom 10. Jahrhundert an Kalifat), das sehr bald bemerkenswert gut organisiert und entwickelt ist, das aber auch rasch seine geographischen Grenzen erreicht. Der jenseits der Pyrenäen am weitesten nach Norden vorstoßende Kriegszug endete schon 732 mit der Niederlage bei Poitiers, und zwischen 755 und 800 vertreibt die alteingesessene Bevölkerung mit Hilfe der Karolinger die Mauren aus Narbonne und den katalanischen Städten. In Asturien breitet sich ein erstes christliches Königreich aus und befestigt die neue Provinz »Kastilien« mit Burgen. Von 850 – 880 nehmen christliche Herren in den Pyrenäen und in Galizien, am oberen Knie des Duero, den Königstitel an. Der christliche Widerstand gleicht bereits einer *Reconquista*.

Unter der Herrschaft eines Emirs oder Kalifen (Abd-ar-Rahman III. nimmt 929 den Titel an) leben mozarabische Juden (und Christen) nach den im Omar-Pakt festgelegten Regeln. Der Omar, einem unmittelbaren Nachfolger des Propheten, zugeschriebene Text stammt eher aus dem 8. wenn nicht sogar 9. Jahrhundert. Er gilt in der gesamten mohammedanischen Welt, von Spanien bis zu den irani-

schen Provinzen, als Grundlage für den Status der *Dimmi*, der »Schutzbefohlenen« oder »Besitzer der Schrift«, also der Juden und Christen (und der persischen Zarathustrier). Diese Mozaraber – eine kleine Minderheit unter den zu Allah bekehrten *Muwallad* – sind frei in der Ausübung ihrer Religion, solang sie den Islam nicht stören. Sie entrichten die *Djizya*, eine Kopfsteuer für Nichtmohammedaner. Kirchen und Synagogen dürfen sie weder neu bauen noch wiederaufbauen, vor allem aber nicht vergrößern. Zu ihren Pflichten gehört die Fürbitte um das Wohlergehen des Herrschers, der seinerseits über die gute Organisation und Führung der erlaubten Kulte wacht. Es ist ihnen verboten, mohammedanische Sklaven zu halten; selbst sind sie dem Herrn der Gläubigen unterstellt, der sie nach seinem Willen ausweisen lassen oder, im Gegenteil, durch Berufung in seine Umgebung auszeichnen kann.
Jüdische Dimmi tragen auf der Brust einen gelben Kreis, dazu einen gelben Turban und eine breite, mit Fransen besetzte Leibbinde; man soll sie in den Straßen erkennen. Sie können nicht für die *Djihad*, den Heiligen Krieg, ausgehoben werden, das bleibt den Gläubigen vorbehalten, dafür dürfen sie aber auch keine Pferde reiten, nicht einmal ein schönes Maultier: Der Jude reitet nur auf Eselrücken. Die Dimmi muß man demütigen, denn sie leben in zu enger Nachbarschaft mit den Muslimen und gleichen ihnen zu sehr; sie heilen und pflegen sie, sie rechnen und verwalten mit ihnen. Diese gefährlichen Konkurrenten innerhalb seiner Gesellschaft könnte der Muslim sonst nicht ertragen, der Omar-Pakt aber berechtigt ihn dazu, sie dauernd zu verhöhnen, seien es Juden oder Christen.
Christen behandeln die Herren von Al-Andalus jedoch mit einem gewissen Respekt. Im 9. Jahrhundert (um 850) werden die »heiligen Märtyrer des Marktes von Cordoba«, eine Anzahl Christen, im Gefolge einer Krise religiösen Fanatismus hingerichtet. Nachdem aber um 920/30 die Ruhe

wieder hergestellt ist, pflegen die Kalifen des 10. Jahrhunderts ausgezeichnete Beziehungen zu den Prälaten ihrer Besitzungen. Ein Freund und Berater Abd-ar-Rahmans III. ist Recemundo, auch »Rabbi ben Zaid« genannt, der Bischof von Cordoba, und der Kalif bemüht sich persönlich um die Einberufung der Konzile, wie es einem Staatsoberhaupt zukommt.

Ein anderer Freund Abd-ar-Rahmans und zugleich sein Arzt ist Chasdai ibn Schaprut. Die Juden tauchten schon Mitte des 8. Jahrhunderts wieder auf und sind frei, ihre Religion auszuüben, unter der Bedingung, daß sie die Vorschriften des Pakts respektieren. Viele leben am Mittelmeer in Tortosa oder im Innern Andalusiens in Lucena (der »Judenstadt«, wie sie die Araber nennen). Sie sind auch wieder in Toledo, Saragossa, Lissabon, Mérida, Sevilla, Cordoba und Granada, überall dort, wo sie eine lebensfähige Gemeinde bilden konnten. Dem Pakt gehorchend dürften sie eigentlich keine Synagogen bauen. Nun ist aber seit dem Religionsverbot der Westgoten um 711 keine einzige mehr vorhanden. So bezahlen die Juden eben das traditionelle *Bakschisch* und bauen ihre Gebetshäuser wieder auf. Sie umgeben sie mit allen ihnen gestatteten Einrichtungen: Gemeinschaftshäuser (Bad, Back- und Schlachthaus), Talmudschule und Friedhof. Sie schreiben, und sie lesen, was ihnen gefällt: den Talmud, der vom 5. – 7. Jahrhundert in Jerusalem und Babylonien entstand, die Kommentare dazu und die liturgischen und weltlichen Poesien, die offenbar so ziemlich jedermann zu verfassen imstand ist. Sie studieren alles, was überliefert wurde vom Wissen des Altertums. Da sie neben Muslimen und Christen leben, sprechen, lesen und schreiben die spanischen Juden mehrere Sprachen. Darum beschäftigt man sie vom 10. Jahrhundert an auch als Übersetzer, oft für diplomatische Zwecke, meistens aber, um die intellektuelle Neugier des einen oder anderen Zeitgenossen zu befriedigen. Die Herren von Cordoba – selbst

kenntnisreiche Bibliophile – ziehen Juden oder andere Mozaraber häufig zur Erläuterung griechischer und lateinischer Manuskripte heran, die sie in Alexandria, Konstantinopel oder Rom gekauft haben.
Arabisch ist in Al-Andalus sowohl Amtssprache als auch Umgangssprache; alle Untertanen tragen arabische Namen. Ibrahim kann daher ebenso ein Muslim wie ein Jude mit dem gleichen Vornamen Abraham sein. Einer der Ali heißt, nennt sich vielleicht zusätzlich noch Petrus, was der Präzisierung »christianus« gleichkommt, oder er setzt Jehuda hinter den ersten Namen, was »judaeus« entspricht. Das wird dann an den Tag kommen, wenn die Christen ihre Städte zurückerobert haben, und jeden einzelnen Bewohner auf seine Religionszugehörigkeit prüfen. Im 9., 10. und 11. Jahrhundert jedoch findet man solche Präzisierungen noch selten oder gar nicht. Für den Kalifen und seine Verwaltung spielen Religion und Taufname ohnehin keine Rolle. Er hat nur islamische Untertanen: Rechtgläubige und Dimmi. Die Juden in Al-Andalus sprechen und schreiben also in erster Linie arabisch, doch bleiben sie auch dem Hebräischen und der Kultsprache ihrer mozarabischen Brüder, dem Latein, treu. Die, die bis Konstantinopel und Alexandria reisen, sprechen zusätzlich griechisch.
Mit solchen Begabungen und Möglichkeiten als Voraussetzung läßt sich eine Karriere wie die des Chasdai ibn Schaprut am Hof Abd-ar-Rahmans III. durchaus erklären. Er stammte zweifellos aus Andalusien, aus Cordoba selbst oder aus einer benachbarten Gemeinde. Allerdings gibt es einige die behaupten, er sei in seiner Jugend Untertan des byzantinischen Kaisers Konstantin Porphyrogennetos gewesen und von diesem Mitte des 10. Jahrhunderts zur Pflege der diplomatischen Beziehungen mit dem Kalifen nach Cordoba geschickt worden. Dabei hat er als Freundschaftsgeschenk des Basileus ein Manuskript des griechischen Arztes Dioskurides (aus Anazarbos) gebracht, von dem er

gleichzeitig Überbringer und Übersetzer war. Von Cordoba bezaubert, sei er in der Stadt geblieben. Eine hübsche Geschichte, die es sich zu erzählen lohnt, aber sie stimmt nicht ganz, sie entstellt die Wahrheit. Chasdai ibn Schaprut, Philosoph, Dichter und Leibarzt Abd-ar-Rahmans III., wurde auch mit einem Regierungsamt in der Zollverwaltung betraut, als dann das Dioskurides-Werk eintraf, forderte man ihn auf, es zu übersetzen. Ob Chasdai erst jetzt auch der Freund und Ratgeber des Kalifen wurde, sei dahingestellt; jedenfalls hat der Arzt und Dichter am Hof Abdar-Rahmans eine gewichtige Stimme. Er heilt Sanchez den Dicken, König von León, der nach der Vertreibung durch einen Rivalen zum Kalifen flüchtete, von der Dickleibigkeit und rät seinem Herrn anschließend, diesen christlichen König mit Waffen zu versehen, damit er sein Reich dem Usurpator wieder entreißen könne. Und als der byzantinische Kaiser ein gemeinsames Vorgehen gegen die Piraten im Mittelmeer vorschlägt, gelingt es Chasdai (mühelos) den Kalifen zu einer positiven Antwort zu bewegen. Man glaubt auch, er habe dem zum Judentum bekehrten König der Chasaren am Kaspischen Meer einen Brief geschrieben. Jedenfalls ist er aufgrund dieses Missionsbriefes in die jüdische Geschichte eingegangen, die Erzählung des Ereignisses entstand allerdings erst zwei Jahrhunderte danach.

Den Sephardim gilt Chasdai ibn Schaprut als ihr erster Mäzen. Er förderte andere Gelehrte hebräischer Sprache, Dichter und Exegeten der Bibel, und sorgte dafür, daß sie gelesen und ihre Manuskripte kopiert wurden. So ist es ihm zu danken, daß diese über alle sephardischen Generationen hinweg bis zu uns gelangten. Heute betreiben spanische und israelische Philologen und Historiker mit größtem Interesse das Studium von Dichtkunst und Syntax eines Chasdai ibn Schaprut oder Jacob Al-Turtusi (aus Tortosa), Jeuda ben Sheshet, Dunash ben Labrat, Menahem ben Saruq. Die beiden zuletzt genannten entwickelten eine neue literarische Gattung, die auf dem Prinzip der religiös-philosophischen Fragen und Antworten beruht: die »Responsen«. Während des 9. und 10. Jahrhunderts erhielt der Talmud im rabbinischen Zentrum Babyloniens seine endgültige Form. Damals lebten in Mesopotamien höchste Autoritäten, wie der Gaon Saadia, die von den Gemeinden der Diaspora immer wieder angerufen wurden, um die eine oder andere Talmudstelle zu erläutern: Narbonne, wo die Familie Kalonymos war, Cordoba, Tortosa oder Granada schicken ihre Fragen, Babylon antwortet. Aber auch unter sich korrespondieren Rabbiner westlicher Gemeinden, und wiederum nach dem gleichen Prinzip des Fragens und Antwortens. In Cordoba läßt sich um 950, protegiert von Chasdai ibn Schaprut, ein Schüler Saadias, der in Fez geborene und in Babylonien ausgebildete Dunash ben Labrat nieder. Er antwortet Menahem, denn dieser Menahem neigt zur Heterodoxie und scheint bisweilen der karäischen Doktrin nahezustehen.

Diese, vermutlich in Mesopotamien im 8./9. Jahrhundert entstandene Lehre verbreitete sich rasch in allen Zentren des Judentums. In Sepharad stehen die Karäer von Anfang an in Konkurrenz zu den traditionellen Rabbinern, die den Talmud verehren und studieren, während der Karäismus einzig die Lektüre der direkt von Gott inspirierten Torarollen duldet und den Talmud als ein von menschlichen Hirnen elaboriertes Kompilat, eine Reihe von Geschichten und Betrachtungen ohne tieferen Sinn ansieht. Die Karäer – man könnte sie die »Protestanten des Judentums« nennen – findet man fortan in allen sephardischen Gemeinschaften, wenn möglich mit einer eigenen Synagoge. Von Frankreich und der Welt der Aschkenasim werden sie offenbar nicht zur Kenntnis genommen, um so aktiver sind sie dafür in den sephardischen Gemeinden. Falls Menahem ben Saruq nicht tatsächlich Karäer war, so neigte er doch stark dazu, es zu werden. Er hat ein Traktat geschrieben über hebräische Lexikographie, das erste dieser Art. Zwischen 970 und 990 verfaßt zunächst Dunash ben Labrat, dann sein Schüler Jeuda ben Sheshet, unter dem Vorwand des Studiums der hebräischen Sprache, »Antworten«, die rasch über reine Fragen der Sytanx und des Vokabulars hinausgehen und sich in erster Linie auf die Verteidigung und Verherrlichung des traditionellen Rabbinismus konzentrieren.

Die jüdische Masse des 10. Jahrhunderts verfolgt die Feinheiten dieser Diskussionen, die allerdings von großartiger geistiger Beweglichkeit zeugen, nicht – oder jedenfalls nicht aus der Nähe. Die Sephardim sind nur ein Volk von Dimmi, was heißt, daß der Kalif gebietet über ihr Leben und ihr Sterben. Ist der Kalif intelligent und gut beraten (wie zur Zeit Chasdai ibn Schapruts, der nicht nur die Gelehrten förderte, sondern auch seine Brüder beschützte), verläuft das Leben harmonisch. Die Juden erweisen sich als treue Untertanen, die sich in nichts von ihren Nachbarn anderer Religionen unterscheiden. Es hat ganz den Anschein, als wäre die Symbiose perfekt. Illuminierte Handschriften aus dem 11. Jahrhundert zeigen das jüdische Leben in Cordoba: die Sabbatfeier und die Zubereitung des koscheren Weins. Im cordobanischen Haus sitzt die Frau verschleiert neben ihrem Gatten an der Sabbattafel vor einer brennenden Lampe. Draußen ist das Familienoberhaupt wie ein Araber gekleidet, die Frau erscheint nicht. In Al-Andalus kann der jüdische Untertan ohne weiteres Arzt sein, Händler oder Angestellter der Finanzverwaltung. Es steht ihm frei, Wein anzubauen, Land zu besitzen (das Gesetz verbietet allerdings mohammedanische Untergebene. Ob es eingehalten wird, läßt sich nicht sagen), und ebenso wie mit Landwirtschaft und Gärtnerei kann er sich den Unterhalt mit einem Handwerk verdienen, etwa in der Tuch-, Leder- oder Metallverarbeitung. Gern ist er auch Matrose – jedenfalls zögert er nicht, in Denia oder Tortosa anzuheuern, wenn es in Richtung Orient geht. In der *Genisa* in Alt-Kairo wurden seit dem Jahr 1000 in einem Raum der Ben-Esra-Synagoge alle Dokumente gesammelt, die nicht zerstört werden dürfen, weil sie Gottes Namen nennen. Das vergleichende Studium dieser Manuskripte brachte die Bestätigung, daß spanische Juden auch dieser Tätigkeit nachgingen; man stieß dabei auf jüdische Schiffseigner oder Matrosen, die irgendwann einmal, vielleicht mit einem Bewohner von Kairo, ein Geschäft zu tätigen hatten oder im Vorderen Orient irgendwo wohnten.

Die Sephardim lassen sich ihre Fragen von den Geonim in Babylonien beantworten; ihre Stoffe, ihre Korallen, verkaufen sie in Alexandria und Antiochia: Sie sind noch immer Orientalen, Exilierte, Reisende, bereit, zurückzukehren.

Erste Flüchtlinge; letzter andalusischer Glanz

Es kommt jedoch eine Zeit, in der die Macht des Kalifen von Cordoba schwindet und sein Staat in kleine Königreiche zerfällt. Ende des 10. Jahrhunderts tritt der Statthalter Ibn Abi Amir, »Al-Manzur« (der Siegreiche), inoffiziell an die Stelle des letzten, noch jungen Kalifen Hischam. Um 980 nimmt er den Heiligen Krieg gegen den Norden wieder auf, und unter dem Vorwand eines unnachgiebigen religiösen Eifers schikaniert und verfolgt er die Mozaraber von Al-Andalus. Wie die Christen fliehen auch die Juden in den spanischen Norden, wo sie zu ihren Brüdern in den kleinen Gemeinden der christlichen Königreiche stoßen. Noch sind es wenige, die den Weg in dieses erste Exil im Innern der Halbinsel einschlagen, aber bald genug müssen andere nachfolgen.

Doch die Zeit Al-Manzurs geht rasch vorüber, und keiner seiner unmittelbaren Nachfolger ist mit ihm zu vergleichen. Wenn er eine christliche Stadt angreift, stürmt er die

Mauern und stürzt sich auf das Judenviertel. So verlor Barcelona 985 den größten Teil seiner ersten Gemeinde, nur wenige überlebten. Der Rest bekam jedoch sehr bald neue Brüder, die aus der *Call* von Barcelona eine berühmte Gemeinde machten. Nach 1020 leiteten sogar zwei Juden, Bonhom und Eneas, die Münzstätte des Grafen.
Der Siegreiche stirbt 1002; dreißig Jahre später existiert das Kalifat nicht mehr. Jeder Provinzstatthalter nennt sich jetzt Emir und beginnt, die politischen Befugnisse des einstigen Reiches an sich zu reißen. Jeder Emir sucht diplomatische und wirtschaftliche Beziehungen zu den jungen, christlichen Königreichen, deren Siege nachgerade ernst zu nehmen sind. Jeder will auch eine reiche, attraktive Hauptstadt, wo es allen gut gehen soll. So werden Toledo, Saragossa, Valencia, Granada, Mérida, Sevilla und andere Städte die Zentren von unabhängigen Königreichen oder *Taifas*, die dauernd in irgendwelche Streitigkeiten mit ihren Nachbarn verwickelt sind. Und an den Höfen dieser Führer »bewaffneter Banden«, die glauben, ein Königreich zu regieren, können die von Al-Manzur verschüchterten Juden wieder einige Positionen zurückgewinnen.
Man weiß von großen Karrieren, die einzelne Juden im Spanien des 11. Jahrhunderts ganz im Norden von Al-Andalus, in Saragossa, und ganz im Süden, in Granada, gemacht haben. Wir wollen kurz die Gestalt eines reinen Gelehrten und die eines Staatsmannes skizzieren: Ibn Gabirol aus Saragossa und Ha-Nagid aus Granada.
Salomon ibn Gabirol, ebenso groß als Poet wie als talmudistischer Philosoph, wird 1020 geboren. Von Malaga flüchtet er nach Saragossa ins Land der Emire Al-Mundhir, Al-Muqtadir und Al-Mutamin. Er erklärt schon in seinen ersten Dichtungen, daß ihm eine Wiedergeburt des Hebräischen vorschwebt. In diesem Spanien, in dem die Juden ein Leben führen wie die Muslime und die Christen, in bestmöglicher Gemeinschaft mit ihnen (er nennt sich selbst stets

»Shlomo el-Sephardi«), besteht für seine Brüder die Gefahr, ihre Identität zu verlieren. Die Zeit ist für einen solchen Aufruf noch nicht reif. Er zeugt jedoch von einer gewissen Beunruhigung der jüdischen Einwohner einer kleinen nördlichen Gemeinde wie Saragossa im 11. Jahrhundert, das geprägt ist von Kämpfen, seien es die der Städte untereinander oder die zwischen islamischen und christlichen Reichen. Die Juden sollten wenigstens ihre eigene Sprache sprechen – nicht nur wegen der Gebete, sondern auch um ihr geistiges Leben, die eigentliche Garantie der Zusammengehörigkeit zu erhalten. In *Anaq* (»Das Halsband aus Edelsteinen«), einem hebräischen Gedicht, das er mit neunzehn Jahren schrieb, heißt es:
»... So spricht Shlomo el-Sephardi, der die heilige Sprache des zerstreuten Volkes wiederaufgenommen hat ... Seine heilige Sprache wurde zerstört, sie verschwand beinahe. Nun ist seine Sprache dem Hebräischen fremd, und das Volk hat keine jüdischen Worte mehr. Die einen sprechen die christliche Sprache, die andern die so dunkle der ›Söhne Kedars‹ ...«
Ibn Gabirol läßt es bei diesem Alarmzeichen bewenden; fortan konzentriert er sich auf das Studium des Aristoteles in griechischer und arabischer Sprache und schreibt die eigenen Kommentare arabisch. Gelesen werden sie für lange Zeit nur unter dem Namen eines gewissen »Avicebron« – die Araber nennen ihn Sebirul, die lateinischen Völker Cebron. Ungeachtet der Vorstellungen seiner jungen Jahre hinterließ dieser Vorkämpfer des Hebräischen nur arabisch geschriebene Werke; er gilt als der größte jüdisch-arabische Dichter. Im 12. Jahrhundert begann die Familie Tibbon aus Montpellier seine Schriften ins Hebräische zu übersetzen, und ein Gelehrter aus Tudela, Schemtow Falaquera, entdeckte schließlich im 13. Jahrhundert hinter dem Pseudonym Avicebron Ibn Gabirol und übertrug weitere Werke ins Hebräische.
»Shlomo el-Sephardi«, der oft krank war und früh ver-

starb, befaßte sich nicht mit dem politischen Leben, aber in der sephardischen Philosophie hat er einen sehr großen Namen, und er ist geradezu ein Schulbeispiel für seine von Platon und Aristoteles faszinierte Generation des 11. Jahrhunderts. Betrachtungen, etwa über die Schöpfung, über göttliches und menschliches Handeln, die Wahl des Menschen angesichts des göttlichen Willens, die geheiligte Natur jeglicher Kreaturen, all diese philosophisch-theologischen Schriften sind eher von Platon als von Aristoteles inspiriert. Das Hauptwerk des jungen Gabirol heißt hebräisch, nach der Übersetzung der Tibbon, *Mekor Chajim,* in der lateinischen Version Avendeuts aus dem 12. Jahrhundert *Fons Vitae.* Aber neben dieser »Quelle des Lebens« schrieb er auch ein Buch über die »Veredelung der Eigenschaften der Seele«, das Juda ibn Tibbon 1167 ins Hebräische übertrug und das in allen Gemeinden verbreitet war. Weiter hinterließ Ibn Gabirol liturgische Dichtungen für das Wochenfest Schawuot, *Azeret* (»Aufforderungen«), dann die rabbinischen Betrachtungen »Perlenlese«, Fragen zu Mensch und Schöpfung, und ein mehr als 400 Verse umfassendes Lehrgedicht »Königskrone«, Sprüche und Lobpreisungen Gottes und seiner Kreaturen. Die »Perlenlese« besaß später auch Spinoza in Amsterdam. Noch heute singen Juden an Schawuot die Azeret und an Jom Kippur Auszüge aus der Königskrone, denn besser als mit diesen Liedern kann man jene Mischung aus Verzweiflung über das Exil und Trost in der Hoffnung auf Gott nicht ausdrücken.
Ibn Gabirol starb 1050 oder 1058 in Lucena. Mitte des 11. Jahrhunderts leuchteten jedoch am Himmel der Schule von Saragossa noch andere Sterne: Der Bibelexeget Mosse ibn Samuel ibn Chikatilia, der möglicherweise als erster herausfand, daß das Buch Jesaja von zwei verschiedenen Autoren stammt (allerdings wird die »Entdeckung« auch Abraham ben Esra zugeschrieben); dann Bachja ibn Pakuda (1040 – 1110), der *Dayan* oder Richter der Gemeinde von Saragos-

sa. Auch er einer, der arabisch schreibt und erste in die jüdische Welt »eingeht«, nachdem Juda ibn Tibbon 1160 – 70 seine Werke ins Hebräische übersetzt hat. Auch er ein Neuplatoniker, der in seinen Gedanken über die Seele, die Schöpfung, die Freiheit des Menschen im Angesicht Gottes ebenso nah bei der christlichen Lehre wie bei Ibn Gabirol liegt, sich aber auch Aristoteles und seinen Schülern nähert, wenn er es sich zur Aufgabe macht, nicht nur das jüdische Gesetz, sondern auch den Verstand zu brauchen, um sich Gott und seiner Liebe wohlgefällig zu erweisen. Später werden seine Betrachtungen persönlicher. Es liegt ihm daran, zu zeigen, wie sehr der Jude von Gott im Schöpfungswerk der Natur bevorzugt wurde. Das Volk Israel ist das Volk Gottes, der Jude lebt in der Welt zu Seiner Ehre. In diesem göttlichen Werk kann jedoch der Mensch die ihm zugedachte Rolle nur dann richtig wahrnehmen, wenn er die rabbinischen Vorschriften einhält und sich so weit wie möglich einer persönlichen inneren Bereitschaft und mystischer Übung hingibt. Platon, Aristoteles, der Talmud und im Keim schon die Kabbala vereinen sich in diesem originellen Denker, der im Schatten Ibn Gabirols stand.

Nach diesen leuchtenden Gestirnen der Gelehrtheit nun der vollendete Staatsmann: Samuel ibn Nagrela, genannt »Ha-Nagid«, etwa der »Fürst« oder »der, der führt«. Er beherrscht nach 1025 das 11. Jahrhundert von Al-Andalus, nachdem er von Malaga nach Granada gezogen und in die Dienste des Emirs Habbus getreten ist, der ihn später an seinen Sohn Badis weitergibt. Samuel ha-Levi ben Josef ibn Nagrela ist auch ein ausgezeichnetes Beispiel für jene Generationen andalusischer Juden, die im Gefolge der Auseinandersetzungen unter den Mächtigen zwischen den Städten hin und her geworfen werden. Seine Familie stammte ursprünglich aus der alten, glanzvollen Gemeinde von Mérida, aber Samuel wird 993 in Cordoba geboren, wo zumindest dem Namen nach, in den Hintergrund gedrängt von

Al-Manzur, noch der Kalif über Spanien herrscht. Beim Zusammenbruch des Kalifats, während der Unruhen von 1010 – 1020, muß er sich nach Malaga zurückziehen; von dort weiter nach Granada, dessen Gemeinde sofort auf ihn aufmerksam wird und ihn 1027 zu ihrem Führer macht. Ein »Nagid« ist er auch am Hof von Habbus und vor allem von Badis. Er bringt es bis zum Chef der Verwaltung, der Diplomatie und der Streitkräfte. Vielleicht ist es für einen jüdischen »Fürsten« des 11. Jahrhunderts in Spanien nicht außergewöhnlich, die Berbertruppen eines andalusischen Emirs zu befehlen, jedoch erreicht Samuel ibn Nagrela diese Position in erster Linie dank seiner genialen persönlichen Fähigkeiten.

Nach dem Tod von Habbus um 1030 Regent (oder Wesir?) geworden, leitet er die Staatsgeschäfte von Granada bis er sie Badis überträgt, der ihn in Anerkennung der ausgezeichneten Führung zum engen Mitarbeiter macht. Als perfekter Kalligraph steht er zunächst der Staatskanzlei vor, dann glückt es ihm, das Heer zum Sieg über die sevillanischen Gegner bei Lorca und Ronda zu führen. Aber Ha-Nagid ist ebenfalls ein bemerkenswerter Dichter, von dem 1742 Poesien in einem stets bewegenden, rhythmisierten und gereimten Hebräisch bekannt sind. Ibn Gabirol, der große Befürworter der hebräischen Sprache, schrieb fast alle seine Werke arabisch, während Ibn Nagrela, der in Granada nur arabisch sprach, einer der bedeutendsten hebräischen Dichter wurde. Für ihn ist die Poesie der natürliche Ausdruck des Geistes und der Seele; sie ist Atem, so selbstverständlich, wie das Gebet und die Arbeit. Er singt nicht nur das Lob Gottes, sondern auch vom Wein, von der Liebe, von seinen militärischen Triumphen. Er macht Gedichte über einen Traum ebenso wie über den Tod eines Freundes, sogar die Ratschläge für den Sohn Josef setzt er in Verse. Nach seinem Tod 1055 wird dieser Sohn sein Nachfolger; für die Juden ist jedoch das goldene Zeitalter von Granada vorüber.

Während noch die Werke und die Siege der Juden von Saragossa und Granada ihren Glanz auf das 11. Jahrhundert werfen, bringen fanatische Muslime einmal mehr das vom sephardischen Volk erreichte Gleichgewicht in Gefahr.

1086 unterliegt Alfons VI. von Kastilien bei Sacrajas (oder Zallaqa) in Estremadura den von Marokko einfallenden Almoraviden. Die »Schlacht der gelben Turbane« ist allgemein bekannt: Im Heer des kastilischen Königs verteidigte ein Kontingent Juden den linken Flügel, und auf diesen konzentrierte sich die Attacke der Almoraviden. Die Juden fielen als erste; dank der gelben Turbane konnten sie identifiziert werden. Möglicherweise trifft die Erzählung nicht ganz die Wahrheit, sie bringt jedoch die Unruhe zum Ausdruck, die von neuem die Spanier aller Religionen beherrschte. Zweck der Invasion der Almoraviden ist die Wiederaufnahme des Heiligen Kriegs gegen die Christen des Nordens, gegen die diese unterstützenden Juden und gegen die Taifas, die in der Süße dieser Koexistenz vor sich hindämmern. In Valencia wird 1099 El Cid getötet. 1100, 1130 stürmen die Almoraviden erneut bis ins Innere Kastiliens und gelangen bis Fraga im Ebro-Becken, können jedoch diesen ersten, siegreichen Durchbruch (vielleicht zu weit von ihrer Basis entfernt?) nicht lang durchhalten.

Wenige Jahrzehnte später, nach 1150, nehmen ihre almohadischen Brüder den Kampf mit den gleichen Zielen wieder auf. Die Juden der Städte im Süden, die sich zur Zeit der Almoraviden versteckt hielten und im zweiten Drittel des 12. Jahrhunderts wieder Hoffnung geschöpft hatten, diese Juden müssen ein weiteres Mal ihre Viertel verlassen und den Islam annehmen oder eine Bekehrung vortäuschen. Der König von Kastilien, ein Enkel des Eroberers von Toledo (1085), dem diese Stadt seither als uneinnehmbare Festung blieb, sieht es nicht ungern, daß Flüchtlinge aus dem Süden in Massen in sein Land strömen, denn sie bringen eine be-

reits bekannte, bewunderte und mit Neid betrachtete Kultur.
In dieser Epoche pflegen christliche Herren jüdische Höflinge zu haben. Die Rolle, die die unentbehrlichen Sephardim im Mittelalter, insbesondere seit dem Ende des 12. Jahrhunderts, spielten, ist nicht zu unterschätzen und sollte durchaus betont werden. Alfons VII. von Kastilien setzt Juda ben Esra aus einer großen toledanischen oder eigentlich cordobanischen Familie, die bereits aus Andalusien nach Toledo geflüchtet war, in Calatrava, seiner Grenzstadt am Guadianaknie, als *Almojarife* ein (als Rechnungsführer, Verwalter? Die mit dem arabischen Ausdruck gekennzeichnete Stellung entspricht in den spanischen Reichen ungefähr der eines Finanzministers). In Calatrava unterhält Juda eine Art Aufnahmestation für Juden, die der almohadischen Verfolgung entrinnen wollen. Er sammelt sie und lenkt sie gruppenweise nach Norden in eine der Gemeinden, die diese versprengten Brüder aufnehmen kann. Toledo, Segovia, Burgos, Saragossa, Tudela, alle empfangen ihre Flüchtlinge, die bald einen eigenen Stamm bilden, der sich durch die andalusischen Namen und Patronyme unterscheidet: Ben Abbas, Al-Farsi, Al-Constantini, Ben Menir, Ben Schaprut, Ben Shuaib...
Der Dichter Mose ben Esra wurde zweifellos in Toledo geboren. Abraham ben Esra, der auf vielen Gebieten Bewanderte, der kluge Erfinder einer Rechenmethode, auch Dichter und Bibelexeget (er ist es, den man ebenfalls als Entdecker der zwei Autoren des Buches Jesaja angibt), kam 1089, vermutlich in Tudela im Ebrotal, zur Welt, und dort wuchs er auch auf. Dann aber, nachdem er Reisen gemacht und alle möglichen Schriften verfaßt hat, verschwindet er auf mysteriöse Weise 1160, vielleicht in London oder York, wo zu der Zeit eine Gemeinde besteht.
Ob auch Juda Halevi in der Stadt am Ebro geboren wurde? Es wird zwar vermutet, aber Toledo und Tudela sind im

Hebräischen leicht zu verwechseln. 1180 schreibt Juda Halevi in der damals gängigen Form eines Dialogs ein apologetisches Traktat des Judentums. Die selbstgegebenen Antworten sind ausgesprochen originell: Sein *Kusari* beschreibt die innere Entwicklung des Königs der Krim-Chasaren, der nach anfänglichem Zögern zwischen Christentum und Islam schließlich das Judentum annahm. Halevi zufolge läßt sich der König der Chasaren darum vom Judentum überzeugen, weil es die einzige Religion ist, die das auserwählte Volk Gottes in einem gleichfalls auserwählten Land ansiedelt. Die Rückkehr in dieses Land sei Pflicht jedes Juden in der Diaspora, aber jede einzelne habe zunächst eine andere Aufgabe zu erfüllen, nämlich die, seine Umgebung zu entdecken, daß es dieses Land gibt, und daß sich Gott darin den Völkern zeigen werde. Wie Abraham ben Esra versichert auch Juda Halevi, das Leben in der Diaspora sei für die anderen Völker eine (vorübergehende!) Chance, da die zu ihnen verschlagenen Juden ihnen die Wahrheit bringen könnten. Gleichzeitig sei sie aber auch eine Chance für die Juden selbst, die gezwungen würden, noch aus dem entlegensten Exil nach Zion zurückzukehren. Diese Rückkehr, die einem Verzicht gleichkommt, verwandelt sich in eine Chance, in eine Wiedergeburt in der Gnade. Israel läßt die Menschen von der Hoffnung leben, die es in ihnen erweckt:
»... Israel ist für die Menschheit, was das Herz für den Körper. Wird der Körper krank, leidet das Herz, und wenn das Herz leidet, ist der ganze Körper krank ...«
Überzeugt von seiner eigenen Argumentation zugunsten der Botschaft Zions, verläßt Juda Halevi Spanien, um seine Tage in Jerusalem oder irgendwo im Land Israel zu verbringen. Er ist einer der ersten, die den etlichen Jahrhunderte früher von den Vätern eingeschlagenen Weg wieder zurückgehen.
Die Ben Esra verlassen den Süden Spaniens, um in den Norden zu ziehen. Die entgegengesetzte Richtung schlägt der

berühmteste der Cordobaner ein: Mose ben Maimon, »Maimonides«, der Arzt und Philosoph, der die griechische Wissenschaft und die aristotelische Philosophie leidenschaftlich bewundernde Rationalist, Freund des Ibn Rosch (Averroes), seines muslimischen Nachbarn in Cordoba. Er wählt Fez als erste Etappe und täuscht eine Bekehrung zum Islam vor. Um 1180 schreibt er dort in arabischer Sprache den »Führer der Verirrten« für seine spanischen Brüder, die sowohl durch die philosophischen Auseinandersetzungen, als auch wegen der almohadischen Verfolgung und dem Konversionszwang in Verwirrung geraten sind. Einmalig, der Erfolg dieses »Führers«! Er bringt es gelegentlich fertig, den Geist der Sephardim gewaltig in Aufruhr zu versetzen, und noch Jahrhunderte später wird über ihn gestritten. Maimonides, der nie aufhörte, sich »Sephardi« zu nennen, kehrt offen zum Judentum zurück und begibt sich weiter nach Osten, nach Kairo, wo er der Leibarzt Saladins wird und häufig nach Jerusalem reist, ohne sich jedoch ganz dort niederzulassen. Zwischen einer rationalistischen Interpretation der Bibel und der Tradition der Talmudisten schwankend, schreibt er – hebräisch – *Mischne Tora* (etwa Tora-Unterricht), manchmal »Die starke Hand« genannt. Er beweist damit, daß er der beste aller Gesetzeskenner ist, ob mit seinem Herzen oder mit seinem Verstand. Maimonides, der berühmteste Sephardi seiner Zeit, stirbt Anfang des 13. Jahrhunderts; seinen jüdischen Glaubensgenossen hat er eine ewige Botschaft hinterlassen. Sein arabisches Werk, schon in den Jahren nach 1180 von den Brüdern Tibbon aus Montpellier ins Hebräische übersetzt, wird verbreitet, kommentiert, abgelehnt oder geliebt. Das sephardische Volk erwartet im 13. Jahrhundert eine aufregende Zeit, die es mit Leidenschaft leben wird.

Die iberischen Juden, die schreiben, die sich befragen und sich antworten, werden in Zukunft ein anderes politisches Klima kennenlernen: das der christlichen Königreiche.

Nach dem Sieg von Las Navas, 1212, sind die geschlagenen Almohaden rasch vom spanischen Boden vertrieben. Für die Iberische Halbinsel beginnt die neue, nur ihr eigentümliche Geschichte der *Reconquista*, die der Gründung und Ausbreitung christlicher Staaten. Von dieser Geschichte sind die Juden direkt betroffen. Die Sephardim hatten bisher im Norden einen gewissen Einfluß, während in Cordoba und Granada kleine und große Juden gleichermaßen als Dimmi lebten. Vom 13. bis zum 16. Jahrhundert werden alle ohne Unterschied mit den gleichen Rechten und Pflichten Untertanen christlicher Könige sein.

Zweites Kapitel

JÜDISCHE UNTERTANEN IM CHRISTLICHEN SPANIEN

Während das Kalifat von Cordoba noch all seinen Glanz entfaltet, streben die kleinen, christlichen Königreiche im Norden Spaniens nach Unabhängigkeit. Entweder stillschweigend toleriert vom großen islamischen Staat oder mit ihm verbündet, oft besiegt, manchmal aber auch siegreich, erwecken sie in Cordoba eher zwiespältige Gefühle. Diese Christen im Norden sind genauso iberischer Herkunft, wie die Bevölkerung im Süden, die dem Islam unterworfen wurde. Die verschiedenen Höfe können sich durch Heirat, vor allem aber über wirtschaftliche und kulturelle Beziehungen verbinden. – Und all die Flüchtlinge aus Al-Andalus gelangen in diese nördlichen Reiche, die nur nach Vergeltung trachten. Der heilige Krieg bricht periodisch von der einen oder andern Seite provoziert wieder aus.

Die kleinen spanischen Königreiche sind aus dem Krieg hervorgegangen; schon im 8. Jahrhundert aus dem Krieg ums Überleben, dann aus dem Expansionskrieg der Reconquista, wobei ebenso sehr ökonomische und politische, wie religiöse Motive eine Rolle spielen. Gewiß, in erster Linie kämpfen die Königreiche gegen das islamische Al-Andalus, jedoch bekämpfen sie sich auch gegenseitig, stets darauf bedacht, möglichst auf eigene Faust jene Ländereien, Städte und Flüsse zurückzuerobern, die ihnen am meisten einbringen. Aus dem winzigen Königreich Asturien (einige Talschaften, um einen westgotischen Führer geschart, der 722 bei Covadonga den ersten christlichen »Sieg« davontrug) ist

León geworden und – nach Verschmelzung mit der kastilischen Grafschaft – Kastilien. Sein König, Alfons VI., zieht im Jahr 1085 wieder in Toledo, der einstigen Hauptstadt der Westgoten, ein. Kastilien grenzt im Westen an die Grafschaft Portugal, die 1140, unmittelbar vor der Wiedereinnahme Lissabons (1147), ebenfalls ein Königreich wird. Im Osten mußte sich Navarra, das große Pyrenäenreich der Jahrtausendwende, vom Nachbarn Aragon Stück um Stück seines Territoriums abnehmen lassen, um schließlich doch noch als kleines, unabhängiges Reich aufzuerstehen. Von 1118 – 21 erobert Alfons I. von Aragon und Pamplona, der »Schlachtenkämpfer«, Saragossa und Tudela zurück (das ihm allerdings 1134 von Navarra wieder genommen wird) und dank einer geradezu providentiellen Heirat mit den Grafen von Katalonien verbunden, wächst Aragon zu einem der großen Reiche der Halbinsel mit aufsehenerregender Expansion heran. Nach 1212 (die erste Koalition aller christlichen Herrscher führte zum Sieg von Las Navas de Tolosa) folgen in nur wenigen Jahrzehnten die Eroberung der Algarve durch Portugal, die des Guadalquivir-Beckens und des Königreichs Murcia durch Kastilien und die Ausdehnung der Kronländer Aragons bis auf die Balearen und das Königreich von Valencia.

Die Haltung der christlichen Könige ist gegenüber der nichtiberischen Bevölkerung der zurückgewonnenen Städte stets die gleiche, falls diese sich dem Untertanenvertrag der Eroberer, dem *Fuero*, unterwirft. Das betrifft die Muslime, aber auch die Juden: Die immer schon im spanischen Norden ansässigen Juden und die der andalusischen Zentren, die ihre Vergangenheit als Dimmi in Al-Andalus nun dem neuen Herrn vermachen; sie alle werden von jetzt an Untertanen christlicher Könige sein. Im Fuero, den die Souveräne für sie ausarbeiten lassen, sind ihre spezifischen Rechte und Pflichten festgelegt. Zu diesen schriftlich fixierten Bestimmungen kommen im Lauf der Jahre spontan entstandene

Gewohnheitsrechte und Erleichterungen für die verschiedenen, unter den gemeinsamen fürstlichen oder königlichen Herrschern in den Städten nebeneinander lebenden religiösen Gruppen. Mit einer schön ausführlichen Liste ihrer Rechte und Pflichten wäre die Geschichte der Sephardim zwischen 10. und 14. Jahrhundert beinahe schon erzählt.

Das Recht, als Jude und als Spanier zu leben

»Ich, Vitas Francès, Jude aus Tudela, anerkenne von Euch, Pero Araziel, Bevollmächtigtem des Herrn und Königs von Navarra, als Erlös aus dem Verkauf der Häuser des Sancho de Gorga am Platz, den man ›el Pontarron‹ nennt, 20 l. 10 s. erhalten zu haben. Ich bestätige, daß ich gut bezahlt wurde. Die Zeugen sind Miguel de Galar, Bevollmächtigter, und Gento de Villafranca, Jude aus Tudela, am 18. Februar 1382.«

Im christlichen Spanien wurden solche Sätze oft geschrieben (und gesprochen). Sie zeugen von einem Klima, das die Dimmi des Omar-Paktes nicht kennen konnten. Jüdische Gemeinden sind Institutionen, sind Vereinigungen von Persönlichkeiten, ohne die Spanien ein anderes Gesicht hätte.
In jedem beliebigen Land der Diaspora bedeutet die Gemeinde für den Juden den natürlichen gesellschaftlichen Rahmen. Außerhalb der Gemeinde kann er seine Religion nicht ausüben, da es zur Feier des Sabbat und zum Gebet in der Kirche zehn erwachsene Männer (den *Hinian*) braucht. Der Sabbat kann am Freitagabend nicht im Gemeinschaftshaus »empfangen« werden, wenn sich dort nicht alle Männer über dreizehn Jahren versammeln. Die christlichen Herren verstehen das, und sie tolerieren nicht nur diese jüdischen Gruppen und ganzen Quartiere in ihren Städten,

sondern fördern auch deren Eigenverantwortung, das Übernehmen ganz bestimmter Aufgaben innerhalb der Gemeinschaft, wie es bei sämtlichen Gruppen der mittelalterlichen Epochen zu beobachten ist. Im 12. Jahrhundert richtet sich der periodisch erneuerte Fuero stets an die ganze Gemeinde und an deren Vertreter. Die Juden iberischer Städte, sei es Toledo, Tudela, Lissabon oder Sevilla, ob sie in Gemeinden von 8-10 000 Einwohnern leben, wie man es von Toledo im 14. Jahrhundert annimmt, oder in solchen von 1 000 (Tudela um 1300) oder 2 bis 5 000 Einwohnern in den großen Häfen, alle diese Juden äußern sich zuerst und vor allem als Kollektiv. Man nennt diese Kollektive *Aljama* (vom arabischen »Versammlung«), ein Name, der ebenso für die Gemeinschaften der *Mudejares*, der Muslime unter christlicher Herrschaft, gilt. Das von ihnen bewohnte Viertel heißt *Juderia*, nur in Katalonien spricht man von der *Call*, was weniger vom spanischen *Calle* (Straße), als vom hebräischen Kahel (Gemeindeversammlung) herkommt.

In kleinen Dörfern können Gemeinden auf ihr Mindestmaß reduziert sein, was nicht heißt, daß sie deshalb weniger lebendig und lebensfähig wären. Es gibt sie in befestigten Orten wie Castrojeriz de Castilia, wo ein Fuero schon 970 Juden erwähnt, aber auch in Marktflecken, die im Umkreis von Abteien wie Sahagun in León entstanden (wo im 12. Jahrhundert von einem Ritter angeführte aufständische Bauern plündern und alle Juden, deren sie habhaft werden, töten). Man findet Gemeinden in kleinen Dörfern Portugals oder des Königreichs Valencia, die bis in die letzte Zeit der Sephardim nachweisbar sind, in kleinen Flecken wie Garcimuñoz de Castilia, Santa Coloma de Queralt in Katalonien.

»Wer immer einen Juden tötet, wird vom König gerichtet, als hätte er den königlichen Schatz beraubt«, das steht in jedem Fuero des 12. Jahrhunderts. Da die Juden dem Souverän gehören, kommt jedes ihnen angetane Unrecht einer Majestätsbeleidigung gleich. Dafür darf der Herr seinen menschlichen Besitz mit Steuern belasten – oder auch »überlasten«, eine Freiheit, die er als Entschädigung für den gewährten Schutz in breitem Rahmen ausnützt.

Jede Gemeinde hat ein Vorstandsgremium. Ursprünglich wohl bei Gelegenheit ad hoc gebildet, wird es im 13./14. Jahrhundert eine Institution mit schriftlich festgelegten Statuten. Jüdische Gemeindevorsteher nennt man entweder arabisch *Muqqademim* oder spanisch *Regidores* bzw. *Adelantados*. Es können je nach Größe der Aljama 8, 12 oder 24 sein, und sie werden von einer Anzahl Berater unterstützt (mindestens doppelt so viele wie Vorstandsmitglieder), unter denen sie selbst, wenn sie vom Amt zurücktreten, ihren Nachfolger wählen. In den iberischen Zentren sind Wahlen, Kooptationen zu dieser Zeit stark verbreitete Praktiken, mit denen in den Städten etwa die Alkalden und Magistraten bestimmt werden. Zwischen den einzelnen Gruppen, zwischen den Königreichen mit Judenverträgen ergeben sich zahlreiche Varianten, das Prinzip jedoch bleibt stets dasselbe. Als die spirituellen Führer der Gemeinde sind Rabbiner im Vorstand vertreten. Gerade aufgrund ihres spirituellen und intellektuellen Ansehens gibt man ihnen den Vorzug; denn sie sind es auch, die ihre Brüder richten und ihr Urteil dann vor dem königlichen Tribunal vertreten und begründen. Gleiche Kriterien gelten bei der Wahl des Prokurators oder Anwalts, dessen Aufgabe äußerst heikel sein kann, wenn er Bittschriften an das Schatzamt zu richten oder für die vor ein staatliches Gericht gestellten Juden auszusagen hat (nach dem Fuero steht jedem Angeklagten ein Zeuge seiner eigenen Religion zu); einfacher ist sie, wenn er seine Gruppe vor dem Gesetz, vor dem Souverän vertritt. Dies beispielsweise bei Krönungen und feierlichen Einzügen in die Städte; Gelegenheiten, bei denen die Rabbiner den Herrn dieser Welt die Torarollen, eine der Botschaften des Herrn im Himmel, präsentieren. Über Generationen hinweg versahen immer die gleichen Geschlechter diese

Ämter; Adelantados, Prokuratoren und Rabbiner, sie heißen in Toledo stets Wakkar, in Lissabon Navarro, in Saragossa Ben Labi, in Tudela Menir, in Murcia Mudder.
Rabbiner bilden wieder neue Rabbiner aus; zu jeder Synagoge gehört eine Talmudschule (in großen Zentren mit einflußreichen Synagogen zusätzlich eine Art Hochschule, die *Jeschiwa*). Die einzelne Gemeinde wählt den, der hervorsticht; es kommt jedoch häufig vor, daß renommierte Rabbiner von einem Ort in den andern berufen werden. Eine Gewohnheit, die im Ebrotal aufkam, und bald von den Kronländern Aragons bis Navarra, von Huesca bis Pamplona, von Tudela bis Saragossa und noch weiter bis Montpellier geübt wurde. Einmal im Amt an der Spitze einer jüdischen Gemeinde, zeigen sich die Muqqademim, ob Rabbi oder nicht, unterbittlich, denn ihre Macht soll unangefochten bleiben. Die Herrscher lassen dieser Entwicklung einer internen Kontrolle ihren Lauf, sie bringt ihnen lediglich Vorteile. Von Zeit zu Zeit geben die Gemeinden Richtlinien (*Takkanot*) heraus, die zum Beispiel den Lärm in Synagogen, tätliche Auseinandersetzungen oder das Verbreiten von Gerüchten über Autoritäten verbieten. Der Souverän hat nichts dagegen, Hauptsache, es herrscht Ruhe im Volk, und er muß sich selbst nicht einmal darum kümmern. Die Verlautbarungen der Gemeinde enthalten aber auch Punkte, die das Mosaische Gesetz betreffen. Sie befassen sich etwa mit der Einhaltung der Sabbatruhe und der Festtage, überwachen die koschere Ernährung (in jedem Viertel gibt es eigene Bäckereien, Metzgereien, den Schächter und den Käsermeister), und schließlich warnen sie ganz allgemein vor Eheschließungen, die zu weit von der eigenen Gemeinde wegführen.
Der Gemeindevorstand bestimmt über die Steuerlast der einzelnen Mitglieder, damit er die *Pecha*, die königliche Steuer, abliefern, und darüber hinaus alle Gemeinschaftsauslagen bestreiten kann. Wer seinen Pflichten nicht in allem

getreulich nachkommt, riskiert eine Buße. Da staatliche Schatzmeister spezielle Register führten über jüdische Bußeinnahmen, von denen sie meist die Hälfte beanspruchten, weiß man alles über die Streitigkeiten und kleinen Rebellionen innerhalb der Gemeinschaften. »Responsen« des einen oder andern Autors, Gerichtsurteile und Erzählungen gestatten auch einen Blick auf das jüdische Familienleben. Im nördlichen Abendland hatte im 11. Jahrhundert Gerschom von Mainz die Polygamie verurteilt. Wie steht es nun damit, mehrere Jahrhunderte nach dem »Verbot unseres Rabbi Gerschom, der Leuchte der Gola« (Diaspora), in den spanischen Gemeinden, die in einer Umgebung von Mohammedanern lebten – oder noch leben? Die Monogamie wird im 13./14. Jahrhundert von den jüdischen Familien – manchmal ungern – angenommen. Es versteht sich jedoch, daß eine Frau nach zehn, zwölf Jahren, falls der eheliche Bund nicht durch die Geburt eines Sohnes gesegnet wurde, verstoßen werden kann und keine neue Ehe mehr eingehen darf. Fälle von Bigamie deckt man noch da und dort in den Städten Kataloniens oder Navarras auf; aber vom 14. Jahrhundert an wird das Verbot allgemein respektiert.

Was den Alltag betrifft, so läßt er sich in seinen negativen Aspekten anhand der Gerichtsurteile studieren; er dürfte recht aufregend gewesen sein, mit viel Geschrei und lockerer Rede. Frauen stoßen sich im Treppenhaus, Männer kämpfen mit Messern, Metzger verkaufen das Fleisch des Stiers für Rind, die Sprache ist grob, die Bewegungen sind unbeherrscht. Schwerer wiegen Verstöße gegen das religiöse Gesetz: Am Sabbat mit Geld umgehen oder etwa (wie in Tudela im 14. Jahrhundert) für Sukkot Laubhütten aus nicht der Regel entsprechenden Palmwedeln bauen. Die Gemeinde kann auch einen unerwünschten Religionsbruder aus ihrer Mitte verstoßen, entweder für die Zeit eines kleinen Exils von zwei Wochen, *Nidduy*, oder für immer (d. h. fünfzig Jahre), *Cherem*. Ereignet sich sehr Ernstes, wie Verrat oder Denunziation, ist es möglich, den Schuldigen, den *Malsin* (aus diesem hebräischen Wort entstand das spanische *Malsinar*) , zum Tode zu verurteilen, denn er hat einem fremden Tribunal oder den Christen Geheimnisse seiner Gruppe verraten, und es ist von größter Bedeutung für seine Minorität, daß ihr Privatleben nicht den Blicken, den Kommentaren und dem Spott der »andern« ausgesetzt wird. Bis zu einer Exekution kam es allerdings selten, da eine kleine Gemeinschaft stets zögert, bevor sie sich selbst dezimiert, aber einige Fälle sind von der Iberischen Halbinsel bekannt. Hin und wieder kann sich der Schuldige mit Geld vom Cherem oder von der Exekution freikaufen, dann wird der Oberrabbiner eingeschaltet, der die Summe aufteilt zwischen dem Schatzamt (auch der König muß unterrichtet sein über das, was in seinem Volk vorgeht), der Gemeinde und der Partei der oder des Geschädigten.

Im 13./14. Jahrhundert gibt es also Oberrabbiner, die sich um die Belange ihrer Brüder kümmern. Die iberischen Herrscher ziehen es vor, einen einzigen Gesprächspartner zu haben, der sich verpflichtet, die königlichen Anordnungen weiterzuleiten, und nicht eine ganze Anzahl von Notabeln kleiner Gemeinden, wie bisher. Es liegt aber auch im Interesse der Juden selbst, ihre Geschäfte einer Persönlichkeit zu übertragen, die über den lokalen Angelegenheiten und zugleich dem Hof nahe steht. Vermutlich existierte das Amt des Oberrabbiners in einigen Taifas, etwa Sevilla oder Mérida, bereits im 11. Jahrhundert. Der Gründer des portugiesischen Königreichs, Alfons Henriquez, griff die Idee Ende des 12. Jahrhunderts wieder auf, als er Yahia Aben Yaish zu seinem *Arrabi Mor* machte. Portugal ist jedoch ein früher Einzelfall, es sollte noch bis Mitte des nächsten oder gar bis Ende des 14. Jahrhunderts dauern (1390 endlich auch in Navarra), bis an allen iberischen Königshöfen ein *Rabi Mayor* seine Funktion ausübte. Früher waren Rabbiner als königliche Berater hervorgetreten, zum Beispiel, zwischen 1080 und 95, Josef ibn Ferrusel »Cidiel-

lo«, der Ratgeber und Arzt von Alfons VI., von Kastilien. Das Amt des Oberrabbiners nimmt erstmals Gestalt an in Portugal unter König Denis (1280 – 1310). Er schafft eine vorbildliche Organisation, die als Modell – allenfalls mit einigen Änderungen – auch von andern Staaten übernommen wird. In Portugal sind die jüdischen Gemeinden von Norden bis Süden in sieben Distrikten zusammengefaßt: Porto, Tras os Montes, Viseu und Covilhao, Beira, Santarem, Evora oder Alentejo, Faro oder Algarve. Für jeden Abschnitt ist ein — regionaler oder kommunaler – *Arrabi Menor* zuständig, der mit den andern gemeinsam den Arrabi Mor wählt. In der Praxis dürfte es aber eher so gewesen sein, daß dieser vom König aufgrund der Vorschläge der regionalen Berater designiert wurde. Es ging dabei um sehr angesehene Persönlichkeiten, oft mit hohen Regierungsfunktionen im Finanzwesen der Verwaltung betraut und gleichzeitig Mitarbeiter und Berater des Königs. Daß sie diese doppelte Funktion auf Gemeinde- und Regierungsebene innehatten, weiß man aus dem 13. und 14. Jahrhundert mit Sicherheit von Jucef Ravaya, dem Oberrabbiner der Kronländer Aragons, von Asher ben Yehiel, einem nach Toledo geflüchteten Aschkenasi, dann von »Don Yuçaf de Ecija« (1280 in Ungnade gefallen und hingerichtet) und von Jeuda ibn Wakkar in Kastilien, weiter, am Ende des 14. Jahrhunderts Meir Alguadex oder Josef Orabuena in Navarra, Mosse Navarro und Juda ben Menir in Portugal. In diesem Königreich ließen um 1400 die Könige der Dynastie Aviz für den Altar des heiligen Vinzenz, des Schutzpatrons ihres Reichs, ein Retabel malen. Unter den Stiftern figuriert der gesamte, um das Herrscherpaar gruppierte Hofstaat. In bester Position auch der am offenen Talmud vor der Brust erkennbare Arrabi Mor, in einer langen, schwarzen Robe und mit einem schwarzen Käppchen auf dem Kopf.
Die großen Königreiche kennen also den regionalen und jede einzelne Gemeinde des kommunalen Rabbi, der in den

Dörfern oft die einzige Autorität zu sein scheint. Er ist daher auch für alles zuständig: Er kann alle Funktionen ausüben, die in größeren Zentren von einem Spezialisten wahrgenommen werden, vom *Mohel* (Beschneider) über den *Chasan* (Vorsänger), *Schochet* (ritueller Schlachter), *Gabbai* (Finanzvorstand) bis zum Schreiber für hebräische Texte und Notar der Gemeinde.

Im 14. Jahrhundert tauchen auch in jüdischen Kreisen die damals unter Christen weit verbreiteten Brüderschaften auf. Ziemlich überall findet man eine solche *Havra*, die Krankenbesuche macht, Begräbnisse organisiert, den Unterhalt der Grabstätten oder die Erziehung bedürftiger Kinder übernimmt. In einer mittleren Gemeinde wie in Tudela (wo 1340 auf 8 000 Einwohner etwa 1 000 Juden kommen) besteht nur eine Bruderschaft, die sich aus Mitgliedern des Gemeindevorstands zusammensetzt und »Almosen der Juden« nennt; sie hat einen eigenen Verwalter, Ländereien, Einkünfte und bestreitet alle Ausgaben für Unterstützung und Wohlfahrt im jüdischen Stadtteil. Judenviertel verfügen stets über ein Spital, einen Friedhof, Bäder und eine Talmudschule, die alle jüdischen Knaben, ungeachtet der ökonomischen und gesellschaftlichen Situationen ihre Familien, aufnehmen muß; denn ein Sohn Israels darf nur mündig werden, wenn er mit dreizehn bei der Feier des Bar-Mizwa imstand ist, in der Synagoge eine Stelle aus dem Talmud zu lesen, und wenn er das Familiengebet vorbeten und am Minian der Gemeinde teilnehmen kann. Einem Jungen mit der Kenntnis der hebräischen Sprache und Kultur eine Chance zu geben, ist zwar eine religiöse Pflicht für materiell gut gestellte Juden, sicher ist es aber auch ein spontanes Bedürfnis, der Gesellschaft zu dienen.

Synagoge heißt, in wörtlicher Übersetzung aus dem Hebräischen, Haus der Gemeindeversammlung. Den Sephardim wird das Recht zugestanden, dieses für sie unentbehrliche Gebets- und Sitzungshaus zu errichten oder zu vergrößern. In jedem Quartier steht eine Synagoge: drei in Tudela, fünf oder sechs in Saragossa, etwa zehn in Toledo. Der König von Portugal läßt sich die Bewilligung für den Bau mit ca. siebzig Pfund abgelten. Im Prinzip läuft es überall so, aber vieles hängt doch von der Persönlichkeit des Souveräns ab. Insgesamt darf sehr frei gebaut werden, und es kommt vor, daß mit einer diplomatischen Regelung sowohl dem Gesetz, als auch dem Interesse aller Beteiligten genüge getan wird; etwa wenn der König – wie es um 1380 in der kleinen Gemeinde von Sangüesa in Navarra geschah – den Juden einen seiner unbenutzten Speicher verkauft, damit sie die Synagoge am Ort erweitern können.

In den iberischen Städten blieben zahlreiche Synagogen aus dem Mittelalter erhalten; in Toledo wurden sie nach 1492 in Kirchen, später in Museen umgewandelt; die Synagoge von Segovia dient immer noch, jedoch als Kirche; in Porto entstand daraus ein Benediktinerkloster und ein Fabrikbetrieb, in Cordoba ein Museum. Darüber hinaus werden von Forschern heute allenthalben Steine und Inschriften entdeckt, die Rückschlüsse auf den Standort einer Synagoge zulassen, die später etwa ein Kloster oder ein Privathaus wurde. Was die Friedhöfe betrifft, so nutzte man sie entweder als Bauplätze, oder sie verwandelten sich wieder in die Weideflächen, die sie ursprünglich waren. Noch 1383 bewilligte der Orden des Spitals »Sankt Johannes von Jerusalem« der Aljama von Lérida ungefähr ein Hektar Land für einen Friedhof. Der Pachtzins betrug jährlich 15 Groschen, der Orden behielt sich aber zusätzlich vor, seine Mutterschafe auf dem neu angelegten Friedhof zu weiden.

Die Juden sind demnach in spiritueller und in rechtlicher Hinsicht in den Königreichen integriert; sie sind es erst recht dank ihrem Haus- und Grundbesitz. Privates Eigentum steht ihnen ebenso zu wie Christen und Muslimen; die einzige Restriktion betrifft den vom Gesetz verbotenen Besitz mohammedanischer und natürlich christlicher Sklaven.

Im allgemeinen ist jedoch die Sklaverei in den Mittelmeerländern noch weit verbreitet, auch kann das Verbot offenbar in gewissen Fällen umgangen werden: Samuel ha-Levi soll 1361 bei seiner Festnahme vierundzwanzig maurische Sklaven besessen haben. Die bezahlten Angestellten, seien es Muslime oder Christen, sind prinzipiell erlaubt. Was (beide Seiten) vermeiden wollen, ist das allzu enge Zusammenleben. Ein Rabbi aus Olite, im Innern von Navarra, wurde 1380 gebüßt, weil er für sein Enkelkind eine christliche Amme beschäftigt hatte. Man weiß, daß eine derartige Situation auch bei umgekehrten Vorzeichen verboten wäre. Für den Fall geschlechtlicher Beziehungen zwischen den Gesellschaften sind rigorose Sanktionen angedroht, für Juden gar die Todesstrafe (nach dem der christliche Henker sie entmannt hat).

Wie jeder im Königreich darf auch ein Jude Haus und Land besitzen. Zwar ordnen königliche Dekrete hin und wieder die Ansiedlung aller Israeliten in eigenen, abgegrenzten Vierteln an (1336 in Pamplona, 1361 in Portugal), aber bevor das im 15. Jahrhundert eine allgemeine, strikt durchgeführte Maßnahme wurde, scheinen Juden überall Immobilien besessen zu haben, häufig flankiert von Häusern der Christen oder auch neben einer Kirche. Die Judenviertel entstanden im Umkreis der Synagoge und der Gemeinschaftsbauten spontan, daneben wurden jedoch immer wieder Häuser anderswo gekauft oder gemietet (in allen Stadtarchiven finden sich entsprechende Verträge aus dem 12. bis 14. Jahrhundert). Ein Geistlicher hat vielleicht jüdische Mieter; ein Kloster, ein Privatmann verkauft ein Gebäude, das neben dem eines Juden steht – Beamte, Bürger, alle schließen laufend Kauf- und Mietverträge mit jüdischen Partnern. Es gibt das Judenviertel (in Saragossa wird dafür eine globale Miete an die Kirchengemeinde von San-Miguel-de-Los-Navarros entrichtet; in Monreal, einem Flecken Navarras bleibt es beschränkt auf eine Ecke der Stadtmauer), keiner ist jedoch gezwungen, dort zu wohnen, wenn er anderswo kaufen oder mieten will. Das Recht erstreckt sich auch auf den Besitz von Land. Man kann kein Stadtinventar durchsehen, man kann keine Handänderungsprotokolle lesen, ohne dabei auf einen schönen Anteil jüdischer Besitzungen zu stoßen.

Eine vergleichende Gegenüberstellung erfaßt Felder und Weinberge, die auf der Halbinsel unentbehrlichen Bewässerungsanlagen und Brunnen sowie Obst- und Gemüsegärten nach Religionszugehörigkeit der Eigentümer: Die Juden gehören zu den ersten in Spanien, die es verstanden, zu bewässern, Flußwasser abzuleiten, Kanäle zu unterhalten und den Zustand von Dämmen und Schleusen zu überwachen; mindestens ebenso sehr, wie ihre islamischen Nachbarn. Sie besitzen wie die andern Weinberge, Getreidefelder, Olivenhaine und Gärten an Flußufern. Solches Familieneigentum, von dem die Sephardim gern betonen, daß es ihnen immer schon gehörte, kann durch Kauf oder mit Hilfe der Pfandleihe vergrößert werden, in höchsten Kreisen, die am Hof verkehren, auch gelegentlich durch ein königliches Geschenk – wobei mit »Geschenk« die Rückzahlung einer Schuld beschönigend umschrieben wird. Die Juden der kleinen Dörfer oder Handwerker großer Judenviertel bauen, falls ihnen ein Stück Land gehört, Getreide, Wein oder Oliven selbst an. Sie besitzen dann ihren Esel oder Pferde, die sie auch reiten dürfen wann und wo sie wollen. Sie ziehen den Pflug, ernten die Trauben genau wie ihre Nachbarn, nur daß diese vielleicht Johann oder Mohammed heißen. Die Juden großer Zentren, die ausgedehnte Ländereien, aber eine andere Beschäftigung haben, verfügen über bezahlte Angestellte oder einen Halbpächter jüdischer, christlicher oder islamischer Religion. So wenig wie das Geld stinkt, hat Land eine Religion. Staatsmänner müssen dafür sorgen, daß es bewirtschaftet wird und Früchte trägt, jedermann, der es versteht, daraus Nutzen zu ziehen, ist willkommen. Aber immerhin schuldet christliches Land der Kirche den Zehnten, auch noch, wenn es von Juden oder Muslimen erworben wird.

So selbstverständlich ist nachgerade die Zusammenarbeit, daß es durchaus nicht verwundert, wenn Thibaut II. von Navarra 1256 mit Bueno ben Menir, einem Juden aus Tudela, über den Tausch zweier aneinandergrenzender Grundstücke verhandelt. Es geht darum, sich gegenseitig an der Peripherie von Tudela einen Weinberg mit Wasserstellen abzutreten, womit der Besitz jedes einzelnen abgerundet und mit mehr Gewinn bewirtschaftet werden kann. Ebenso normal ist ein kleiner Vertrag von Illo aus Toledo, mit dem Josef ben Yaix den Verkauf von drei Weinbergen für 32 Dinar an den Erzdiakon Martin bescheinigt. Der Besitz eines Juden kann auch bemerkenswerte Proportionen erreichen: Um 1400 besaß Abraham ben Shuaib aus Estella Grundstücke in zwölf verschiedenen Orten; 1492, im Jahr der Vertreibung, gehören Mosse de Cuellar im Innern Kastiliens die Mehrzahl der Häuser und Felder seines kleinen Wohnortes Buitrago und der zwanzig umliegenden Dörfer, dazu eine Herde, eine Werkstatt für die Wollverarbeitung und eine Molkerei-Käserei.

Wenn sie bewässern und Trauben ernten, sind die Juden Spanier wie alle andern auch. Es gibt jedoch einen Bereich, den man von alters her immer und vor allem mit ihnen in Verbindung bringt: die Finanzen. Der Geldhandel der Juden im Mittelalter hat im gesamten Abendland vom Norden des deutschen Reichs bis Sizilien gemeinsame Züge, auch die Aktivitäten der Sephardim auf diesem Gebiet unterscheiden sich davon nicht. Nur sind die Juden sehr zahlreich in Spanien vertreten, verstreut in allen Städten, oft auch in den Dörfern, und vielleicht mehr als anderswo strecken sie kleine und mittlere Summen an einfache Leute ihrer Umgebung vor, häufig ihren jüdischen Brüdern mit beschränkten Mitteln und Muslimen ihrer Nachbarschaft.

Sie leihen Spaniern und Portugiesen jeder Gesellschaftsschicht, oft und viel allen Herrschern, denen gegenüber sie bereits als richtige Bankiers auftreten, Ezmel d'Ablitas zum Beispiel, der 1300 – 1340 Bankier der Könige von Navarra und Aragon und des Bischofs von Pamplona war, oder die Caballeria, im 13. Jahrhundert Bankiers von Jaime I. von Aragon, dann Itzhak ibn Sadoq, um 1270 – 80 der Almojarife Mayor Alfons X. von Kastilien. Klerus und Adel leihen ihr Geld bei den Juden und verpfänden Land, eine Rüstung, einen Wertgegenstand. Eigentlich wäre es genauso verboten gegen Pfand zu leihen, wie gegen Wucherzinsen, aber Prinzipien verblaßen angesichts der Notwendigkeit und der Gewohnheit. Bis die Schuld abgetragen ist, behält der Kreditgeber einen Besitz als Unterpfand; zeigt es sich, daß der Schuldner nicht zurückzahlen kann, werden gerichtlich die Konfiszierung und der Verkauf (meist durch Versteigerung) angeordnet. So vermeidet man, daß der eigentliche Grund, die vorangegangene Verpfändung, allgemein bekannt wird. Häufig kauft der jüdische Verleiher solch ein Stück Land (oder auch ein anderes) mit dem Betrag der Schuld plus Zinsen selbst. Manchmal wird er jedoch bereits Eigentümer, einfach weil der Pfandleihvertrag abgelaufen ist.

Die spanischen Juden sind sehr gefragt, denn sie verstehen das Leihgeschäft. Zu einer Zeit, in der auch Bürger oder Beamten so oft und so frei ausleihen wie die Juden, ziehen es Kreditsuchende vor, sich an diese zu wenden. Hier als Beispiel ein harmloser Vertrag:

»Ich, Maria Ruiz, Witwe des Johann de Tauste aus Tudela, bestätige, daß ich Euch, Juce Abenabez, Sohn des Salomon Abenabez aus Tudela, 100 Groschen vom guten Geld von Navarra schulde, das Ihr mir in Freundschaft geliehen habt. Ich muß sie Euch am Tag des heiligen Aegidius zurückgeben; danach werde ich 5 für 6 bezahlen müssen. Ich verpfän-

de meinen ganzen Besitz. Die Zeugen sind Ochoa d'Iaurreta, Bevollmächtigter, und Josef Orabuena, Jude aus Tudela. Am 19. Februar 1382.«

Während irgendein Bürger, wenn er 200 Pfund leiht, eine Rückzahlung innerhalb eines Jahres verlangt, borgt ein Jude mehrere kleine Summen von 5, 10, 15 Pfund, für die er vor Ablauf von drei Jahren (oder einigen Monaten bei sehr kleinen Krediten) gar nichts erwartet. Der vorher mündlich ausgemachte Zins kann im Vertrag bewußt verschwiegen oder mit dem legalen Satz von 25 % vermerkt werden (die »5 für 6« im Vertrag von Tudela). Die Kreditoren präzisieren aber auch, daß bei Verfall des Vertrags täglich eine Buße von mehreren Groschen erhoben wird. Im allgemeinen erhalten sie ihr Geld pünktlich zurück und können es wieder in Umlauf bringen; wenn sie das bis zu zwanzig Mal jährlich tun, kommen auch sie auf eine globale Summe von 200 bis 500 Pfund, nur daß sie es verstehen, das Risiko zu verteilen. So gut sogar, daß sie nach Absprache mit andern Juden oder liiert mit christlichen Händlern auch größere Geschäfte riskieren. Sie schließen »Kompanieverträge« ab, durch die ihre Kapitalien über den maritimen Großhandel in die Mittelmeerhäfen, nach Mallorca, Valencia oder Barcelona fließen, wo man um 1300/1305 Namen hört wie Sento de Forns, Salomon Bonsenyor, Josef Sullam, Mosse Taros, Bonjue Jussef ... Wie alle Juden ihrer Zeit, leihen auch die in Spanien lebenden ihrem Nachbarn bei Gelegenheit ein paar Pfund oder Groschen, es hindert sie aber auch nichts daran, ein Schiff auszurüsten, das von Mallorca mit Getreide in den Orient fährt und mit einem Kontingent Sklaven in Spanien wieder eintrifft.

In städtischen wie in ländlichen Kreisen stehen den Juden alle Berufe offen. Es genügt, die zu erwähnen, die in Wort und Bild ihre Spuren in den Manuskripten der Bibel und der Estherrollen für Purim hinterließen, die von sephardischer

Hand stammen. Ohne nochmals auf die mit der Ernährung zusammenhängenden Tätigkeiten zurückzukommen, wäre zum Beispiel die Familie Cresques, ein Kartographengeschlecht des 13./14. Jahrhunderts in Mallorca zu erwähnen; dann die jüdischen Korallenschneider und Ziseleure von Barcelona und Mallorca, oder die, welche in all den Zentren mit Fürstenhäusern arbeiteten: die Buchbinder, Schneider, Sattler und Goldschmiede. Abraham de Salinas malt 1394 in Saragossa für die Kathedrale Altaraufsätze mit Bildern aus dem Leben von Heiligen, von Christus und der Jungfrau Maria. Zur gleichen Zeit wartet Josef Ensayet in Navarra die königlichen Löwen. Jüdische Männer und Frauen stellen Seidenwaren her, Pelze, mit Gold durchwirkte und mit Perlen bestickte Textilien ... Sie alle tragen bei zum allgemeinen Wohlergehen von Städten und Höfen des 14. Jahrhunderts.
Doch sie kommen in noch engeren Kontakt mit anderen Kreisen, denn sie sind auch Ärzte. Ein großes, ja glorreiches Kapitel der Geschichte der Medizin schrieben die spanischen Juden. Nach Maimonides, der in den Osten zog und in Kairo und Jerusalem praktizierte, scheint noch eine ganze Anzahl jüdischer Gelehrter gleichzeitig als Ärzte gewirkt zu haben; der umgekehrte Fall ist sicher richtig: Alle Mediziner waren auch Rabbiner, Philosophen, Schriftsteller. Jeder iberische Herrscher hat seinen jüdischen Leibarzt, über alle Generationen und in allen Königreichen. Während aber in Montpellier (in einem Kronland Aragons) die Juden die Universität besuchen und, wie Christen, mit einem Lizentiat oder Doktorat abschließen können, scheint das in Salamanca anders gewesen zu sein. Viele Spanier studieren jedoch an der Fakultät von Montpellier, etwa Nachman von Gerona (Nachmanides), der zunächst in Montpellier als Arzt wirkt, bevor er in Katalonien mit seinen religiösen Schriften hervortritt. Höchstwahrscheinlich war um 1300 der Dekan der medizinischen Fakultät von Montpellier der Jude Profat.

Jüdische Mediziner geben ihr Wissen auch unter sich weiter, und sie verstehen es, zu heilen. Weite städtische Kreise zählen ziemlich regelmäßig zu ihren Patienten. Es gibt viele Ärzte wie Abraham Ezquerra aus Estella in Navarra, dem der Herrscher im Jahr 1350 für die Dienste dankt, die er der ganzen Stadt geleistet hat, indem er die Steuer herabsetzt für ihn, seine Familie und die Angestellten des großen Haushalts. Zahlreich sind aber auch die Leibärzte der Könige, einige so berühmt, daß man sie von einem Staat in den andern ruft. Alfons von Poitiers, der Bruder Ludwigs des Heiligen und damals Graf von Toulouse, kehrt 1254 von einem Kreuzzug mit ernsten Sehstörungen zurück, vielleicht ist er gar erblindet; er ruft einen aragonesischen Arzt, einen Cresques, doch da der sich vor Frankreich fürchtet und Aragonien nicht verlassen will, pflegt er den Grafen mit Hilfe von Boten aus der Ferne. Einer seiner späten Nachfahren des 15. Jahrhunderts, Don Abiatar Aben Crescas, befreit Juan II. von Aragonien, den Vater Ferdinands des Katholischen, 1468 vom grauen Star. Jüdische Ophthalmologen sind allgemein sehr gesucht, und das gleiche gilt für ihre Brüder, die Wunden heilen, Krankheiten der Verdauungsorgane und Infektionen, und auch eine bemerkenswerte Kenntnis der Anatomie und der Herstellung von Heilmitteln haben. Die Pestepidemien des 14. Jahrhunderts fernzuhalten, gelingt jüdischen Ärzten allerdings nicht besser als andern, sie geben jedoch Ratschläge für Hygiene und sind sehr geschickt im Heilen der Beulen. Die königlichen Heere, die ununterbrochen Krieg führen, sei es gegen Al-Andalus oder gegeneinander, werden stets von einem jüdischen Arzt begleitet. Man hat ihn in der »arabischen« Zeit Al-Hakim genannt, und der Beiname *Alfaqui* oder *Alraquim* ist vielen, von Ärzten abstammenden Familien geblieben. Er gilt jedoch auch für Gelehrte, denn die iberischen Juden, die die Naturwissenschaften studiert und diese Kenntnis dann praktisch angewandt haben, sind genauso als

Denker wie als Ärzte zu Ruhm und Ansehen gelangt. Oft ging man, um zu studieren, in Ermangelung einer Jeschiwa, zum jüdischen Arzt. 1374 etwa schloß Meister Mose Caravida in Barcelona einen Lehrvertrag mit dem jungen David, einem Sohn von Nissim Averrut aus Carmona: Als Gegenleistung für den Unterricht in hebräischer Sprache und Literatur stellt sich David in den Dienst des Arztes.

Das Recht, sich zu äußern

Ihre berühmtesten Werke aus der Zeit von Al-Andalus schrieben die Juden arabisch. Doch im christlichen Spanien verfaßten sie die wissenschaftlichen Schriften nicht in lateinischer Sprache. Sie bedienen sich zwar recht bald des Spanischen, aber vorwiegend für profane Dichtungen, etwa Schem Tow ibn Ardeutiel de Carrion, der im 13. Jahrhundert als einer der ersten seines Volkes kastilische Poesien schrieb. Jedoch bewahren und beherrschen die Juden noch lange das Hebräische, ihre heilige Sprache, wie schon Ibn Gabirol sagte, die ihre Gemeinden im Gebet und in den Betrachtungen über das Gesetz zusammenhält. Daß man einen Talmudkommentar hebräisch abfaßt, erscheint durchaus logisch; weniger selbstverständlich sind hebräisch geschriebene Schuldscheine, Handelsverträge, ein Postskriptum, gar eine Marktabrechnung oder die Einnahmen aus der *Alcabala*, einer Umsatzsteuer, die auf Fleisch, Kleider und Stoffe erhoben und meist von Juden eingezogen wurde. Bis ins 14./15. Jahrhundert verwenden Juden untereinander oder am Schluß offizieller, lateinisch oder spanisch verfaßter Dokumente die Sprache ihres Volkes oder allenfalls ein in die hebräische Schreibweise transkribiertes Spanisch. Später sollte dieses Jüdisch-Spanisch beinahe eine Art Geheimsprache werden; ob es das jedoch schon im 13. – 15. Jahrhundert war, als das jüdische Leben noch keinerlei Be-

hinderungen erfuhr, bleibt ungewiß. Freilich weiß man, daß Minoritäten stets ein Idiom bevorzugen, das sich von dem der »andern« unterscheidet.
Im 12. Jahrhundert ist den Schreibenden die hebräische Sprache ebenso geläufig wie die arabische, sie ziehen sie sogar vor bei Betrachtungen über ihren Glauben und das Volk Israel. So auch Abraham ibn Daud aus Cordoba, der dank der Vermittlung Juda ben Esras zur Zeit der Almohaden nach Kastilien flüchten kann. Er schreibt für seine jüdischen Brüder *Sepher ha-Kabbala*, noch nicht eine jener hermetischen Botschaften, wie sie sich bald auf der Halbinsel verbreiten sollten, sondern eine »Reihenfolge der Traditionen«. Während er »Kaiser« Alfons VII. von Kastilien lobt für die Aufnahme mozarabischer Flüchtlinge, versichert er, daß sich die Renaissance des jüdischen Denkens in Spanien vollziehe. Seine Chronik des Volkes Israel ist bereits eine Apologie von »Sephard« und der Sephardim – später, im 16. Jahrhundert, im Jahrhundert der Sehnsucht aller aus ihrem Land vertriebenen Iberer, eine beliebte literarische Gattung.
Aber auch weniger »politische« Schriften kann man hebräisch abfassen. Der erste, der die Sprache im 12. Jahrhundert für profane Zwecke verwendet, ist Benjamin von Tudela. Er verläßt seine Stadt am Ebro, um im Mittelmeerraum herumzureisen, um an der Mauer zu beten und die orientalischen Gemeinden kennenzulernen. Juda Halevi ist nach Jerusalem gezogen, um dort sein irdisches Dasein zu beenden, Benjamin hingegen will von seinen Reisen erzählen, er will ein seinen Brüdern nützliches, möglichst genaues Tagebuch hinterlassen. Sie sollen erfahren von den vielen Gemeinden in Katalonien, in Sizilien, in Mesopotamien, mit all ihren Rabbaniten und Karäern, ihren Synagogen und ihren Persönlichkeiten. Benjamins »Buch der Reisen« zeugt von einem neugierigen Geist; er wollte von allen Religionsbrüdern gelesen und auch verstanden werden, und dazu konnte ihm nur das Hebräische verhelfen.

Benjamin war Rabbiner. Alle Gebildeten sind zunächst und vor allem einmal Talmudgelehrte. Auch Maimonides, dessen Werk Generationen in Unruhe versetzte, ließ es sich nicht nehmen, sein *Mischne Tora* hebräisch zu schreiben, um nachdrücklich darauf hinzuweisen, daß es außerhalb der Gesetzesrollen und ihrer Kommentare kein Wissen und keine Erkenntnis gibt. Schon sehr früh, im 10. – 11. Jahrhundert, pflegten die Rabbiner von Narbonne bis Tortosa Briefverkehr mit den Geonim von Babylonien, manche reisten auch persönlich in jene Zentren, wo der Talmud entstand. Die Schriften späterer sephardischer Autoren sind im allgemeinen Kommentare zum einen oder andern Traktat des Talmuds. In allen Bibliotheken der Welt findet man Werke, die im 15. Jahrhundert in Spanien, im 16. in Italien, Istanbul und Safed und schließlich im 17. Jahrhundert in Amsterdam gedruckt wurden. Von manch einem Gelehrten blieb nur wenig, etwa ein Zitat im Werk eines späteren Schriftstellers; die Bücher anderer landeten gelegentlich auf dem Scheiterhaufen der Inquisition oder – in unserer Zeit – der Nationalsozialisten.

Die Kommentare der Sephardim sind tatsächlich Meilensteine, schon von zeitgenössischen Autoren kopiert, von Schülern verbreitet und ihrerseits mit Kommentaren versehen. Die am stärksten der Tradition verhaftete Schule, die der Halachisten, ist die bekannteste, aber auf der Halbinsel vielleicht auch die am wenigsten brillante, denn sie stellt nichts in Frage. Ihre Leuchten finden sich eher unter den Aschkenasim, etwa Gerschom von Mainz im 11. und Raschi von Troyes (Rabbi Salomon ben Isaak) im 12. Jahrhundert. Sie verleihen dieser Schule (und auch der Richtung der Tossafisten, die dem Talmud »Zusätze« hinzufügen) ihren Glanz. Man kennt sie in Spanien, sie werden verbreitet und erläutert; um so leichter fällt es den Tossafisten nach 1306, wenn die ersten Flüchtlinge aus Frankreich eintreffen, in den sephardischen Zentren Fuß zu fassen. Indessen zieren aber auch ein paar wirklich große Namen spanischer Rabbiner diese traditionelle rabbinische Art des Talmudstudiums. Es sind die, die »Fragen« erhielten und »Antworten« gaben; ihre *Scheelot und Teschuwot* stellen ganze Welten dar von Wissen und Reflexion. Im 13. Jahrhundert beispielsweise Salomon ibn Adret, der in den aragonesischen Gemeinden von Gerona, Barcelona und Saragossa lehrte, und seine Schüler Perez de Corbeil (ein Flüchtling vielleicht), Jom Tow von Sevilla und Itzhak ben Menir; oder im 14. Jahrhundert Itzhak ben Sheshet (auch »Barfat« oder »Perfet« genannt), der in Saragossa, später in Valencia und ab 1391 in Algier lebte. Es gab jedoch auch talmudistisch orientierte Autoren, die es vorzogen, persönliche Traktate zu verfassen, ohne dabei einen fiktiven Gesprächspartner zu belehren. Viele in der langen Reihe spanischer Gelehrter wurden kaum bekannt, sie verloren sich in der umfangreichen Produktion iberischer Juden. Menahem ben Zerah gehört zu den wenig bekannten, ist aber einer der typischsten Vertreter jener vom Exil gezeichneten Generationen. Seine Eltern flohen 1306 aus Südfrankreich nach Navarra, er selbst rettete sich 1328 vor einem Massaker in Estella durch die Flucht nach Toledo; dort blieb er als Rabbiner und wurde ein fruchtbarer kastilischer Autor. Der bekannteste ist vielleicht Chasdai Crescas aus Saragossa. Er spürte das Bedürfnis, in einer Zeit schärfster jüdisch-christlicher Polemiken und erzwungener Bekehrungen, seinem festen Glauben an die Religion der Israeliten Ausdruck zu verleihen. Sein »Licht des Herrn« oder *Or Adonai* wurde im Vertrauen auf den Gott der Väter und das geheiligte Wissen, das zu seiner Erkenntnis führt, eines der eindrücklichsten Glaubensbekenntnisse.

Es gibt verschiedene Arten, den Talmud zu lesen. Während die traditionalistischen Rabbiner sich auf die Unterweisungen der Geonim, auf Gerschom und auf Raschi stützen, kennt man im Mittelmeerraum des Mittelalters aber auch die Philosophie des Aristoteles, den man übersetzt und – auch ihn – kommentiert. Der Rationalismus beeinflußt nicht nur den Muslim Averroes, sondern auch Maimonides. Jedenfalls wird Rambam (Rabbi Mose ben Maimon) von seinen Lesern gern als Rationalist angesehen, da für ihn Verstand und Philosophie nötig sind, um Gott zu finden. Gelehrte späterer Generationen, wie Schemtow ibn Falaquera aus Tudela (um 1270), stellten ihre eigenen Betrachtungen an über die Belehrungen im »Führer der Verirrten«.

»... Wisse... daß der Glaube nicht etwas ist, was man auf den Lippen führt, sondern etwas was man in der Seele erzeugt, indem man glaubt, ein Ding sei so, wie man es sich vorstellt ... Wenn du zu denen gehörst, deren Gedanken sich aufschwingen, um jenen hohen Grad zu erreichen, der der Grad der Spekulation ist, und um die Gewißheit zu haben, daß Gott der Eine ist, von wirklicher Einheit, muß dir klar sein, daß Gott keine Attribute hat ...«

Nicht immer sind jedoch solche, der philosophischen Spekulation huldigende Texte gefragt; im Gegenteil. Ein kleiner, hochkultivierter Kreis spanisch-provenzalischer Juden begeistert sich im 14. Jahrhundert für die Kommentare Juda ben Mose ben Daniel Romanos (1292 – 1350), der neben Averroes auch Thomas von Aquin übersetzt hat und der – selbst überzeugt, daß die christlichen Denker bei der Suche nach Gott unentbehrlich seien – nicht selten auf den heiligen Augustin Bezug nimmt. Aber für die traditionelle hebräische Unterweisung sind Interferenzen verschiedener Kulturen eine heikle Sache. Ein Schulbeispiel für intellektuelle Auseinandersetzungen dieser Art bleibt Maimonides; Auseinandersetzungen, die auch von Gemeinde zu Gemeinde ausgetragen werden. Der »Fall Maimonides« erregt die Gemüter noch lang nachdem Rambam Spanien verlassen hat und weit über seinen Tod (1204) hinaus. Gerona verhängt über ihn den Bann (auch für ein Werk kann man exkommuniziert werden), andere heben ihn wieder auf, um den Cordobaner zu rehabilitieren und ungestört seinen »Führer« lesen und studieren zu können.

Noch bis zum Jahr 1280 sollte es dauern, bis endlich Raschba (Rabbi Schlomo ben Adret) eine für alle annehmbare Formel fand: Die jungen Juden sollen den Talmud und die von der tossafistischen Tradition anerkannten Kommentare studieren; später, nach dem zwanzigsten Lebensjahr, gewissermaßen nachdem sie Vernunft angenommen, sei ihnen gestattet, falls sie es wünschen, unter der Führung eines Lehrers Maimonides zu lesen oder auch Aristoteles und Averroes. Auf das selbe Problem stießen etwa zur gleichen Zeit auch die Kirchengelehrten, und der heilige Thomas von Aquin schlug eine Lösung vor, die nicht so weit von der Raschbas entfernt lag. Die profanen und die heterodoxen Wissensgebiete können für den Geist ein Sprungbrett sein auf dem Weg zu Gott.

Nicht von allen spanischen Juden wird die Empfehlung Raschbas verstanden. Die Verführung, Aristoteles oder Averroes zu lesen, ist groß. Einige der reichsten, zu Macht und Einfluß gelangten Juden predigen den Rationalismus als das Ideal jeden freien und aufgeklärten Willens. Ein paar von dieser Haltung schockierten Autoren zufolge hätten sich diese »Hofjuden« hedonistischer gebärdet, als die Araber in den Lustgärten von Granada. 1280 schreibt Josef Gikatila, ein Schüler des Kabbalisten Abraham Abulafia, seinen »Garten der Nüsse« gegen jene Herren, die ihren Glauben vergaßen. Schemtow Falaquera, der im 13. Jahrhundert in Tudela lebende Halachist, der aber auch Bewunderer Maimonides' und Verfasser von *More ha-More* (»Der Führer des Führers«) war, greift in »Der Suchende« und »Der Dialog zwischen dem Weisen und dem Frommen« jene Religionsbrüder an, die das Hebräische vernachlässigen, die sich mit Mohammedanerinnen und Christinnen zusammentun und die Regeln der Gemeinde vergessen:

»... Sie befolgen die Gebote wie Anstandsregeln oder hygienische Maßnahmen, nach der Theorie, daß die Gesundheit des Körpers die Medizin der Seele sei. Die Gebote werden Objekte philosophischer Spekulation und die Philosophie selbst wird ein Vorwand für ihre Nachsicht gegenüber den Sinnesfreuden ... So aber stürzen sie sich in höchstes Unrecht, sind reif für den Ehebruch und bereit, alle Lehren der Tora zu mißachten...«

Die Gegner des Rationalismus versichern vielleicht etwas gar zu rasch, alle reichen, bei Hof angesehenen Juden huldigten dieser Richtung; von der Kabbala hingegen beteuern die Gegner, sie sei die Doktrin der primitiven und proletarischen Juden. Man sollte sich in beiden Fällen vor Übertreibungen hüten. Es stimmt jedoch, daß die Kabbala in Spanien beim kleinen jüdischen Volk beliebt war, und daß die Meister der Kabbala nicht besonders »weise« Talmudgelehrte waren – mit Ausnahme der zwei, schon in ihrer Jugend dazu neigenden und später berühmt gewordenen Anhänger, Nachman aus Gerona und Salomon ben Adret.
Die Kabbala verbreitete sich im 12.–13. Jahrhundert, und etwa zur gleichen Zeit wurde der »Fall Maimonides« aktuell; möglicherweise war sie eine Reaktion darauf. »Kabbala« bedeutet »Überlieferung«, das heißt, überkommene und nicht gelehrte oder kompilierte Tradition. Nach 1250, 70, 80 schreiben (oder besser predigen, erläutern) jüdische Mystiker in Spanien ihre später von Schülern weitergegebenen Gedanken über den Glauben, das Innenleben und die Notwendigkeit seelischer und nicht so sehr intellektueller Bereitschaft zum Glauben. Die Natur, der Mensch, überhaupt alle Kreaturen sind für sie Zeichen und Abglanz göttlicher Omnipräsenz. Der Mensch soll sein irdisches Dasein als

Vorbereitung auf die große Versammlung zum jüngsten Gericht leben, den Augenblick der Ekstase und der Erfüllung, wenn alle Seelen in die Unendlichkeit eingegangen sein werden. Josef ha-Cohen aus Soria, Josef Gikatila der Aragonese, Todros von Toledo und Abraham Abulafia aus Tudela (einer der fruchtbarsten Autoren der Kabbala, dessen Schriften jedoch auf der Meditation über der Verheißung gründen, was seine Zeitgenossen, die »leichtere« Themen vorziehen, etwas abschreckt), sie alle sind Mystiker, und einige moderne Historiker verglichen ihre Betrachtungen mit denen der Katharer oder mit den Lehren christlicher Visionäre, wie Joachim von Floris oder Meister Eckhart. *Sohar*, »Leuchte«, ist das berühmteste und am meisten verehrte Werk der Kabbala; anonym verfaßt in einem späten und artifiziellen Aramäisch, wird es Simeon ben Jochai zugeschrieben, einem der ersten Prediger der Ekstase und der mystischen Vereinigung, der in der frühen Zeit des Talmuds in Meron, in Obergaliläa, lehrte. Tatsächlich soll Sohar jedoch von Mose de León stammen, einem Kastilier, der um 1280/1300 in Guadalajara, Avila und Arevalo lebte; jedenfalls hat er ihn in jenen Jahren verbreitet. Das Manuskript wurde unverzüglich kopiert, übersetzt und schon sehr früh im 16. Jahrhundert in mehr als fünfzig Exemplaren gedruckt; seine Bedeutung sollte es für die Sephardim behalten. Gleich nach 1300 ist die Resonanz unter Spaniern groß, vor allem in Kreisen, die nicht so bewandert sind in Betrachtungen talmudistischer oder philosophischer Art, sich aber angesprochen fühlen von der Meditation über die Unendlichkeit und die verschiedenen, der menschlichen Seele offenen Wege, in diese einzugehen.

Einige illustre Geister, wie Mose ben Nachman in der zweiten Hälfte des 13. Jahrhunderts, reagieren mit Zögern. Zuerst zeigt sich Nachman (Ramban)* als Gegner Mose ben

---

* RaMBaN = Rabbi Mose ben Nachman

Maimons, und seine Schriften gegen Maimonides provozieren wiederum Entgegnungen anderer Autoren, wie Jom Tow von Sevilla, der versucht, die Polemik etwas zu entschärfen. Bevor er das traditionelle Talmudstudium aufnimmt und seinerseits von seinen Zeitgenossen befragt wird, muß er jedoch Kabbalist gewesen sein. Indessen erweist er sich als ein so guter Talmudkenner, daß ihn Jaime I. von Aragonien und der heilige Raimund von Penafort 1263 einladen, zusammen mit dem Konvertiten Pablo Cristiani an der »Disputation« von Barcelona teilzunehmen. Auf diese Streitgespräche, die stets die Juden zu Verlierern machten, werden wir noch zurückkommen müssen. Nachman, der in Barcelona nicht das letzte Wort hatte, zieht 1268 vorbildliche Konsequenzen: Ein Leben in Spanien zwischen Kabbala und Ratio, zwischen christlichen Angriffen und Aufruhr in den Gemeinden scheint ihm nicht mehr wünschenswert. Auch er zieht sich zurück nach Jerusalem, gründet dort eine Synagoge (die immer noch besteht im jüdischen Quartier der Altstadt) und beschließt seine Tage umgeben von Sephardim, die entweder eine Zuflucht suchten wie er, oder immer schon als Gelehrte in Jerusalem gelebt haben.
Nach Juda Halevi und Benjamin von Tudela nun auch Nachman von Gerona (und als vierter der Zeitgenosse Rabbi Jechiel von Paris, auch er schachmatt nach einer Disputation); die Sephardim beginnen mit dem »Hinaufziehen« nach Jerusalem. Ihr Zionismus ist vorwiegend mystischer Art, vielleicht gepaart mit der geistigen Neugier des Reisenden, er bildet jedoch einen Teil ihrer Gedankenwelt, ihrer Existenz, und niemand verwehrt ihnen diese Heimkehr. Seit dem Mittelalter gehören Betrachtungen über die göttliche Transzendenz, über den Platz des Menschen in der Welt, und gehört die Verlockung durch Israel, wo der Mensch seinem Gott begegnet, zum intellektuellen und spirituellen Leben der Sephardim.
Die Rabbiner, frei zu schreiben und zu hören was sie wol-

len, unterrichten in ihrer Jeschiwa die jungen (manchmal auch weniger jungen) Leute, die sich um sie scharen. Rechentafeln und Pergament, bald auch schon Papier und Tinte stehen zur Verfügung. Dann gibt es Bücher, kopiert, gebunden, verkauft und ohne Zögern von allen Gesellschaftsschichten erstanden. In einem kleinen Ort wie Ejea de los Caballeros in Aragonien, zwischen Tudela und Saragossa, besitzen die gebildeten Gemeindeglieder im 15. Jahrhundert etwa fünfzig Handschriften, allein der Rabbi weitere vierzig und der Arzt Juce Almereci sechzig. Um 1380 befinden sich im Nachlaß der jüdischen Tuchhändlerin und Witwe Dueña d'Estella Talmudkommentare, medizinische Werke, profane und liturgische Poesie. Nach ihrem Tod wird ein Teil durch die Aljamas von Estella und Tudela erworben, etwas davon geht aber auch an Private, an Metzger und Händler aus Pamplona. Die angesehensten Juden der großen Zentren haben bemerkenswerte Bibliotheken, ebenso reich an Werken der exakten Wissenschaften, wie an religiösen Schriften; profane spanische Dichtung steht neben Psalmensammlungen und arabischen, griechischen und hebräischen Texten.

Das ist auch ein Grund dafür, daß sich Christen an Juden wenden, um sich jene wissenschaftlichen Werke aus dem Mittelmeerraum übersetzen zu lassen, die für die christlichen Schulen eine so große Bereicherung bedeuten (und die vor Thomas von Aquin und dem heiligen Bonaventura die Geister in Unruhe versetzten, wie vor und nach Maimonides). Al-Faquim nennt man nicht nur den Arzt, sondern auch den Übersetzer, und der Beiname findet sich bald in allen Gemeinden. Im 12. und 13. Jahrhundert verhelfen die Juden von Saragossa, der Stadt Ibn Gabirols (oder Avicebrons bei den Christen), dem Klerus des Ebrotals zur Kenntnis dieser Werke. Und zur gleichen Zeit übersetzen Juden auch in Toledo, in der Umgebung des Erzbischofs Raimund, und helfen Fremden, die um Erläuterungen bitten, oder Muslimen und Konvertiten islamischer und jüdischer Religion, die das Christentum annahmen. Der bekannteste Aristoteles-Übersetzer (von der arabischen in die hebräische und weiter in die lateinische Sprache) ist der Jude Abraham ben David, im Kreis um den Prälaten Raimund »Avendeut« genannt. Er dürfte, entgegen der Annahme gewisser Historiker, Jude geblieben sein.

Avendeut arbeitet wie die Mehrzahl der Übersetzer von Toledo mit arabischen Manuskripten, die entweder schon vor dem Jahr 1000 von den Kalifen in Cordoba für die Bibliotheken der Hauptstadt zusammengetragen worden sind, oder aus dem Besitz der Taifa-Könige stammen, die ebenfalls gern wertvolle Handschriften horteten. Kalifen und Fürsten hatten aus dem gesamten Mittelmeergebiet das griechisch-lateinische Schrifttum gesammelt; sie besaßen fast immer auch eine arabische Version von Aristoteles oder Euklid. Im 12./13. Jahrhundert rufen westliche Kleriker und Könige nach einer weiteren Übersetzung und die Juden (die Mozaraber im allgemeinen und die Mudejares), die sowohl arabisch sprechen und schreiben, als auch die romanischen Sprachen kennen, machen sich gruppenweise daran, die griechischen Wissenschaften dem Abendland zu vermitteln. Aristoteles wurde gleich mehrfach übertragen (und dabei vielleicht ebenso oft verfälscht?) vom Griechischen ins Arabische und aus dem Arabischen wiederum ins Hebräische und ins Lateinische, und um einiges später noch vom Latein in die modernen Vulgärsprachen. Da er mit so viel Leidenschaft gelesen wurde, hat man ihn auch entsprechend oft übersetzt; darum ging man in neuerer Zeit dazu über, auf griechische Texte zurückzugreifen, die der Originalversion so nahe wie möglich kommen. Noch im 13. Jahrhundert war es jedoch zum größten Teil Spanien zu danken (und Sizilien, das vergleichbare Milieus aufwies), wenn die westlichen Universitäten Aristoteles kennenlernten; den aus verschiedenen ethnischen Gruppen zusammengesetzten Gesellschaften also, in deren Intellektuellenkreisen die alle Sprachen beherrschenden Juden einen bevorzugten Platz einnahmen.

Das Recht, an der Regierung teilzunehmen

In den christlichen Reichen Spaniens leben auch einige jener Israeliten, die man gern als »Hofjuden« bezeichnet. Könige, die von ihren Fähigkeiten als Übersetzer und Diplomaten hörten, beriefen sie in ihre Umgebung. Eine große Chance, die etwa Salomon ben Menasse (und mit ihm der gesamten Familie »Aben Menasse«) wärend der Zeit Jaimes II. von Aragonien widerfuhr. Dieser Herrscher über Aragon, Katalonien, Valencia, Sizilien und die Balearen unterhielt auch Handelsniederlassungen im Maghreb und hatte dauernd wirtschaftliche und militärische Kontakte mit den Muslimen in Granada und Nordafrika. Salomon ben Menasse aus Valencia, sein bester Botschafter, übersetzte für ihn aus dem Arabischen ins Katalanische und umgekehrt. Schon 1279 war Samuel Aben Menasse von Pedro III. erstmals offiziell der Titel *Scriptor noster maior de Arabico* (eines Übersetzers und Schreibers also) verliehen worden. Am kastilischen Hof nahmen um 1300 die gleiche Aufgabe Salomon al-Constantini und Bonsenyor, der Botschafter in Alexandria, sowie Chaim Muddar aus Murcia wahr. Die Namen und die Mission solch hochgestellter Persönlichkeiten kennt man, daneben wurden jedoch noch viele andere, unbekannte Juden mit ähnlichen Aufgaben betraut; von diesen gelangte dann höchstens der Name oder der Hinweis »Jude« ins königliche Archiv, wenn man sie »in geheimer Sache« von Portugal, von Navarra oder aus einem der großen Königreiche in den einen oder andern Staat schickte. 1268 lebte ein gewisser Itzhak von Toledo in Jativa. Verschiedene Indizien weisen mit Sicherheit daraufhin, daß er

ein Spion des kastilischen Königs im Königreich Valencia war. Desgleichen Astruch Bonsenyor aus Mallorca, von Jaime I. 1265 nach Murcia geschickt, um dort eine antikastilische Revolte zu schüren.
Für diplomatische Missionen wählen die Könige Männer, die sie kennen. Die Juden Alfons' des Weisen von Kastilien (1260-1300), die Abulafia, die Ben Sid, Wakkar, Shoshan (Samuel und Abraham von 1262–1307), dann »Don Çag« de la Maleha und Izhak ibn Sadoq, ein Sohn Salomon ben Sids oder Ibn Sadoqs, sie alle schreiben für den Herrscher, sind Ärzte, Finanzverwalter und obendrein Berater bei der Abfassung königlicher Traktate über Astronomie, das Schachspiel oder Edelsteine (die Symbolanalyse gewisser Edelsteine *El Lapidario* soll von der Kabbala beeinflußt sein). Auch Männer, die sie in Finanzangelegenheiten unterstützten, sehen die Könige gern in ihrer Umgebung. Jaime I., der Eroberer (-1276) und Pedro III., der Große (-1285) leihen sich Geld bei ihren Juden, um mit beträchtlichen Summen jene Truppen zu unterhalten, die für sie die Balearen, Valencia und Sizilien erobern. Hat ein Herrscher zu viel Schulden gemacht, etwa bei den Ben Labi de la Caballeria oder bei den Ravaya, entschädigt er seine Kreditoren mit einem Regierungsposten. Auf diesem Weg wird Josef Ravaya, bereits *Bayle* (königlicher Steuer- und Gerichtsverwalter) in Valencia, nach der Sizilianischen Vesper und der Einnahme der Insel Statthalter von Sizilien. Jeuda de la Caballeria wird Statthalter von Valencia und Saragossa und Benevist de la Caballeria Zolleinnehmer des Königreichs Aragonien. Was in den Kronländern Aragons an Ämtern zwischen 1276 und 1285 den Juden zufällt, läßt sich hören. Mose de Portella ist Bayle von Morella, Peñiscola, Sagonte, Segorbe und Tarazona, wo er herstammt und ansehnliche Besitzungen sein eigen nennt. Zusätzlich unterstellt ihm der König die Besatzungen der Grenzfestungen gegen Navarra. Aaron Abinafia aus Calatayud ist Bayle von Valencia, Daroca und

Teruel; Mose Al-Constantini Bayle von Saragossa, 1280–82 auch von Valencia. Sie alle leihen dem Herrscher und den Granden ihr Geld, verkaufen ihnen Pferde und verwalten ganze Provinzen, deren Abgeordnete sie persönlich ernennen (für lokale Aufgaben oft Juden, aber auch christliche Beamten). Die neidisch gewordenen Landtagsabgeordneten von Tarzona verlangen 1283 vom König, daß er zumindest auf höherer Regierungsebene keine Juden mehr über Christen setzt. Danach gibt es in den Kronländern noch in allen Bereichen Juden, sie werden aber nicht mehr als Statthalter von Königreichen und großen Städten eingesetzt; und wenn sie es dank ihrer Verleihpolitik in der Praxis trotzdem sind, so tragen sie jedenfalls nicht mehr den Titel.
In den andern Reichen ist weniger Opposition spürbar von seiten des Adels. Die Cortes von Valladolid verlangen zwar 1293 für Kastilien eine vergleichbare Maßnahme, das hindert jedoch Alfons X. in der ersten Hälfte des 14. Jahrhunderts nicht daran, die Geschäfte des Almojarife mayor Don Yuçaf de Ecija zu übertragen. Und auch Pedro I., der Grausame (-1369), hat seinen für die Regierung offenbar unentbehrlichen Juden Samuel ha-Levi aus der toledanischen Familie Abulafia. Samuel ist reich an Ländereien und an Menschen (sogar Mauren besitzt er), sein Haus steht in Toledo (im 16. Jahrhundert das »Haus von El Greco«), wo er auch die herrliche Synagoge »El Transito« bauen läßt. Als Schatzmeister mit dem Titel eines Almojarife berät er den König. Er fällt jedoch, von Neidern verleumdet, 1361 in Ungnade, wird gefoltert und hingerichtet.
Mose »Navarro« entgeht 1328 in Navarra knapp einem Massaker, flüchtet nach Portugal und wird dort Berater und Schatzmeister von König Pedro. In diesem Amt wird er vom sehr bemerkenswerten Don Juda ben Menir abgelöst, dem Mann von König Ferdinand. Don Juda hält sich von 1350–55 bei Verwandten in Tudela auf, er nimmt dabei auch Kontakt mit Carlos II. (dem Schlechten) von Navarra auf.

In Portugal ist er außer Oberrabbiner königlicher Schatzkanzler und *Rendeiro* (was dem spanischen *Arrendador* entspricht, einer Funktion, die im 14./15. Jahrhundert vor allem Juden übertragen wurde); somit untersteht ihm neben den Staatsfinanzen und diplomatischen Geschäften auch das Steuerwesen, und darüber hinaus wacht er über das geistige und körperliche Wohlergehen seiner jüdischen Brüder im Königreich. In einem Viertel von Porto baut Juda eine Synagoge, deren Gründungstafel, die das archäologische Museum von Lissabon bewahrt, ihn in hebräischer Sprache den Stolz des Stammes Juda nennt. In und um Lissabon, Porto und Santarem besitzt er zum Teil ererbte, zum Teil vom König als Geschenk erhaltene Ländereien. Aber 1383 stirbt König Ferdinand, 1384 überfallen die Kastilier Portugal, und João de Aviz, der 1385 über die Invasoren triumphiert, übernimmt die Regierung. Getreu der Politik des verstorbenen Königs tritt Josef ben Menir für eine Vereinigung der beiden Reiche ein; er macht auch den schwierigen Versuch, eine doppelte Allianz Portugal-Navarra und Kastilien-Navarra zustande zu bringen. Als ehemaliger Schatzkanzler wird er jedoch 1384 vom Volk aus dem Land gejagt; in einer Ritterrüstung reitet er nach Kastilien, wo er bis 1394 als Finanzbeamter und geheimer Botschafter des Königs von Navarra lebt. Sein Nachfolger in Portugal ist wiederum ein Mose Navarro, ein Getreuer der Dynastie de Aviz.

Ohne gleich in so hohe Sphären aufzusteigen dienen viele Juden ihrem Herrscher als Steuereinnehmer, Hoflieferanten oder persönliche Berater. Der Oberrabbiner Josef Orabuena, von 1380–1390 am Hof Carlos' II. und Carlos' III. von Navarra, trägt neben der Verantwortung des Leibarztes und Vertreter der Juden noch die eines Beraters, Finanzverwalters und Hoflieferanten. Gleichzeitig pendelt Nathan Del Gabay ständig zwischen Navarra und Aragonien, um Kreditgelder für die Könige von Navarra aufzutreiben, und

dasselbe tut Samuel Amarillo, um die vom Hof gewünschten Gewürze, Seidenwaren und Nahrungsmittel zu beschaffen. Samuel verfügt über drei Diener und drei Pferde, wenn er von Tudela nach Pamplona oder Saragossa reisen muß. Wenn er zurückkehrt, bringt er neben Pfeffer und Seidenvelours auch geheime Botschaften und Goldstücke mit.
In den Städten, an den Höfen, in Gelehrten- und Finanzkreisen, überall nehmen die Juden voll am iberischen Leben teil; sie spiegeln alle Seiten der Gesellschaft ihrer Zeit. Die Figur des sephardischen Juden hat nicht nur ein Gesicht, es müßten mindestens deren zwanzig sein. Während Itzhak David Jaba in Barcelona Bücher bindet, und Salomon Jafie in jenem Hafen Geschäfte mit dem Maghreb abwickelt, arbeiten Salomon ben Ardut als Arzt in Huesca, Bueno ben Menir als Weinbauer in Tudela und Mose Navarro als höchster Beamter der portugiesischen Regierung. Mose de León schreibt in Verzückung seinen *Sohar* und die Tibbon übersetzen und studieren Maimonides in Montpellier. Die gesellschaftliche und kulturelle Vielfalt läßt sich sogar an einem Verzeichnis von Büchern ablesen, die 1433 in Barcelona dem jüdischen Wundarzt Juan Catallada, einem Konvertiten, verkauft wurden (wir werden allerdings noch sehen, wie sehr die »Conversos« Juden geblieben sind). Catallada kauft vier Schriften des Avicenna, eine von Galenos und ein Traktat des Ägidius von Rom, dann die *Ethik* von Aristoteles und deren Kommentare aus der Feder des heiligen Thomas von Aquin, eine arabische Abhandlung über Astrologie und von Pietro da Padova*. Kommentare zu den »Problemen« des Aristoteles, die Kunst von Hippokrates, eine anonyme Abhandlung der Medizin und mehrere medizinische Traktate von Hippokrates.
Doch hier handelt es sich bereits um einen Konvertiten. Die spanischen Juden stehen am Anfang einer neuen Epoche.

---

* Es könnte sich hier um den italienischen Scholastiker Petrus Lombardus handeln.

Drittes Kapitel

DIE VERTREIBUNG AUS SPANIEN

Eines Tages war es soweit, daß die Sephardim in Spanien als Juden nicht mehr leben durften. Sie, die Tür an Tür mit Muslimen und Christen wohnten, die auf dem gleichen iberischen Boden, in den vom gleichen Fluß bewässerten Weinbergen arbeiteten, die in den Quartieren der Städte ihre Märkte und Wechselstuben hielten, sie mußten die Habe verkaufen oder dafür sorgen, daß man sie vergaß, wenn ihnen daran lag, ihre irdische Wohnstatt zu behalten. Ein Abraham oder Samuel wurde dann ein Luis oder Diego, der möglichst die Augen verschloß vor dem Zusammenbruch der jüdisch-sephardischen Kultur. Aus Synagogen entstanden Kirchen, Klöster, Werkstätten oder Privathäuser. Grabplatten dienten als Pflastersteine oder Baumaterial zur Erweiterung öffentlicher Gebäude, wie in Barcelona das Stadthaus der Grafen von Katalonien, dessen Mauern voll sind von Fragmenten hebräischer Inschriften: »Grab des Isaak...« oder »sein Geist möge zurückkommen zum Hort allen Lebens...«
Wer seinen Namen wechselte, versuchte in die christliche spanische Gesellschaft aufgenommen zu werden. Die, die Samuel oder Abraham bleiben wollten, zogen weg und überließen ihren Platz den Nachbarn, die sich glücklich schätzten, in ihrem Haus zu wohnen und ihre Felder zu bewirtschaften. Der Tag des allgemeinen Auszugs kam im Juli 1492. Aber wie hatte das im »Spanien der drei Religionen« überhaupt passieren können?

Emarginiert oder ausgeschlossen?

Königliche Leibärzte sind vom Leben am Hof nicht ausgeschlossen, auch wenn es sich um Juden handelt; Besitzer von Weinbergen im Ebrotal drängt man nicht an den Rand der städtischen Gesellschaft mit dem Vorwand, sie seien Juden. Jedoch ohne in den Zentren Fremde zu sein, gelten die Israeliten gleichwohl nicht als königliche Untertanen ganz wie die andern. Bevor man sie schließlich aus Spanien vertreibt, geraten die jüdischen Gemeinden mehr und mehr in die Position von Randgruppen.

Das Aufkommen der Intoleranz, der Emaginierung läßt sich nur schwer an einem Datum festmachen, möglicherweise ereignete es sich auf der Halbinsel eher plötzlich. Einige Historiker verneinen für das mittelalterliche Spanien vor den katholischen Königen jeden Antisemitismus; andere wieder beweisen, daß das Phänomen latent seit der westgotischen Epoche vorhanden war, und sich von Zeit zu Zeit aus verschiedenen Anlässen auch manifestierte.

Tatsächlich ergeben gewisse, mehr oder weniger von Verantwortlichen gesteuerte oder koordinierte »Unruhen« im Volk seit dem Jahr 1000 und bis ins 15. Jahrhundert, stets das gleiche Bild. In Sahagun plündert schon 1111 eine Menge, die gegen die städtische Verwaltung rebelliert, das Viertel der Juden; dasselbe wiederholt sich 1146 in Toledo, wo die Revolte bewußt gegen alles gelenkt wird, was »fremd« ist – französisch oder jüdisch. Der Volkstribun Berengar Oller, der 1285 einen Aufstand gegen Rat und Könige anführt, läßt zuerst einmal in der Call von Castellnou in der Nähe der Kathedrale von Barcelona die Juden niedermachen. Aufrührerische Bauernhorden bekämpfen die etablierte Gesellschaft um 1321 in Navarra, in den Provinzen der Gascogne und im Süden Aquitaniens und des Languedoc, sie stürzen in die Häuser von Juden, wie in die Quartiere der Aussätzigen. Heinrich von Trastamare, der 1360–70 seinem Halbbruder Pedro dem Grausamen den Thron entreißt, läßt die städtischen Meuten zuerst einmal die Juden massakrieren, bevor er sich selbst zum Herrn der Aufständischen macht. Oder 1384 in Portugal: Das Volk von Lissabon, das eine Regentschaft des Königs von Kastilien ablehnt und sich mit dem Prinzen João de Aviz verbündet, beginnt seine Straßenschlachten mit der Plünderung der Juderia und bedroht auch Don Juda ben Menir, den Oberrabbiner, und vor allem, ehemaligen Schatzkanzler und Steuereinnehmer des verstorbenen Königs. 1391, wieder in Barcelona, plündern Matrosen und ausländische Tagelöhner das Viertel der Juden, erst danach wenden sie sich gegen die Stadt selbst.

Bei all diesen Unruhen, die auch von Adligen ausgehen können, sind die gleichen Beweggründe und Faktoren auszumachen. Eine in Aufruhr geratene Menge ist – wenn überhaupt – nur schwer zu überwachen. So wie sie irgendeinem geschickten Redner gehorchen kann, läßt sie sich manchmal ohne Führung von außen zu Ausschreitungen hinreißen, die keiner, wäre er allein, begehen würde. Vielleicht hat jener geschickte Redner im Sinn, die Aggression auf einen »Fremdkörper« abzulenken, damit er die Masse anschließend um so besser dirigieren und entweder zum Volksaufstand treiben oder zurückpfeifen kann, um schließlich aus einem kleinen Aufruhr einen politischen Umsturz zu machen. Die Verantwortlichen von Sahagun oder Barcelona, die sich gegen ihre eigene Gesellschaft gestellt hatten, sind nicht unbedingt zu vergleichen mit dem Prinzen von Trastamare, der versuchte, den Adel auf seine Seite zu bringen. Die Volkstribune ließen die Juden töten, um nicht selbst umgebracht zu werden, und um zum Töten entschlossene Banden besser in der Hand zu haben. Die Massenunruhen waren nicht immer a priori antisemitische Ausbrüche, nur fiel es den Führern leicht, um die Menge in

Bewegung zu setzen, antijüdische Argumente zu finden: Der Jude leiht gegen Zins, er behält das Pfand, er nimmt den Christen das Lebensnotwendige; man muß sich alles wieder bei ihm holen, und sollte er dabei Widerstand leisten, hat man wohl das Recht, ihn zusammenzuschlagen! Juden ziehen Steuern und Zölle ein: Daß Christen von Juden regiert werden, ist ein Skandal, der ein Ende haben muß (in diesem Zusammenhang wird der Fiskus stets primär als Element der Machtausübung verstanden). Auch wenn die Geld ausleihenden Christen ebenso zahlreich sind wie die Juden, und es in gewissen Jahren etwa in Kastilien genausoviele christliche wie jüdische Arrendadores gab, mit solchen Argumenten gelang es anti-jüdischen Aufständischen immer, das Gewissen der Plünderer und Mörder zu beschwichtigen.

Dann ist da noch ein Vorwurf, der sich langsam einschleicht, in den Köpfen arbeitet und – manchmal – triumphiert: Das jüdische Volk ist ein Volk von Gottesmördern; nicht genug damit, daß es den Messias verkannte, lieferte es ihn auch noch an die Römer aus. Ein für allemal und für ihr gesamtes irdisches Dasein müssen die Juden diese atavistische Schuld tragen. Im übrigen setzen sie ja selbst alles daran, sich abzuheben von der christlichen Gesellschaft; sie essen nicht dasselbe Fleisch, sie trinken nicht denselben Wein und weisen den der andern zurück; ihre Fest- und Fastentage fallen auf andere Daten und erinnern an Ereignisse, die die Christen längst vergessen haben. Schon das Konzil von Elvira, 305, forderte von den Christen, nicht gemeinsam mit Juden zu essen. Im Jahr 1000 behauptete Rathier von Verona, jeder Christ verhalte sich wie ein Ungläubiger, wenn er der Freund eines Juden sei, und nach dem Laterankonzil von 1179 verpflichtet der Papst alle Juden dazu, auf der Brust einen gelben Kreis zu tragen – eine Maßnahme des Omar-Pakts, in der christlichen Gesellschaft für einige Zeit vergessen, aber dann noch bis 1231 als päpstliches Gebot in ganz Spanien verbreitet.

Die iberische Gesellschaft befolgt jedoch die Richtlinien der Konzile nicht konsequent, manchmal auch gar nicht. Es scheint, daß Christen und Juden überall dort wo sie Nachbarn waren, in der Enge von Porto, von Tudela und Gerona, auch gemeinsame Mahlzeiten einnahmen, zusammen Feste feierten und sich gegenseitig zu Geburten, Hochzeiten und Beerdigungen einluden. Nur wenige spanische Juden tragen vor dem 15. Jahrhundert den gelben Kreis, allen päpstlichen und obrigkeitlichen Erlassen zum Trotz; aber das Gesetz existiert, und wer es will, kann sich darauf berufen. Gemäß einer Bestimmung Alfons' X. von Kastilien aus dem 13. Jahrhundert, die im 14. von den Provinzialsynoden bestätigt wird, müssen Juden auch einen besonderen Eid leisten, dessen umfangreicher Text die Verruchtheit ihres Volkes hervorhebt und an den seit Datan und Abiram in jeder Generation wiederkehrenden Verrat erinnert. Einige Reiche verzichten auf den »Judeneid«, etwa Navarra, dessen König Sancho der Weise lediglich verlangt, daß vor Gericht gestellte oder als Zeugen geladene Israeliten zehnmal hintereinander »Amen« sagen. Die häufigste Form der Vereidigung so ziemlich überall auf der Halbinsel ist ein einfaches «ich schwöre es« oder »Amen« mit der Hand auf der Gesetzesrolle; oft sagt man auch, ein Jude schwöre »nach dem Gesetz Moses«, was einfacher ist und jedermann befriedigt. Hin und wieder begnügt man sich allerdings damit nicht. 1396 leiht der Dorfrat von Eja im Ebrotal beim jüdischen Mitbürger Jucef ben Salomon Arrahena 1 000 Groschen von Jaca; beim beiderseits zu leistenden Eid angelangt, fordert man Jucef auf, nicht nur auf die zehn Gebote, sondern für den Fall eines Meineids, auch auf das »Buch der Verwünschungen« zu schwören – und zwar mit dem Kreis auf der Brust. Das jüdische Erkennungszeichen kann den Männern und Frauen des 13./14. Jahrhunderts in Spanien also durchaus aufgezwungen werden, auch wenn sie dieselbe Kleidung tragen und dem gleichen physiognomischen

Typ angehören wie ihre Nachbarn. Es ist ein Symbol, dessen Bedeutung in ganz bestimmten Situationen zum Vorschein kommt, wenn der Jude unterlegen oder gar angeklagt ist.

Die Juden, die sonst in der Menge untergehen würden, müssen erkennbar sein. 1336 wird in Pamplona, in einem wenige Jahre zuvor während eines Bürgerkriegs zerstörten Viertel, eine Juderia eingerichtet. Der Statthalter von Navarra erklärt dazu, daß während mehreren Jahrzehnten Juden mitten unter Christen gelebt hätten und »Gott schlecht gedient wäre«, sollte sich diese Gewohnheit erhalten. Weiter nennt er den Schutz: Man könne die Juden im Fall eines Angriffs besser abschirmen, wenn man sie zwinge, in einem abgegrenzten Raum zu leben.

Gerade auch die Kirche ist jedoch für solche Angriffe verantwortlich zu machen. Nicht nur, daß sie die Synagoge an ihren Gotteshäusern gebeugt vor der triumphierenden Kirche darstellt (eigentlich ein ikonographisches Motiv, das eher in der Heimat der Aschkenasim beliebt ist, aber auch am Portal der Kathedrale von Pamplona stehen sich *Ecclesia* und *Sinagoga* gegenüber), vom 13. Jahrhundert an rücken auch die Passion und der Tod Christi immer mehr in den Mittelpunkt religiösen Interesses; es folgen die Jahrhunderte der mystischen Betrachtungen über das Erdenleben von Jesus und Maria und über den Tod des Menschen. »Unruhen« im Volk brechen immer wieder während der Karwoche aus. Irgendein Prediger spricht von den Mördern Gottes, die es zu entfernen gelte, die Menge gehorcht. Der religiös begründete Vorwurf verbindet sich mit der allgemeinen Wut gegen die mit dem Geld der Christen reich gewordenen Juden.

Im März 1328 provoziert in Navarra der Minoritenbruder Pedro de Ollogoyen in der Woche vor Ostern die *Matanza* (Massaker) von Estella und den umliegenden Gemeinden. Die Bürger von Navarra begnügen sich jedoch nicht damit, die Juden zu töten, sie plündern auch die Häuser, sie zerreißen Kreditverträge, und in Pamplona erbeuten sie eine erkleckliche Zahl von Wertgegenständen, die als Pfänder hinterlegt worden waren. Unter dem Deckmantel der Vergeltung für die Passion Christi kann sich durchaus simple, menschliche Rachsucht und Geldgier verstecken.

Zur Zeit der großen Epidemien, die im 14. Jahrhundert die Halbinsel wie den Rest des Abendlandes geißeln, werden die Vorwürfe noch schärfer formuliert. Nach Froissart war es ein Drittel der Menschheit, die zwischen 1348 und 1350 starb. In Spanien sind Stadt und Land 1348 am stärksten betroffen, aber die Pest kehrt zurück 1361, 1375 und 1383. In ihren übervölkerten Stadtvierteln zusammengedrängt, sterben die Juden wie andere auch, vielleicht sogar häufiger. Es wird jedoch verbreitet, auf hundert Christen sterbe nur ein Jude! Eine vollständig aus der Luft gegriffene Behauptung neidischer Bürger, die verängstigt sind angesichts des »schwarzen Todes«, der jung und alt, arm und reich dahinrafft. Man sucht nach einem Schuldigen, und siehe da, er findet sich: Es sind die Juden! Die einen erzählen, daß Juden Brunnen vergiften, um Christen zu morden; die andern – noch radikaler – die Israeliten seien die von Gott geschmähte Rasse, die man nur auszurotten brauche, um den göttlichen Zorn zu beschwichtigen. Die »Juden als Brunnenvergifter« wird rasch zu einem Stereotyp; selbst der Dichter und Musiker Guillaume de Machaut übernimmt es in seiner Dichtung »La jugement du Roy de Navarre«:

> *...Es war der Jude, der geschmähte,*
> *der schlechte, der Verräter,*
> *der haßt und alles Böse liebt,*
> *der soviel Gold und Silber gab*
> *und versprach den Christenmenschen.*
> *Der Brunnen, Flüsse und Quellen,*
> *die waren klar und gesund,*

*an mehreren Orten vergiftet hat
und manchem das Leben nahm;
denn die, die davon tranken,
ganz plötzlich starben sie ...*

*...Doch, der oben thront und alles sieht,
der alles lenkt und alles prüft,
er will ihn nicht mehr verbergen,
er läßt den Verrat entdecken...*

*...Denn die Juden wurden ausgerottet,
die einen gehenkt, die andern verbrannt,
die dritten ertränkt und viele geköpft,
mit dem Beil oder mit dem Schwert...**

Wenn eine Stadt von der schwarzen Pest heimgesucht wird, tötet sie ihre Juden; diese Reaktion verbreitet sich Schlag auf Schlag über die Königreiche Aragonien und Kastilien. Dort wo sich der Herrscher selbst aufhält passiert nichts, doch kaum ist er vor der Ansteckung geflohen, beginnt die Matanza. Einzig Portugal und Navarra bleiben verschont von dieser Kette von Pogromen; zwar stirbt man dort ebenso häufig, aber die Juden sind in ihren Quartieren besser geschützt.

Die antijüdische Bewegung kann sich auch auf einige anklagende Schriften berufen. Zum Beispiel die von Juan d'Avignon, einer interessanten Persönlichkeit, bei der es sich eigentlich um den bekehrten Juden Mose von Roquemaure, einen Arzt aus Avignon, handelt, der 1350 das Christentum annahm und nach Andalusien zog, wohl nicht zuletzt angelockt vom Hort des jüdisch-arabischen Wissens. Er

---

* Der Musikologe Prof. Jürg Stenzl von der Uni Fribourg versicherte, daß keine deutsche Übersetzung des »Judgement« existiert. Diese, höchst unautorisierte, stammt von der Übersetzerin.

schreibt 1380 einen sehr bemerkenswerten Traktat der Medizin über Ernährungslehre und -ökologie, *Sevillana medicina*, ein Zeugnis für die große Gelehrsamkeit der Juden aus dem päpstlichen Avignon. Doch an einigen Stellen zeigt sich auch der militante Eifer des »neuen Christen«, etwa wenn er die Gründe erörtert für das Auftreten der Epidemie in Sevilla:

»...Die Luft in Sevilla ist heiß und feucht ... Der Grund dafür ist in der Fäulnis und Verwesung zu suchen, die aus der Juderia kommen. Denn dort leben viele, die zu allen möglichen Leiden verurteilt sind.«

Das Geschriebene bleibt gern liegen, wird höchstens von einer privilegierten Minderheit gelesen, aber gerade von den Gebildeten, die sich seiner wieder zu bedienen wissen. Auch die besten Geister Iberiens bringen einmal der Welle des literarischen Antisemitismus ein Opfer, richten vielleicht nicht unmittelbar Schaden an damit, machen sich aber zu Wegbereitern für Meinungen und Strömungen, für eine gewisse Mentalität. Alfons X., der Weise, von Kastilien (-1284) lebt und arbeitet zusammen mit seinen Juden, mit Isaak ben Sid, »Don Çag« de la Maleha und vielen anderen Astronomen, Finanzleuten, Philosophen ... Das hindert ihn jedoch nicht daran, in seinen *Cantigas de Santa Maria* über 30 von 427 Versen das Bild eines Juden zu zeichnen, der ein Gottesmörder und ein Verräter ist und darüber hinaus der Geiz und die Falschheit in Person. Der König läßt zu, daß sein Almojarife Çag de la Maleha der Unterschlagung bezichtigt und 1280 hingerichtet wird. Damit fördert er die Ausbreitung einer antisemitischen Strömung, die vielleicht nur dieses Anstoßes aus dem Bereich der Finanzen bedurfte, um weiter um sich zu greifen. In einer »Chronik« Alfons' X. wird erzählt, wie königliche Beamte an einem Sabbat im Jahr 1280 alle in ihren Synagogen versammelten

Juden verhafteten und erst wieder freiließen, nachdem sie von ihnen eine enorme Summe als globale Steuer erpreßt hatten (der Text spricht von täglich (?) 12 000 Maravedis und die Steuer soll mehrere Jahre hintereinander erhoben worden sein). Ein Jahrhundert später verfaßt der königliche Kanzler Pero Lopez de Ayala, aus einem sehr alten kastilischen Geschlecht, die Chroniken von Pedro dem Grausamen, Heinrich und Juan I. von Trastamare. Er spricht zweifellos die Wahrheit, nimmt nicht im geringsten Partei für oder gegen die Juden, deren Massakrierung während der Pestepidemie und zur Zeit des dynastischen Umsturzes er bedauert. Er ist aber ebenfalls der Autor von *Rimado del Palacio*, einer Gesellschaftssatire seiner Zeit. Hier nun hält er es für angezeigt, das verbreitete Thema vom schlauen Juden aufzugreifen, der einzig darauf bedacht ist, den Christen zusammen mit ihrem Geld auch ihr Leben zu nehmen, wobei er deutlich Samuel ha-Levi, den Finanzberater, und Abraham ben Zarza, den Arzt von Pedro dem Grausamen aufs Korn nimmt.

Mehr und mehr setzt sich so das Bild des verräterischen, stets die Leichtgläubigkeit der Christen ausnutzenden Juden durch, ober vielmehr, das Bild des Verräters und Blutsaugers, weil Jude. Der in England und Frankreich auftauchende Vorwurf des Ritualmordes und der Hostienschändung – Juden sollen Kinder getötet und deren Blut mit ihrem Brot vermischt haben – gelangt sehr spät erst nach Spanien. Allerdings singt schon Alfons X. in seinen *Cantigas* von der Jungfrau Maria, die ein durch Juden geopfertes Kind erweckt. 1490 läßt sich dann bereits jedermann in Kastilien wie selbstverständlich von der Möglichkeit eines solchen Ritualmordes überzeugen, dabei geht es um die Geschichte des »Santo Niño de La Guardia«, die nur aufgebracht wurde, um die Vertreibung der Juden zu beschleunigen.

Juden und Christen leben alle gleich, oft üben sie dieselben

Berufe aus und sie tragen dieselben Kleider: Umhang, Kopfputz, Beinkleid, Wams und Pelzkragen unterscheiden sich nicht – trotz gewisser Verbote nicht einmal die Seidenprodukte. Die persönlichen Beziehungen können sehr eng sein, das geht aus allen Prozeßakten der Inquisition hervor. Vor 1492 hatte in Cuellar, nahe Segovia und Valladolid, eine Tante des Herzogs von Albuquerque (und Herrn der Region) die Gewohnheit, jeden Freitagabend in der Synagoge die Predigt des Rabbi, eines allgemein in jener Gegend geschätzten Redners, zu hören. Solche Eintracht in Sitte und Glauben ist allerdings selten zu finden, insbesondere auf seiten des Hochadels, zu dem die Albuquerque zählten. Dafür heißt es allenthalben und von allen möglichen Persönlichkeiten, sie hätten eine jüdische Geliebte gehabt. Von der Mehrzahl der Granden Kastiliens und Aragoniens erzählt man das im 14. und 15. Jahrhundert, freilich ohne Grund oder Beweis. Das spanische Schimpfwort »jüdischer Hurensohn« wird gleichwohl oft und gern verwendet, um jemanden zu schmähen. Geschlechtliche Beziehungen sind in den Kreisen der einfachen Bevölkerung beinahe unausweichlich, man lebt so nahe beieinander. Das gleiche gilt auch für Höhergestellte, wenn sie etwa bei Juden Steuern eintreiben oder im Haus Ermittlungen anstellen müssen, oder wenn sie von ihnen bereits in geschäftlicher Beziehung stehen, die sie über längere Zeit mit ihnen in Kontakt bringt. Der Corregidor und Alcalde (Richter und Bürgermeister) von Trujillo in Estremadura Sancho de Aguila ist durchaus kein Einzelfall. 1484 kann man ihm eine ehebrecherische Beziehung zu der schönen Jüdin Doña Vellida nachweisen, und während man die Geliebte festnimmt, wird er seiner Ämter enthoben. Aber alle Magistraten der Stadt sind beunruhigt, sei es weil sie mit ihrem Vorgesetzten sympathisieren, sei es weil sie ihm in ihrem eigenen Verhalten in nichts nachstehen. Doña Vellida verteidigt sich noch 1490, wird jedoch aus Trujillo ausgewiesen, nachdem man sie auf einem Esel durch die ganze Stadt geführt hat. Endlich appelliert sie mit Erfolg beim Kronrat, darf zurückkehren, muß aber mit ihrem gesamten Hab und Gut dafür bezahlen. 1491 stirbt sie »in Ehren und eines natürlichen Todes«.

Ohne gleich so weit zu gehen, kann das Zusammenleben der verschiedenen Gruppen in bester Freundschaft verlaufen. In Ciudad Real beispielsweise wissen alle, daß sie einem Zugereisten, der gut verpflegt und untergebracht sein möchte, besser raten, wenn sie ihn ins Judenviertel schicken und nicht in die Herberge des christlichen Stadtteils. Höhern Orts befürchtet man offenbar, dieses gute Einvernehmen könnte in ein für die Christen allzu gefährliches Zusammenleben ausarten. Herrscher wie Klerus beginnen ihre Juden ins Abseits zu drängen, indem sie ihnen gewisse Berufe und Kleider verbieten. Seit der Zeit Alfons' X. (in seinem Kodex *Siete Partidas*), erst recht, aber seit den Herrschern des 14. Jahrhunderts versucht man die Juden daran zu hindern, sich als Finanzmakler und Geldeintreiber zu betätigen (sie sind es trotzdem alle und überall!); sie sollen auch keinen Handel mit Nahrungsmitteln für christliche Kundschaft treiben, sollen ihre Geschäfte und Werkstätten am Sonntag geschlossen halten, um nicht den Christen ein schlechtes Beispiel zu geben. Es wird ihnen untersagt, wertvollen Schmuck und prunkvolle Stoffe zu tragen. Lauter Bestimmungen, die gleichzeitig mit der Anordnung aufkommen, gewisse Gottesdienste zu besuchen und die Predigten der Dominikanermönche zu hören. Doch mehrheitlich bestehen solch offizielle Verlautbarungen nur auf dem Papier, das zeigen die bis ins Detail bekannten wirtschaftlichen und sozialen Verhältnisse aller vier iberischen Königreiche. Für einige Gemeinden dürften sie dennoch belastend gewesen sein. Murviedro im Königreich Valencia etwa, schafft es mit seinen dauernden Klagen, daß Alfons V. 1415 der Aufhebung aller Restriktionen zustimmt: Die Juden von Murviedro tragen keinen Kreis mehr auf der Brust, an Sonntagen dürfen sie sich ungehindert bewegen und Predigermönche müssen sie nur anhören, wenn diese auch bereit sind, in ihrer Synagoge zu sprechen. Geldmakler, Arzt, Händler, was sie nur wollen, dürfen sie auch sein; ihre Kleidung unterscheidet sich nicht von der anderer.

Nur haben nicht alle spanischen Juden das Glück, in Murviedro unter dem guten König Alfons zu leben. Im Gegenteil, Juden und auch Konvertiten (die für Volk und Klerus nach wie vor Juden sind) faßt man allgemein immer härter an. Gegen Ende des Jahrhunderts werden die Inquisitoren angewiesen, Neuchristen völlig vom normalen Leben fernzuhalten und wie Juden zu behandeln; aber an der Wiederaufnahme des früheren, jüdischen Lebens hindert man sie ebenfalls. Der Geist von Murviedro ist weit; der Ausschluß scheint nun total.

»... Es ist beschlossen, daß Häretiker und Apostaten, wenn sie den katholischen Glauben annehmen und sich mit der Kirche versöhnt haben, vor dem Gesetz gleichwohl ehrlos bleiben. Ihre Sühne müssen sie in Demut leisten, und im Bewußtsein, welchem Irrtum sie verfallen waren. Die Inquisitoren sollen ihnen nach Beendigung der auferlegten Bußen erklären, daß sie in Zukunft kein öffentliches oder wohltätiges Amt ausüben und nicht Sachwalter, Geldwechsler, Steuereinnehmer, nicht Apotheker, Krämer, Arzt, Wundarzt, Schlachter oder Makler sein dürfen. Es wird ihnen verboten, mit Gold, Silber, Korallen, Perlen und andern Edelsteinen umzugehen oder Seide sowie prunkvolle Stoffe zu verarbeiten; all das sei ihnen auch für ihre Kleidung verboten. Sie sollen nicht reiten und keine Waffen tragen, für die Dauer ihres ganzen Lebens, andernfalls droht ihnen die Strafe der Rückfälligen ...«

Vom Ausschluß zur Ausweisung

Bevor Spanien seine Juden vertrieb, wollte es sie bekehren; bevor es sie vom Leben der Spanier ausschloß, versuchte es, sie davon zu überzeugen, daß sie nicht die Wahrheit besaßen, und daß nunmehr *verus Israel* die Christenheit sei und nicht das Volk des Alten Testaments. Die restriktiven Maßnahmen wurden abgelöst von Bekehrungsversuchen, und mit »Disputationen« glaubte man Konversionen herbeiführen zu können. Im Spanien der Westgoten hatte man mit Zwängen, Drohungen und über die Taufe kleiner, den Eltern entzogener Kinder bekehrt. Nun, im 13. Jahrhundert, herrschte ein anderer Geist: Man versuchte mit Predigten zu überzeugen. Spanien ist die Heimat des heiligen Dominikus (Domingo de Guzman), des heiligen Raimund von Peñafort * und von Raimundus Lullus. Nach ihren Vorstellungen soll die christliche Mission auf spanischem Boden arbeiten, wo der Prediger ebenso viel zu tun hat, wie im Maghreb, und wo es gilt, Häretiker und zur Heterodoxie Neigende zu bekehren, und auch die Juden davon zu überzeugen, daß sie im Irrtum sind. Um die Mitte des 13. Jahrhunderts werden die ersten »Disputationen« organisiert (etwa gleichzeitig wie die von Cluny, aus der Rabbi Jechiel von Paris als Verlierer hervorgeht).
1263 veranlaßt Jaime I., der Eroberer (der gleiche, der seinen Juden Caballeria und Ravaya wichtige Ämter in der Regierung anvertraut), in Barcelona eine Disputation, die unter der Leitung von Raimund von Peñafort zwischen Nachman von Gerona und Pablo Cristiani ausgetragen wird. Nachmanides befaßte sich in seiner Jugend mit Kabbala und Rationalismus, bevor er zur Talmudtradition zurückkehrte. Den Konvertiten Pablo Cristiani hat man mit Umsicht unter den größten Gelehrten seiner Zeit ausgewählt, er kennt

---

* Auch: Peñaforte, (Anm. d. Übers.)

die jüdische Lehre ebenso gründlich wie die christliche. Abwechslungsweise fragen und antworten sich die Kontrahenten über Aussage und Bedeutung der beiden Testamente, des Talmuds und der Kirchenväter. Wir wissen, daß Nachman nicht als letzter sprach, daß er schachmatt gesetzt wurde und daraufhin nach Jerusalem auswanderte, wo er sich um die Neuordnung der ansässigen Gemeinde kümmerte.

Einige nicht sehr spektakuläre Disputationen halten da und dort diesen Geist der Konfrontation aufrecht, einer Konfrontation, die auf verbaler Ebene begonnen, aber nach und nach zur Gewalt geführt hat. Eine ist deshalb interessant, weil sie wie ein Vorspiel wirkte zu der von Tortosa. Sie findet 1375 in Pamplona in Anwesenheit von Carlos II. von Navarra zwischen dem Kardinal (und späteren Gegenpapst Benedikt XIII.) Pedro de Luna und dem Juden aus Tudela Schemtow ibn Schaprut statt. Weder für die eine noch für die andere Seite ergibt sich dabei etwas Positives, aber die Richtung ist nun einmal eingeschlagen: Von Zeit zu Zeit sind die Christen davon überzeugt, daß sie die Juden bekehren müssen.

1391 predigt in Sevilla der Kirchenmann Fernando de Ecija. Zur gleichen Zeit predigt in den Kronländern Aragons (und im gesamten Abendland) der Dominikaner und spätere heilige Vinzenz Ferrer. Beide sind miteinander nicht zu vergleichen: Während Fernando de Ecija zum Massaker an den »Gottesmördern« aufruft, sucht der heilige Vinzenz lediglich, indem er an die Passion Christi erinnert, die Menge aufzurütteln und die Juden reumütig zum »wahren Glauben« heimzuführen. Und doch erweist sich das Jahr 1391 nicht nur in Kastilien, sondern auch in Aragonien als ein blutiges Jahr, in dem Judenviertel geplündert und deren Bewohner umgebracht werden. Manche Herrscher versuchen, dem Einhalt zu gebieten. Königin Violantha von Aragonien erlaubt den Gemeindevorstehern von Borja am Ebro

Waffen zu kaufen und rät ihnen, sich selbst zu verteidigen! In Kastilien hingegen stirbt man schutzlos – weder von Waffen, noch vom König verteidigt.
Noch im gleichen Jahr ereignen sich ein paar aufsehenerregende Bekehrungen. Der Oberrabbiner von Burgos, Samuel ha-Levi, läßt sich im Juli 1391 zusammen mit seiner ganzen Familie taufen. Er nimmt den Namen Pablo de Santa Maria an, erhält die Weihen und wird Bischof von Burgos. Er verfaßt, wie auch einer seiner Brüder, Alvar de Santa Maria, militant antisemitische Schriften. Die Angriffe sind so unmäßig, daß sein alter Freund, der Oberrabbiner Josef Orabuena von Navarra, ihn zusammen mit dem Bischof von Pamplona, Martin de Zalva, schriftlich auffordert, diese Schmähschriften, die imaginär Verbrechen der eigenen Rasse geißeln, einzustellen. Der Sohn von Salomon-Pablo, der mit vier oder fünf Jahren getauft und später der Prälat Alfons de Cartagena wurde, spricht im Gegensatz zum Vater ohne Eifer oder Übertreibung stets mit größter Sympathie vom »auserwählten Volk«, das als erstes Sein Wort hörte und der Menschheit verkündete. Daneben pocht er auf den Wert der Taufe: Ein getaufter Jude ist genauso ein Christ wie die anderen, man darf ihn nicht mehr des Judaismus bezichtigen. Doch philosophische Argumente wie bei diesem Konvertiten findet man im 15. Jahrhundert höchst selten. Spanien verurteilt seine Conversos, ohne sich die schönen Worte des Alfons de Cartagena zu Herzen zu nehmen.
Einige Juden, die sich einen Namen gemacht haben, bleiben weiterhin standhaft ihrer Religion verbunden, etwa der kastilischen Oberrabbiner in Toledo, Meir Alguadex (während einer seiner Neffen Ferrant Alvarez de La Torre wird). Chasdai Crescas hält durch in Saragossa, das ihn 1391, nach dem Wegzug Isaak ben Sheshets nach Algier, zum Rabbiner wählt; beide waren Schüler des kompromißlosen Talmudisten Nissim »Gerundi«. Chasdai schreibt sein *Or Adonai*,

um im Licht des Herrn, angesichts von Massakern und Bekehrungen, seine Betrachtungen anzustellen. Er scheint mit seinem unerschütterlichen jüdischen Glauben in dieser Zeit einer der treuesten Verfechter des Judentums zu sein: Der von Gott erschaffene Mensch befindet sich in einem Jammertal; nicht Aristoteles und seine ganze Philosophie, und auch nicht der Rationalismus werden ihn daraus erlösen. Eine gewisse Hilfe können einzig die Gebote des Herrn sein. »Höre Israel, der Herr ist unser Gott, der Herr ist Eins.« Von diesem Vers aus dem 5. Buch Moses, den die Juden in Augenblicken der Angst und vor dem Tod rezitieren, läßt er sich leiten in seinen Reflexionen über »das Licht«.
Neben solchen Festungen ungebrochenen Glaubens gibt es jedoch andere, die fallen. Josuah ha-Lorki d'Alcañiz wird Hieronymus von Santa Fé und spielt in den Kronländern Aragons schon bald eine ähnliche Rolle wie Rabbi Ha-Levi, der Bischof wurde, in Burgos. Der Kartograph Jeuda Cresques aus Mallorca nimmt das Christentum an; desgleichen der Arzt Maître Bonet Bonjorn aus Perpignan, dem der immer noch gläubige Profiat Duran das Pamphlet »Mach es nicht wie deine Väter«, eine Attacke gegen alle Konvertiten, schickt. Die Bewohner der Juderia von Barcelona scheinen nach einem Aufstand, unter dem sie schwer zu leiden hatten, alle gemeinsam zum Christentum übergetreten zu sein (die Überlebenden bleiben: Buchbinder, Seiden- und Korallenverarbeiter, Händler, Ärzte, aber alle als Conversos). Schließlich entschließen sich 1391 auch bereits einige zum Wegzug in der Hoffnung auf ein toleranteres Land. Isaak ben Sheshet, Simon Duran und Josef ben Menir wählen den Maghreb, und gestalten dort die Gemeinden von Algier und Constantine zu ausgeprägt sephardischen Gemeinschaften um. Andere wollen noch weiter. In Barcelona wird ein Schiff auf dem Weg nach dem Vorderen Orient angehalten; Mannschaft und Passagiere sind alle Konvertiten, bereit, in Jerusalem wieder zum Judentum zurückzukehren. Ange-

sichts der Flucht seiner am höchsten besteuerten und für Finanzgeschäfte überaus begabten Untertanen, angesichts auch der Massaker, die er nicht verhindern konnte, läßt sich der König Aragoniens etwas einfallen. 1393 beauftragt er Chasdai Crescas, zusammen mit zwei Juden aus jeder intakt gebliebenen Gemeinde in Saragossa, Huesca, Catalayud und Daroca in Aragonien, Lérida und Gerona in Katalonien und Murviedro in Valencia, im Viertel der Juden von Barcelona wieder Leute anzusiedeln.

Die königliche Maßnahme ist kaum bekannt geworden, der Wiederaufbau hat erst begonnen, als bereits ein neues Drama sich abzeichnet. Es geht nun nicht mehr um Predigten oder direkte, rohe Gewalt, sondern um eine »Disputation«. Der mittlerweile aus Avignon geflüchtete Papst Benedikt XIII. oder Pedro de Luna, den das Konzil von Konstanz (1415–17) seines Amtes enthebt, hat sich in die Heimat, in die Zitadelle von Peñiscola zurückgezogen. Zwischen 1412 und 1414 läuft unter seiner Leitung die Disputation von Tortosa ab. Dem eifernden Konvertiten Hieronymus de Santa Fé (früher Ha-Lorki d'Alcañiz) steht die Mehrzahl der heil aus den Vorgängen von 1391 hervorgegangenen Rabbiner gegenüber, Zerahia ha-Levi, Josef Albo, Mose ben Abbas aus Saragossa und Profiat Duran; Chasdai Cresces ist 1410 gestorben. Hieronymus de Santa Fé läßt die Diskussion um das Thema der Perversität des Talmuds kreisen: Es gelang den Juden nicht, mit der Ermordung Christi das christliche Volk zu vernichten, also wollten sie es verhöhnen und schmähen in ihrem Talmud, der nichts als ein Gewirk antichristlicher Greuel ist.

Monatelang antworteten die Juden; sie verteidigten sich, um schließlich zu verstummen. 1414 bekehren sich die Ben Labi de La Caballeria, ohne ihren bereits genuin spanischen Namen zu ändern. Wie sie machen es auch die Alazar, die Golluf, die Ginillo. In den Kronländern Aragons tauchen Familiennamen wie Sanchez und Santangel auf, hinter denen sich oft genug die Figur eines Rabbi oder eines Würdenträgers verbirgt, die für die jüdische Welt nun verloren sind. Astruc ha-levi d'Alcañiz bleibt Rabbiner, und er schreibt ein Glaubensbekenntnis: Der Glaube sitzt im Herzen, er liegt nicht auf den Lippen, ein äußerer Druck kann an der inneren Zugehörigkeit zum Gesetz des Herrn nichts ändern, auch wenn der Anschein es nahelegt. Nachdem Kabbala und Messianismus wieder an Bedeutung gewonnen haben, versuchen spanische Juden mehr denn je, in den Osten auszuwandern. Andere wieder ergeben sich metaphasischen Spekulationen und wollen in reorganisierten Gemeinden ein nach innen gekehrtes, unanfechtbares Leben führen. Doch diese Gruppen werden immer kleiner und existieren, bedroht wie sie sind, nur auf Zeit. Die Gläubigen trösten sich angesichts der aufsehenerregenden Bekehrungen so vieler, und auch der größten ihrer Brüder, indem sie sich einreden, diese Verirrten seien im Grunde schon immer schlechte, allzu opportunistische, dem Averroes zugeneigte Juden gewesen; ihr Ausscheiden komme einer Reinigung des Volkes gleich.

Nun ist die Situation aber tatsächlich dramatisch. Sei es für die zahlenmäßig geschwächten, leicht angreifbaren Juden, sei es für die Conversos, jene im Erwachsenenalter auf die Schnelle getauften Christen, die ja nur Christen geworden sind, um sich zu retten und um wie jeder Spanier zu leben, während es für Juden immer schwieriger wird. Pedro del La Caballeria tritt in die Stadtverwaltung von Saragossa ein, ist 1430 Kronanwalt, Reiter in der königlichen Kavallerie und wird im katalanischen Krieg zum Ritter geschlagen. Um seinen neuen, kämpferischen Glauben zu beweisen, schreibt er sogar ein Traktat, *Zelus Christi contra Judeos*. Aber einem seiner Freunde, Abraham von Tudela, mit dem er bei gelegentlichen Besuchen die jüdischen Gebote getreulich befolgt und hebräisch spricht (vielleicht bereits eine Art Geheimsprache?) bekennt er, er habe sich aus Berech-

nung auf ein nach außen christliches Leben eingelassen, denn er wolle Ämter bekleiden und Geld verdienen, was ihm als Jude verwehrt wäre. Nach seinem Tod 1461 klagt man ihn posthum der Häresie an, die Inquisition untersucht seinen Fall 1485–1492, sein Grab wird geschändet. Als Folge der Pogrome, der dauernden Erniedrigungen und zusehends restriktiver werdenden Anordnungen ist in Spanien (Kastilien und Aragonien, noch nicht in Portugal und Navarra) die doppelte und von da her beunruhigende Persönlichkeit des Converso entstanden. Wie Pedro de La Caballeria ist sie als Mann beschnitten, heiligt den Sabbat, ißt koscher und lebt zuhause und mit Freunden wie ein Jude; sie ist nach außen ein Christ, manchmal sogar ein Antisemit, der im allgemeinen Erfolg hat in allen Ämtern und Berufen, die er nach der Bekehrung noch ausüben darf; denn die Weisungen der Inquisition von 1480–1500 gehen dahin,
»daß sie weder öffentliche noch wohltätige Ämter bekleiden und nicht Sachwalter, Geldwechsler, Steuereinnehmer, Apotheker etc., etc. sein dürfen ...«
»Alte Christen« beneiden bald schon die Conversos, während die Juden sie als Verräter betrachten. Sie versuchen noch immer, zu leben wie eh und je und den traditionell jüdischen Berufen nachzugehen. So verleihen sie auch weiterhin ihr Geld. 1422 leiht das Konvertitenpaar Beatriz de La Caballeria und Tomas Garcia de Santa Maria in Saragossa einer Einwohnerin von Zuera 200 Groschen. Als offizielle Christen können Conversos aber auch Besitz haben, der ihnen als Juden verboten wäre. Juden dürfen, wie wir wissen, im Prinzip keine Sklaven halten, in der übrigen iberischen Gesellschaft ist das hingegen noch allgemein üblich. 1422 nun verkauft der Händler Johan Tagel, wiederum in Saragossa, dem Konvertiten Pedro Sanchez aus Calatayud eine Sklavin »maurischer Abstammung«, die etwa 26jährig ist und Margarita heißt. Einer der Zeugen ist Pedro von Avignon, auch ein Converso aus Saragossa.

Um die Mitte des 15. Jahrhunderts zeigen die »alten Christen« gegenüber Konvertiten bereits mehr Feindseligkeit, als gegenüber Juden, die ihrem Glauben treu blieben. Am schlimmsten steht es in Kastilien, wo der Befehlshaber der Armee, Alvaro de Luna, auch Kanzler von Juan II. ist. Dieser Staatsmann (1449–1453) faktisch der König) macht sich den überwiegenden Teil des kastilischen Adels zum Feind, wird gestürzt und hingerichtet. Offensichtlich um allein Herr zu sein, hat er alle Conversos aus der Verwaltung entfernt und Papst Nikolaus V. um Bullen für ihre Ausweisung gebeten, womit er der Inquisition um vierzig Jahre vorauseilte. Trotzdem warfen ihm seine Gegner Nachsicht gegenüber diesen Juden vor und stützten darauf ihre eigene Anklage. Ein Nachfolger Alvaro de Lunas, Pedro Sarmiento, schreibt in seiner *Cronica del Halconero de Juan II. Juan Carrillo de Huete*, indem er sich an den Herrscher wendet:

»... *Unser Befehlshaber der Armee hat die Konvertiten aus jüdischen Geschlechtern Eures Staates öffentlich verteidigt, und noch jetzt verhandelt er mit ihnen; nun sind aber diese Konvertiten größtenteils Ungläubige und Häretiker, sie neigen noch immer zum Judaismus, befolgen Rituale und Zeremonien der Juden. Sie verraten die Ölung und die Taufe durch ihre Handlungen und mit ihren Worten, und beweisen, daß sie sie nur auf der Haut empfangen haben, nicht in ihrem Herzen und nicht mit ihrem Willen. Mit dem Anschein und dem Namen eines Christen beschmutzen sie die Seelen, den Körper und die Güter der wahren Christen im katholischen Glauben, so wie sie es immer schon taten...*«

Jude bleibt Jude, auch wenn er einen christlichen Namen angenommen hat. Pedro Sarmiento richtete sich an den Hof; der Franziskaner Segovia Alfons de Espina schreibt sein *Fortalicium Fidei* für die Kirche und wiegelt damit Groß und Klein gegen jenen höchsten Verrat auf, den das heimliche Judentum darstellt:

»...Ich glaube, wenn man jetzt eine richtige Untersuchung durchführte, wären sie, die als heimliche Juden ins Feuer geworfen würden, nicht zu zählen. Denn wenn sie nicht hienieden grausamer bestraft würden als die echten Juden, so müßten sie zumindest dereinst im ewigen Feuer schmoren!...«

An dem Punkt überstürzen sich die Ereignisse. 1451 erteilt Papst Nikolaus V. in einer Bulle die Erlaubnis, das Leben von Konvertiten zu überprüfen; 1462 wird ein apostolischer Nuntius zum Inquisitor von Kastilien ernannt. 1467 und 1473 finden in Toledo und Cordoba blutige Aufstände statt, die sich zuerst gegen die Conversos richten und rasch in einen Angriff auf die Viertel der Juden übergehen. 1473, am Vorabend von Ostern, hält in Cordoba die christliche Brüderschaft der »Wohltätigen« ihre Prozession an, um sich auf die Juden, diese ewigen Gottesmörder, zu stürzen. Anton de Montoro, ein bekehrter Altwarenhändler und Poet, beklagt das Los seiner jüdischen Brüder. Er schickt an Königin Isabella ein spirituelles Bekenntnis in Form eines Gedichts, in dem er es wagt, seiner Solidarität mit den Gemordeten Ausdruck zu geben, und zwar in einem für Spanien am Ende des 15. Jahrhunderts ungewöhnlichen Ton:

»... Ich sprach das Credo, ich begehrte Töpfe mit fettem Speck, ich hörte die Messe und sagte mein Gebet; dann schlug ich das Kreuz und konnte doch nie ausmerzen das Bild des getauften Juden ... In großer Demut habe ich gehofft, habe den Rosenkranz der Passion geleiert ... damit meine Schuld vergehe, doch den Namen des alten, des gemeinen Juden wurde ich nicht los...«
...(Por do mi culpa se escombre no pudo perder el nombre de viejo, puto y judio.)

In allen Ländern Kastiliens und Aragoniens werden um 1480 Tribunale eingesetzt und Autodafés (portugiesisch für

Scheiterhaufen) mit Konvertiten veranstaltet, die sich des Kryptojudaismus und somit der Häresie schuldig gemacht haben. Die katholischen Majestäten (Isabella, seit 1474 Königin von Kastilien, und seit 1469 verheiratet mit Ferdinand von Aragon, der seinerseits 1479 König wird) weisen schon 1480 alle Juden aus den Diözesen Sevilla und Cordoba, also aus ganz Andalusien, wo sie am zahlreichsten vertreten waren. Seit 1483 präsidiert Tomas de Torquemada, ein Dominikanerprediger aus Segovia, den »obersten Inquisitationsrat«. Sein Name blieb seither verbunden mit dem erbitterten Kampf gegen das spanische Judentum, er war jedoch beileibe nicht der einzige, der diesen führte.

Bis ins 14. Jahrhundert gab es nur wenige Bekehrungen; erst nach 1391, 1414 und von 1450 bis 80 werden die Conversos im gesammelten iberischen Raum immer zahlreicher. In allen spanischen Städten (die Protokolle der Inquisition erwähnen Teruel, Ciudad Real, Avila ...) leben sie weiterhin mit ihren jüdischen Freunden. Conversos nehmen am Fest der Beschneidung, an Hochzeiten und überhaupt am gesamten jüdischen Leben teil. Ihre Söhne lassen sie noch immer beschneiden und nach der christlichen Taufe werden die Kinder gewaschen, bevor sie sie in die Gemeinschaft wieder aufnehmen. Nach wie vor sprechen sie hebräische Gebete, essen sie koschere Speisen, heiligen sie den Sabbat und fasten sie am Versöhnungstag Jom Kippur. Auf Reisen suchen sie die Gastfreundschaft anderer Juden. Schließlich lassen sie sich nach jüdischem Ritus beerdigen.

Noch zwischen 1480 und 90 scheinen die ihrem Glauben treu gebliebenen Juden im privaten, religiösen und öffentlichen Leben nicht allzusehr behindert zu sein. Im Dienst der katholischen Majestäten steht der *Rab de la Cort* oder Oberrabbiner Abraham Senior. Er ist oberster Richter seiner jüdischen Brüder und Finanzmann, dem es vor allem obliegt, das Geld für die Truppen im »Krieg von Granada« zu beschaffen. Am Hof gibt es auch einen Berater, Isaak

Abrabanel, aus einer alteingesessenen sevillianischen Familie, die 1391 nach Portugal geflohen und Mitte des 15. Jahrhunderts zurückgekehrt ist. Isaak war vorher Verwalter des Herzogs de L'Infantado, dann auch von dessen Bruder Pedro Gonzales de Mendoza, dem »Kardinal von Spanien«, der ihn den katholischen Königen empfahl. Der Schriftsteller, Philosoph und Talmudkenner wird Arrendador in mehreren Regionen. Als Bankier der Könige leiht er den größten Teil der im Krieg gegen Granada benötigten Gelder und finanziert die Ausrüstung der ersten Karavellen von Christoph Columbus (dem auch jüdische Kartographen und Astronomen halfen). Als dominierende Persönlichkeit im Umkreis der Könige und des Oberrabbiners Senior hat Isaak Abrabanel im späten 15. Jahrhundert weitgehend das jüdische Denken geprägt. In seine Betrachtungen über die schwierige Zeit, die er durchlebt, bezieht er auch die sonst meist von traditionellen Talmudisten vernachlässigte Frage nach dem Messias mit ein. Bevor er 1492 das Land, wie alle ihrem Glauben treu gebliebenen Brüder, verläßt, bereichert er die sephardische Literatur um drei hebräische Werke, die ihre Botschaft bereits im Titel verraten: »Die Quellen des Heils«, »Der Gesandte des Erlösers«, »Die Rettung durch göttliche Salbung«.

Während ein Senior, ein Abrabanel nicht unangefochtener und angesehener sein könnten, während die Juden immer noch ihrem alten Glauben die Treue halten (allerdings auch ausgeschlossen sind aus der christlichen Gesellschaft und in ähnlicher Gefahr wie die Konvertiten), werden Conversos systematisch befragt, schikaniert und manchmal getötet. Hin und wieder wagen sie es, zurückzuschlagen: 1485 ermorden sie in Saragossa, in der Kathedrale, den Inquisitor Pedro de Arbues und fliehen danach nach Tudela in Navarra. Die Könige Jean und Cathérine d'Albret liefern die Schuldigen nicht aus, trotz massiven Druck des aragonesischen Königs; sie verhelfen ihnen im Gegenteil zur Flucht weiter nach Norden und können den Alcalden von Tudela dazu überreden, in Saragossa ein öffentliches Schuldbekenntnis abzulegen und das Gericht zu bezahlen. Damit verhindern sie nicht die Verfolgung der Familien der beiden Hauptschuldigen Sanchez und Santangel; man hält sich an bereits verstorbene ebenso, wie an noch lebende Angehörige. Wer sich retten konnte wird in effigie verbrannt, wer sich erwischen ließ, tatsächlich.

Der Converso kann nur ein heimlicher Jude, also ein Häretiker sein. Davor aber muß man ihn schützen und zum christlichen Leben zwingen. Der Jude ist nicht weniger gefährlich, denn die Conversos leben nach wie vor in seiner Nähe und so wie er; sie haben sein Beispiel stets vor Augen, können es ihm jederzeit gleichtun. Um solche Kontakte zu unterbinden, um den neuen Glauben der Konvertiten davor zu bewahren, muß man die Juden vertreiben. Hinter Tomas de Torquemada verblaßt der Einfluß sowohl Seniors, als auch Abrabanels bei den Königen, die in der Begeisterung über ihren Sieg gegen Granada im »Geist von Santa Fé« am 31. März 1492 die Vertreibung der Juden aus allen ihren Ländern anordnen.

Überall wird bekanntgegeben, daß bis zum 9. von Aw, einem Tag im Juli, der bewußt ausgewählt wurde, als der traurige Jahrestag der Zerstörung der beiden Tempel in Jerusalem, alle Juden entweder bekehrt sein müssen, oder das Land zu verlassen haben. Vom März bis zum Sommer schüttelt ein wahres Verkaufsfieber die Viertel der Juden, die glauben, den beweglichen Besitz und den Geldbeutel mitnehmen zu können. Rasch fordern sie die Rückzahlung ihrer Kredite, was meist nicht oder nur zum Teil geschieht, und verkaufen – überstürzt und mit Verlust – Ländereien, Häuser und Kollektivbesitz der Aljamas. So handeln Don Josef ben Susan und Don David Abudaran, zwei Vertreter der Gemeinde von Toledo, am 24. Mai 1492 für eine Färberei, die bisher für 12 000 Maravedis vermietet hatten, mit der Oberin des Klosters Santo Domingo el Real eine Verkaufssumme von lediglich 24 000 Maravedis aus. Dies ist nur ein Beispiel für viele, von Galizien bis Katalonien und von Asturien bis Andalusien. Eltern beeilen sich, ihre zwölf-, dreizehnjährigen Kinder zu verheiraten, weil sie glauben, Ehepaare seien beim großen Auszug im Vorteil. Alle suchen nach dem sichersten Hafen, dem Land, das am ehesten bereit ist, sie aufzunehmen. Kurz vor Juli verlautet, die Juden dürften kein Gold mit sich führen, Kleider und Gepäck seien jedoch erlaubt. Also versuchen sie im letzten Moment, ihren Goldbesitz umzutauschen in Seidenwaren und Pelze.

Schmuckstücke werden konfisziert, entweder von städtischen Beamten, von Inquisitoren oder auch von skrupellosen Unterhändlern. Liest man das Inventar der Juden von Saragossa (zum Beispiel) kann man sich des Verdachts nicht erwehren, daß vieles rasch, aber bei der Strenge der Kontrolle erfolglos beiseitegeschafft wurde. Männer der sich auflösenden Aljama verstecken etwa die in Samt und Seide gehüllten, im goldenen Schrein verwahrten Torarollen, weil die Synagogenvorsteher sie nicht behalten können, und man sie bei Privatleuten besser aufgehoben glaubt. Sie (ein Vidal Abnarrabi und Salomon Alazar) müssen sie jedoch schließlich genauso ausliefern, wie all die Vorlegeschüsseln, die vergoldeten Nußknacker und Olivenentsteiner, ihre goldenen Ringe, ihre Halsketten, Edelsteine und fremden Münzen, die sie gesammelt und gelegentlich ausgetauscht haben. Manchmal nimmt ein Converso der Stadt die Torarollen zu sich, damit sie nicht verbrannt werden müssen, weil man sie nicht gut mitführen kann, aber dann wird auch er erwischt.

Um die 200 000 Juden (vielleicht etwas weniger, aber sicher nicht viel) drängen sich in Barcelona, Tortosa, Denia, Valencia oder in Almeria, in Algeciras, in Cadiz. Bevor sie an Bord gehen, werden sie durchsucht. Einige landen in Fez, über Tanger und Ceuta, oder in Algier; oder in Genua, wo keiner sie erwartet und sie sich manchmal als Sklaven verkaufen müssen, nur um die Reise bezahlen zu können. Andere bleiben in Marseille, wo ihnen von den Gemeinden sehr geholfen wird, damit sie sich der Schiffspatrone entledigen und Fuß fassen können in den ansässigen Familien; oder sie gelangen bereits bis Saloniki und Istanbul. Es gibt auch welche, die von den Matrosen im Maghreb als Sklaven verkauft oder im Kielraum der Schiffe ertränkt werden. Weil sie ihre Heimat verließen, gehen viele Sephardim zugrunde; aber die, die ankommen, retten ihren Glauben. Die Juden aus Aragon und den gebirgigen Provinzen im Norden ziehen nach Navarra. Die aus Nord- und Ostkastilien versuchen, sich nach Portugal durchzuschlagen, gelangen in die großen portugiesischen Gemeinden, aber erst nach mehreren Versuchen sich niederzulassen; sie sind unendlich lang in der Estremadura oder in den Bergen Galiziens unterwegs. Andres Bernaldez, der Chronist der katholischen Könige, läßt etwas von den Gefühlen der Bevölkerung durchblicken, angesichts dieser Menschenherden, die sich endlos auf den Straßen vorwärtsschleppen:

»... Leidend und in großem Schmerz zogen sie über Felder und Wege, alle nur möglichen Krankheiten verbreitend; unterwegs fielen sie hin, standen wieder auf, starben oder wurden geboren. Keinen Christen gab es, der sich bei diesem Anblick nicht erbarmt und sie angefleht hätte, um die Taufe zu bitten. Einige bekehrten sich, aus Müdigkeit, und gingen nicht mehr weiter, es waren aber nur wenige. Rabbiner versuchten, ihren Gruppen wieder Mut zu machen; sie ließen Frauen und Knaben singen, und um sie zu erfreuen, zeigten sie ihnen die Symbole ihrer Gemeinschaft. So haben sie Kastilien verlassen...«

Bald schon werden sich die katholischen Majestäten der plötzlichen Leere ihrer Länder bewußt (wie 1391 der König von Aragonien). Im November 1492 lassen sie überall in den benachbarten Königreichen und im Maghreb verbreitet, die Rückkehr der Juden werde gestattet, Schutz und Rückerstattung des Besitzes seien zugesagt, unter der Bedingung, daß sie sich taufen ließen und ein entsprechendes Zertifikat vorweisen könnten. Die Juden, denen ein solches Angebot gemacht wird, haben Spanien eben erst verlassen, um ihren Glauben zu retten. Zwischen Sommer und Winter ist vom Elend des Exils jedoch einige Energie aufgezehrt worden; dann hatten auch die meisten von ihnen früher schon Gelegenheit, ganz aus der Nähe das Leben der Conversos zu beobachten, in denen sie weiterhin ihre Brüder sahen. Nach reiflicher Überlegung glauben sie nicht, ihre Religion zu verraten, wenn sie sie verstecken. Ein beträchtlicher Teil der nach Portugal Geflüchteten kehrt also über Badajoz und Ciudad Rodrigo zurück, bekehrt sich und versucht, die wenigen Monate vorher veräußerten Besitztümer zurückzuerhalten. Das wäre an sich schon eine heikle Angelegenheit; nun läßt man sie 1494 in Kastilien auch noch wissen, daß sie vor dem Inquisitor von Toledo erscheinen, den angestammten Besitz, auf den sie Anspruch erheben auflisten, und dafür eine vom Tribunal bestimmte Summe für den Rückkauf bezahlen müssen. Dazu fehlen den neuen Conversos von 1493/94 die Mittel; ihr auf die Schnelle an der Grenze besorgtes Taufzertifikat garantiert ihnen weder Sicherheit, noch Einkünfte, noch Genugtuung.

Etwa 150 000 Juden haben von Mai bis Juli 1492, um ihre Häuser, ihr Land nicht verlassen zu müssen, den Ausweg einer Bekehrung gewählt. Unter ihnen, obwohl Oberrabbiner, auch Abraham Senior, der nun »Coronel« heißt, dessen Nachkommen jedoch nicht in Spanien bleiben. Die Zahl der vor 1492 Spanien so beunruhigenden Conversos ist also um weit über hunderttausend gewachsen, und mehr denn je sind sie dem Argwohn der Inquisition ausgesetzt. Die in Saragossa, Burgos, Toledo, Granada, Valencia und noch an andern Orten eingerichteten Tribunale handeln nicht alle mit gleicher Strenge. In Granada sind die Verantwortlichen so kriminell, daß sie der König absetzt. Manchmal wird niemand behelligt, aber mehrheitlich wird bei Nachbarn spioniert, eingekerkert, gerichtet, Inquisitoren hören Berichte von Mägden und Angestellten über Hausfrauen, die etwa am Freitagnachmittag ein bestimmtes Brot backen und stets einen Teil des Teigs wegwerfen (das im 4. Buch Moses beschriebene Ritual der *Challa*: Gott gebiete seinem Volk, ein Stück Teig aufzuheben und den Priestern zu überlassen); oder man hat beobachtet, daß am Freitagabend die Bettücher gewechselt und in der folgenden Nacht sowie am Samstag die Kerzen nicht gelöscht werden, daß der Herd kalt bleibt und nichts gegessen wird, daß die Männer in einer unbekannten Sprache beten und singen, während sie den Kopf hin und her wiegen. Sind solch heimliche Juden entlarvt, werden sie eingesperrt, selten verbrannt, in den meisten Fällen zwingt man sie, für einige Zeit den *Sambenito*, einen mit Kreuzen bestickten Kapuzenmantel, zu tragen, erneut ihrem Glauben abzuschwören, zu fasten und hohe Bußen zu bezahlen; vor allem aber werden ihnen die bürgerlichen Rechte aberkannt. Häufiger als mit der Verbrennung vernichtet die Inquisition über die totale zivile Auslöschung. Sollte ein schuldig befundener Converso nicht mehr am Leben sein (man befragt auch ehemalige Angestellte über ehemalige Herren), zögert man nicht, ihn posthum zu verurteilen, seine Gebeine auszugraben und die Kinder seine Strafen verbüßen zu lassen. Die spanische Gesellschaft schneidet sich ins eigene Fleisch.

Vereinzelt gelingt es einem Converso wie Diego Gomez aus Todelo, sich reinzuwaschen. Er hieß ursprünglich Samuel Abulafia, war Arrendador, ging 1492 nach Portugal, kehrte aber 1499 getauft zurück nach Kastilien. Mit ihm hat sich seine gesamte Familie bekehrt und mit Konvertiten verschwägert. Die angesehensten Geschlechter des Landes, die Ayala, die Guzman, gehören zu seinem Freundeskreis, er selbst ist wieder als Finanzbeamter eingesetzt und lebt als untadeliger Christ. Um 1510 wird einer seiner Nachbarn festgenommen und gibt bei der Befragung um des eigenen Vorteils willen an, er bete hebräisch, denn man verstehe ihn nicht, er esse koscher, denn mit andern eine Mahlzeit zu teilen, lehne er ab. Daraufhin muß Diego Gomez über ein Jahr im Gefängnis sitzen; er leugnet jedoch alles und erlangt einen Freispruch. Im Jahr 1512 führt er wieder ein beinahe normales Leben in seiner Stadt. Es besteht kein Zweifel, daß er der Verfasser des *Lazarillo de Tormes* ist, eines satirischen Romans über Kastilien, am Anfang des goldenen Zeitalters.

Aus Portugal werden die Juden ebenfalls ausgewiesen, zusammen mit den kastilischen Flüchtlingen. Ende 1496 müssen sie sich auf Anordnung von König Manuel dem Glücklichen in Lissabon versammeln, um mit Schiffen irgendwohin auf die Azoreninseln oder zu einem der Landstriche Afrikas gebracht zu werden, die portugiesische Seefahrer entdeckt haben. Der Oberrabbiner Simon Maimi, der sich nicht bekehren lassen wollte, ist unter der Folter gestorben. Aber die große, 1497 in den Schiffen die Ausfahrt erwartende Menge läßt der König aus riesigen Behältern mit Weihwasser besprengen und – nunmehr als Christen – wieder an Land gehen. So kommt auch Portugal zu seinen ungeliebten Conversos.

Unter dem Schutz des Königs sind sie, zumindest theoretisch, für lange Zeit unangreifbar; aber das Volk liebt sie nicht, das zeigt sich in den Volksaufständen von 1499, 1506 und 1537, in denen sie getötet und beraubt werden. Seit 1536 ist auch die Inquisition, wie andernorts, in Portugal tätig; die Juden, portugiesische und ehemals kastilische, müssen Ausschau halten nach einer Zuflucht. Nachdem sich Portugal 1580 mit den benachbarten

iberischen Reichen vereinigt hat, wird das Leben ebenso gefährlich, wie auf der ganzen übrigen Halbinsel.
Denn auch Navarra bleibt nicht verschont von dieser Begegnung, diesem Phänomen der Abstoßung. Zehn Jahre sind seit dem Fall der Ermordung von Arbues vergangen, als der König von Aragonien (unterstützt von »seinem« Papst, dem Borgia Alexander VI.) 1498 dem Herrscher und dem gesamten Königreich Navarra, in dem sich zahlreiche aragonische Juden aufhalten, Interdikt und Exkommunikation androht. Navarra weist die Juden aus Furcht vor einer Invasion der katholischen Könige (sie findet 1512 trotzdem statt) aus dem Land oder treibt sie zur Bekehrung. In der ersten Hälfte des 16. Jahrhunderts werden Inquisitionstribunale in den Städten Navarras, später auch im benachbarten kastilischen Logroño eingesetzt.
Überall auf der Iberischen Halbinsel versuchen die Sephardim, sich in die Gesellschaft zu integrieren. Immer zahlreicher sind jedoch diejenigen, die es vorziehen, wegzugehen, wie ihre Brüder in den Jahren 1492/97 und 98. Zwischen 1530 und 1550 führen die Gesetzgeber auf der Halbinsel die Vorschriften über die *Limpieza de sangre*, die »Reinheit des Blutes«, ein. Die ersten stammen schon von 1499, als die Conversos ausgeschlossen wurden von den städtischen Verwaltungen. Um Magistrat einer Stadt, Regierungs- oder Gerichtsbeamter zu werden, um in gewisse Orden, insbesondere die Ritterorden, eintreten zu können, braucht es den Nachweis, daß man aus einem Geschlecht von »Alt-Christen« ohne jüdisches Blut, stammt. 1573 heißt es in den Bestimmungen der Inquisition:

»... Wenn jemand, gleichgültig welcher gesellschaftlichen Stellung oder Herkunft, vom heiligen Officium der Häresie überführt, dem weltlichen Gericht überantwortet und mit der Kirche versöhnt worden ist, oder auch wenn er in der Kirche oder sonstwo öffentlich Buße getan hat, bleiben seine

Nachkommen der männlichen und weiblichen Linie bis zum vierten Grad einschließlich vom Empfang der Weihen ausgeschlossen; von den Vorfahren werden nicht nur die untersucht, die nach Beendigung der Häresie geboren wurden, sondern auch die, die vorher lebten...«

Die Conversos, die zu den besten Ärzten, Arrendadoren, Bankiers und Juristen gehören (das heißt, weiterhin sind, was sie schon als Juden waren), dürfen fortan keine Universitäten mehr besuchen, keiner städtischen Regierung angehören und weder dem Orden von Santiago noch dem der spanischen Benediktiner beitreten. Häufig haben sich Töchter von Konvertiten mit Bürgerlichen oder Adeligen verheiratet, und unter den Söhnen haben viele die religiöse Laufbahn bei Benediktinern und Jesuiten gesucht. Möglichkeiten, die von jetzt an denen verschlossen sind, die man *Marranen* (Schweine) oder in Mallorca *Chuetas* nennt. Indem sie die Marranen von den führenden Positionen ausschließt, beraubt sich die iberische Gesellschaft selbst. Denn nun, während des gesamten 16. Jahrhunderts und noch im 17. und später, tun es die Marranen ihrerseits und aus eigener Initiative. Die Inquisition stürzt sich mit frischem Elan in die Verfolgung der »heimlichen Juden«, besonders eifrig nach 1643, zur Zeit des Großinquisitors Arce Reinoso. Im Jahr 1680 wird auf der Plaza Mayor von Madrid ein großes Autodafé mit 118 Angeklagten inszeniert, darunter 104 heimliche Juden; zwanzig von ihnen werden lebendig verbrannt. Und noch im 18. Jahrhundert verbietet die Inquisition berühmten, aber von Conversos abstammenden Ärzten die Ausübung ihres Berufes mit der Begründung, sie seien heimliche Juden. So werden 1720/30 aus Madrid die Ärzte Lopez de Villalobos, Huarte de San Juan, Andres Laguna und Mateo Zapata vertrieben. Immer wieder muß jemand nach Amsterdam, nach Bordeaux oder in die Türkei auswandern.

In ihrem Exil in Saloniki entschließen sich zwei »Historiker« in den ersten Dezennien des 16. Jahrhunderts, für ihre Brüder die Geschichte von Sepharad zu schreiben; eine Geschichte wie eine Elegie. Salomon ibn Verga verfaßt 1536 seine Klage *Shebet Jeuda*, »Der Stamm Juda«, die wenige Jahre später in Amsterdam spanisch gedruckt wird. Sein Zeitgenosse Josef ha-Cohen schreibt *Emek ha-Barkha* oder »Das Tal der Tränen«, das auf dem gleichen Weg Verbreitung findet. Hier Glanz und Ruhm des Stammes Juda in Sepharad, dort die Tränen der aus ihrer Welt vertriebenen Sephardim, so wird den Juden die sephardische Geschichte überliefert.

Fazit des ersten Teils

GAB ES IN DER MEDITERRANEN WELT SEPHARDIM SCHON IM MITTELALTER?

Die Juden sind ausgezogen. Sie haben Spanien verlassen, doch bevor sie ein Abenteuer in unbekannten Ländern wagten, flohen sie in ihnen einigermaßen »verwandte« Regionen. Verwandt sind die Ufer des Mittelmeers, wo das Leben denselben Rhythmus zu haben scheint, wie das ihre; wo die Juden der verschiedenen Gemeinden Briefe austauschen, sich besuchen und beherbergen und schon lang vor 1492 mit offenen Armen Flüchtlinge empfingen, ob sie vom Norden in den Süden oder vom Süden in den Osten kamen... Ganz selbstverständlich werden die aus Sepharad Vertriebenen nach dieser, über viele Generationen geübten, Tradition im 16. Jahrhundert von den Juden des Mittelmeerraums aufgenommen.

Gewiß unterscheidet sich die jüdische Welt im Süden von der in Nordfrankreich, in Deutschland oder Zentraleuropa. Allerdings darf man nicht vergessen, daß von einer Diaspora zur andern auch eine gegenseitige Beeinflussung stattfand. Erinnern wir uns, daß Raschi von Troyes in allen iberischen Schulen die bevorzugte Talmud-Autorität war, und man in Spanien auch auf einen Gerschom von Mainz hörte. In elsässischen Gemeinden und im Raum von Paris lebten Spanier, Abraham ben Esra ist vermutlich sogar bis London gereist. Sicher haben Italiener die deutschen Gemeinden an Rhein und Donau gegründet, und zur Zeit der ausgedehnten Handelsbeziehungen, am Ende jener etwas einfach »Mittelalter« genannten Epoche, riß die Verbindung zu den nördlichen Regionen nicht ab. Aber nach und nach, im Lauf

von Jahrhunderten, bildeten sich in Aschkenas (Deutschland) und Zarefat (Frankreich) andere Rituale, Gewohnheiten und Mentalitäten heraus, als in der Provenz, in Sepharad und den übrigen, diesen verwandten Mittelmeerländern.
Bevor sie im 16. Jahrhundert die eigentlichen Sephardim bei sich aufnahmen, lebten rings ums Mittelmeer zahlreiche jüdische Gruppen, die man noch nicht »sephardische« Juden nannte. Auf sie müssen wir kurz eingehen. Das Rousillon und Montpellier gehörten (bis 1348) zu den Kronländern Aragons, die Israeliten teilten daher das Schicksal ihrer Brüder in Gerona und Valencia. Ihre Nachbarn im angrenzenden Frankreich, im Languedoc, zählen nach jüdischer Überlieferung zur heutigen Provence, die sich von Zarefat unterscheidet und im mittelalterlichen Hebräisch Provenz hieß; eine in spiritueller und kultureller Hinsicht einheitliche, den gesamten Süden Frankreichs von der Garonne bis zu den Alpen umfassende Region.
Blühende und aufstrebende Gemeinden sind seit dem Jahr 1000 aus Narbonne, Béziers, Carcassonne, Toulouse bekannt. Die Juden scheinen im mittelalterlichen Narbonne ein intaktes, in keiner Weise beeinträchtigtes Geistesleben zu führen und um die Jahrtausendwende so eng mit den Zentren Mesopotamiens verbunden zu sein, daß sie noch mit Stolz ihre griechischen, byzantinischen und levantinischen Namen wie Calonymos oder Nassi tragen. Im 12. Jahrhundert leben hier die berühmten Sprachgelehrten Kimchi, deren bekanntester Vertreter, David ben Josef, ein etymologisches Wörterbuch schrieb. Im 13. Jahrhundert wird offenbar Montpellier zum Mittelpunkt jüdischen Geisteslebens; zunächst noch unter der Herrschaft des Königs von Aragon, dann im 14. Jahrhundert Frankreichs und zwischendurch kurz einmal Navarras. Wir wissen, daß Juden Zugang hatten zur medizinischen Fakultät, wo neben Ärzten des Languedoc und der Provence auch solche aus Spanien, etwa Nachman von Gerona, ausgebildet wurden, und

wo Jacob ben Meir ibn Tibbon lehrte. Seine Familie spezialisierte sich seit dem 12. Jahrhundert mehr und mehr auf Übersetzungen vom Arabischen ins Hebräische und gelegentlich in die romanischen Sprachen. Sie hat die Mehrzahl der jüdisch-andalusischen Werke übertragen. Wenn Maimonides bekannt wurde, dann dank Samuel ibn Tibbon, der bis 1190 lebte. Wie die Kimchi sind die Tibbon zur Zeit der Almohaden aus Al-Andalus in den Norden geflohen. In den Zentren des Languedoc, wo sich spanische und französische Einflüsse begegnen, scheint das kulturelle Leben auf die großen Kontroversen der Epoche ausgerichtet zu sein, auf das Fragen und Infragestellen. Bis 1306 können Juden in Nîmes oder Toulouse Handwerker, Pfandleiher oder Händler sein; zwar dürfen sie keinen Weinberg besitzen, aber dafür haben sie ihre Bücher und verstehen es, solche zu schreiben.

Einige Juden lebten im Mittelalter auch in Bordeaux, Aire-sur-l'Adour und Bayonne; man hat jedoch den Eindruck, daß sie gewissermaßen nur vorbeikamen, bevor sie sich im 16. Jahrhundert in eindrücklicher Zahl dort niederließen. Bereits 1290 vertrieben aus Aquitanien (der Herzog ist gleichzeitig König von England), leben sie für die folgenden Jahrhunderte im französischen Languedoc und später, wie die Familien Ben Zerah, die von Aire über Navarra nach Kastilien gelangten, auch in Spanien. In Navarra tauchen in dieser Zeit zahlreiche Juden auf, die man »von Bergerac« oder »von Saint Maixent« nennt. Vielleicht sind sie 1290 direkt eingewandert, wahrscheinlich jedoch erst nach 1306 und mit einem Umweg über Frankreich.

Im Osten war das Rhonetal lang die Grenze zwischen französischem Reich und deutschem Kaiserreich. Aber nicht für die Sephardim. In Lyon, das erst im 14. Jahrhundert endgültig zu Frankreich kommt, leben Juden, und auch in den Ländern, die zum Kaiserreich gehören wie Savoyen, Dauphiné, die Region von Avignon, die im 13. Jahrhundert unter päpstliche Herrschaft gerät, und die Provence. Neueste Forschungen in Savoyen und der Dauphiné brachten die Existenz winziger Gemeinden ans Licht, dazu einige Namen einflußreicher jüdischer Persönlichkeiten, wie Astruc Massip aus Serres, der um 1340 Finanzverwalter und Präzeptor Humberts II., des letzten aus dem Geschlecht der Dauphiné war. Die Anwesenheit der Päpste brachte Avignon im 14. Jahrhundert einen gewaltigen Aufschwung, doch den Juden wurde ein enges Viertel zugewiesen, in dem sie sich zusammendrängten, und über das sie nie hinausgelangten.

Die Provence nahm schon als römische Provinz in den ersten Jahrhunderten Juden auf. Sie lebten in ansehnlichen Gemeinden in großen Zentren, aber auch in kleineren, wie Saint Rémyde-Provence, als bescheidene, kaum für einen Minian genügende Gruppen. Sie übten alle möglichen Berufe aus wie die Provenzalen: in Marseille im maritimen Großhandel oder als Korallenschneider, im Rhonedelta als Bewässerer, in Manosques, in Grasse oder Aix-en-Provence als Textil-, Woll- und Viehhändler; sie waren Ärzte in Aix (wie Maître jacob »de Lunel«) und in Arles; Getreidehändler, Weinbauern und schließlich auch Verleiher kleiner und mittlerer Geldsummen. Die jüdischen Verleihpraktiken gleichen im Rousillon, im Languedoc und in der Provence Punkt für Punkt denen der iberischen Juden.

Doch wir müssen uns noch weiter umsehen, in Ländern, die nicht Sepharad, aber mit den spanischen Reichen verbunden sind. Da wäre zunächst einmal das südliche Mittelmeerufer, der Maghreb, wo die jüdische Präsenz ebenso weit zurückreicht, wie in Al-Andalus und sich deutlich verstärkt nach der Vertreibung aus Spanien. Die Juden waren hier schon vor dem 15. Jahrhundert sehr einflußreich; sie lebten in allen Zentren seit dem römischen Altertum, auch der heilige Augustin kam mit ihnen in Kontakt. Für die Zeit des frühen Mittelalters fällt es nicht leicht, Geschichte und

Legende auseinanderzuhalten. Die zum Judentum bekehrte Königin der Berber, Kahina (bis 693), soll den Widerstand ihres Volkes gegen die islamische Invasion organisiert haben. Die geistige Ausstrahlung der Gemeinden von Kairouan und Fez, die ums Jahr 1000 eng mit den »Akademien« von Sura und Pumbedita verbunden waren, und den Austausch zwischen diesen mesopotamischen Zentren und Spanien ermöglichten, ist jedenfalls eine Tatsache. Vom 11. bis zum 13. Jahrhundert handeln die Juden im Maghreb mit Gold und mit Sklaven; beides vom Sudan bis nach Spanien begehrte Artikel. Von Sijilmasa (am Rand der Sahara), von Tiaret und Tlemcen begleiten Juden die Schwarzen und den Goldstaub bis nach Oran an der Küste. Hier, in Tanger, Oran Bône, machen aber auch die Brüder aus Mallorca, Barcelona und Valencia ungehindert Station. Die einen wie die andern sprechen das gleiche Arabisch, das gleiche Spanisch, das gleiche Hebräisch; Beziehungen, enge sogar, bestehen lang vor dem sephardischen Exil. Im Maghreb ist der Empfang der Sephardim vorbereitet.

In Italien werden die in sehr aktiven Gemeinden lebenden Juden von den einzelnen »Staaten« am Rand der Gesellschaft gehalten. Hier sind wir bereits weit entfernt vom Geist, der in Sepharad herrschte. Die »päpstlichen Juden« Roms genießen den Schutz von Untertanen. Zu ihnen hat Gott zuerst gesprochen, nur wollten sie dann die Botschaft des Neuen Testaments nicht hören. Ein großer Papst, wie Innozenz III. verbietet zwar um 1200 jede schlechte Behandlung der Israeliten, aber gleichzeitig auch jede freundschaftliche Beziehung zu ihnen. In Rom gehören sie zu den ersten, die den gelben Kreis auf der Brust tragen. In Venedig untersagt der Senat in gewissen Jahren (etwa 1394) der zahlreichen und aktiven jüdischen Bevölkerung der Handelsinseln, in der Stadt selbst zu wohnen. Ohne sich jedoch allzusehr um diese Einschränkung zu kümmern, die sie eigentlich zwingen würde, in Mestre zu leben und die Stadt jeden

Tag zu verlassen, bewohnen die Juden die prosperierende Insel *Giudecca* (die südlichste der Stadt) und betreiben das große Bankgeschäft ebenso wie den Korn- und Sklavenhandel.
Im süditalienischen Reich der Normannen und der Hohenstaufen lebten bereits Juden und Muslime, König Ruggiero (im 12. Jahrhundert), später Kaiser Friedrich II. (bis 1250) haben sie gar bevorzugt. Aber Karl von Anjou, der Bruder Ludwigs des Heiligen, der 1266 das Königreich gewinnt, manifestiert eine gewisse Ablehnung gegenüber den Juden von Neapel und Sizilien (letztere stark arabisiert in Namen und Sprache). Nach der Eroberung durch Aragon 1282 (»Sizilianische Vesper«) können sich die Juden auch hier ausbreiten wie auf der Iberischen Halbinsel. Statthalter von Sizilien wird Jucef Ravaya, der den Eroberungskrieg für Pedro III., den Großen, finanziert hat. Ansässige Israeliten erhalten die gleichen Freiheiten wie die von Valencia, Gerona oder Saragossa. In einer kleinen Ortschaft wie Monte San Giuliano (heute Erice) oberhalb von Trapani besitzen die Juden Chilfa, Saul de Challono und Jacob, der Arzt, Weinberge, Häuser, Ställe und Reittiere. Juden wohnen neben Christen und bauen ihre Synagoge wo es ihnen gefällt, vorausgesetzt sie stören damit nicht die Kirchen. Auch Spanier ziehen ungehindert nach Sizilien. Von 1400 bis 1410 praktiziert der Arzt Josef ben Menir aus Tudela in Messina oder in Catania.
Noch mehr im Osten treten wir in eine andere Welt; je weiter wir uns von der iberischen Küste entfernen, umso mehr verhallt der Streit um Maimonides, und umso radikaler schwindet das Recht auf Grundbesitz. Die Juden leben im Reich von Byzanz, das nach Eroberungen westlicher Kreuzfahrer und – nachhaltiger – infolge der türkischen Angriffe immer mehr zusammenschrumpft. 1453 nehmen die Osmanen Konstantinopel ein, nachdem sie sich das Kaiserreich schon während mehr als einem Jahrhundert stückweise einverleibten. Die Israeliten scheinen gleich nach der

Zerstörung ihrer Tempel in diese orientalischen Landstriche eingewandert zu sein. Im 12. Jahrhundert leben sie in Byzanz in mehreren Vierteln. Benjamin von Tudela, der sie besuchte, spricht von 5 000 Rabbaniten und 1 000 Karäern (was plausibel klingt). Im 13. Jahrhundert schafft sich Venedig Stützpunkte in der Stadt Byzanz und im Reich, es nimmt sich ganz offiziell das Recht, Handelsniederlassungen zu gründen, die nur der »Serenissima« unterstehen. In Konstantinopel und auf den griechischen Inseln, auf Kreta vor allem, leben venezianische Juden neben griechischen, ohne allzu engen Kontakt zu pflegen. Mit den Italienern kamen auch Spanier; am Ende des 13. Jahrhunderts wohnt ein »Katalane« in einem der Judenviertel Kostantinopels.
Israel schließt den Mittelmeerraum im Vorderen Orient. Auch am Ende des Mittelalters haben Juden noch die Gewohnheit, nach Jerusalem zu pilgern oder sich dort niederzulassen, wie in der großen Zeit eines Juda Halevi, eines Ramban und der Kreuzfahrer. Im 13.–15. Jahrhundert gehen immer auch Juden an Bord der christlichen Pilgerschiffe aus Venedig und Genua. Sie werden in Israel bald als Störenfriede, als Usurpatoren, betrachtet; Franziskaner, die über die biblischen Stätten wachen, verbreiten in der christlichen Welt, die Juden hätten vor, den Tempelberg zu kaufen, und insbesondere das Haus, in dem das Abendmahl stattfand, denn an jenem Ort sei auch König David begraben. Ende des 15. Jahrhunderts verbietet die Kirche den venzianischen Schiffen, Juden mitzuführen, worauf diese in sizilianische Häfen ausweichen. In Jerusalem selbst scheint jedoch ein recht gutes Einvernehmen zu herrschen zwischen christlichen Pilgern und jenen Juden, die sie beherbergen, weil sie das Glück haben, nahe beim Heiligen Grab beziehungsweise der Klagemauer, zu wohnen.
Es ist ja eine alte jüdische Gewohnheit, jeden Reisenden oder Flüchtling, der anklopft, aufzunehmen. In der kulturell einheitlichen Welt von »Provenz« und »Sepharad« war

vor allem auch der intellektuelle Austausch rege. Erinnern wir uns, daß Ärzte aus Aix neben Kollegen aus Katalonien in Montpellier ausgebildet, daß Bücher von Gemeinde zu Gemeinde ausgeliehen oder verkauft wurden. 1439, nach dem Tod von Astruc de Sestiers, erweist sich beispielsweise, daß dieser Arzt aus Aix-en-Provence einer der hervorragendsten Bibliophilen seiner Zeit war. In den 179 inventarisierten Büchern war das gesamte westlich-jüdische Wissen enthalten: der Talmud, Kommentare zum Talmud, Bibeln, liturgische Werke, Raschi-Traktate, medizinische, philosophische, mathematische und astronomische Schriften, Kommentare zu Aristoteles, Averroes, Avicenna, dann Maimonides in der Übersetzung der Tibbon, sowie das Wesentliche der Rambam-Kontroverse; dazu weitere »spanische« Autoren, die Responsen von Salomon ibn Adret und von Isaak ben Sheshet, *Kusari* von Juda Halevi und, von Schemtow Falaquera, das Traktat »über die verschiedenen Grade geistiger Vervollkommnung«.

Juden besuchen sich gegenseitig, ständig sind sie in irgendwelchen Geschäften unterwegs; dabei haben sie die Gewohnheit angenommen, Nachrichten ihrer großen, in der ganzen Welt verstreuten jüdischen Familie weiterzuleiten. Getreu dieser Tradition schicken im 15. Jahrhundert die Pilger Obadja aus Bertinoro und Meshullam aus Volterra von jeder Etappe ihrer Reise Briefe in die italienische Heimat (und bekommen auch Antwort!). Briefe und Familienbesuche können auch über politische Grenzen hinweg den Kontakt der Gemeinden aufrechterhalten. Im 13. Jahrhundert ist es durchaus nicht ungewöhnlich, wenn Katalanen einige Zeit bei Brüdern in Carcassonne verbringen. Den jungen Mose Gacon aus Gerona etwa, schickt sein Vater zum Erlernen der Handelsgeschäfte in jene Stadt, und der Sohn beschreibt später in einem Brief an den Vater den guten Empfang, den ihm der Nassi Mose Tuviah bereitete. Juden aus Barcelona haben manchmal Verwandte in Narbonne. Einem »Josef« genannten Untertan von Jaime II. passiert es 1306, daß er auf dem Weg zu seinem Bruder David festgenommen wird, weil er noch nicht von der Vertreibung aus Frankreich weiß. Juden des Languedoc wiederum leben häufig in Kronländern Aragons; 1378 besitzt ein Abraham aus Carcassonne einen Laden am Markt von Valencia. Sie überschritten aus dem Languedoc schon bei den ersten Unruhen die Grenze: Als Béziers 1209 von den Truppen Simons von Montfort geplündert wurde, machte sich die ganze Gemeinde auf den Weg nach Gerona, kehrte 1220 zurück, um nach der Ausweisung von 1306 erneut in Gerona Zuflucht zu suchen.

Diese Epoche ist gekennzeichnet vom Auszug ganzer Gemeinden von einem Punkt ihrer Welt zum andern. Man kennt aber auch den Ausschluß, den die Gemeinschaft selbst aussprach; das Zusammenleben war weit davon entfernt vollkommen zu sein. Es dürfte dafür, wie in allen Gesellschaften dieser Epoche, zu große Unterschiede zwischen Armen und Reichen gegeben haben. In der Provence zum Beispiel hätte die *Tallia Judeorum*, eine der Pecha entsprechende Steuer, eigentlich von den Reichen aufgebracht werden sollen, nach dem Prinzip »der Starke trägt den Schwachen«, für die Unbegüterten blieb aber die fiskalische Belastung trotzdem zu groß. Später, nach 1500 und 1530 sollte man in gewissen Flüchtlingskreisen erzählen, die reichen Provenzalen hätten sich als erste bekehrt, ohne daran zu denken, auch ihren weniger begüterten Brüdern zu helfen, sich loszukaufen. Im 15. Jahrhundert dominierten in Aix sowohl durch ihren Reichtum, als auch über das strikt ihren Familien vorbehaltene Amt des Baylon (Gerichtsvorstehers) die Bonsenhor, Profach, Dieulosal Descola und Maître Salomon de La Garde. Gesellschaftliche Streitigkeiten kamen häufig vor, und einige Gemeinden im Languedoc reagierten ein bißchen gar schnell mit dem Ausschluß der »Ungehorsamen«. Diese vom Cherem betroffenen zogen dann nach Spanien. Aber Hauptgrund für das Exil bleibt der Antisemitismus. Wenn man dieses komplexe Phänomen anhand der Ereignisse in den französischen Gebieten untersucht, stößt man auf Analogien zu denen auf der Iberischen Halbinsel. So wären die ersten, die am Ende des 14. Jahrhunderts die Juden bedrängt, ausgeplündert, gelegentlich auch ermordet haben, in der Provence die Landarbeiter und Tagelöhner gewesen, die zur Haupterntezeit von westlich der Rhone kamen. Diese schwer kontrollierbaren Einwanderer, verdächtig gerade auch, weil Fremde, würden also zu den ersten Schuldigen gehören. 1495 hingegen sind es dann die Predigerbrüder mit ihren Passionspredigten, denen das Massaker von Manosques angelastet werden muß, und die Räte der Stadt, die bewußt die Augen schlossen vor den Horden, die in das Judenviertel einbrachen. Offensichtlich hat auch die Pest von 1348 antisemitische Ausschreitungen provoziert: 1348 brennt die Synagoge von Saint-Rémy-de-Provence, 1352 wird sie wieder aufgebaut, jedoch weit außerhalb der Stadt, quasi auf freiem Feld.

Die Juden retten sich von einem Land ins andere, immer im Glauben, bleiben zu können; manchmal kehren sie zurück an den Ausgangspunkt, weil sie die Gefahr für gebannt halten, und müssen doch wieder fliehen. 1290 ziehen sie sich aus Aquitanien nach Frankreich und Spanien zurück. 1294 zwingt man sie in den königlichen Städten des Languedoc, in Ghettos zu wohnen. 1306 schließlich die erste Vertreibung aus Frankreich, die sich 1315 und noch einmal von 1322–1359 wiederholt; die letzte findet 1394 statt. Die Juden suchen Zuflucht jenseits von Rhone und Pyrenäen. Wer sich in die Dauphiné zurückgezogen hat, fällt jetzt gleichfalls unter die französischen Bestimmungen, da Humbert II. seine Grafschaft 1343 an den König von Frankreich abgetreten hat und 1349 der »Transport« dieser Provinz anberaumt wird. Immerhin respektiert der König die regionale

Freiheit so weit, daß er die Juden nicht geradezu aus dem Land jagt; sie emigrieren indessen aus eigenem Antrieb in die Provence, nachdem sich das Klima verschlechtert und man im Pestjahr 1348 Juden aus Serres verbrannt hat.

In Spanien werden die Juden, die ihre Religionsbrüder aus dem Norden aufgenommen haben (und fortan »von Frankreich«, von Paris, Troyes, Bourges oder einfach »Zarefati« nennen), ihrerseits vertrieben. Beunruhigt von den Disputationen, den Predigermönchen, ziehen sie 1391, dann 1414 in die Provence oder bereits in den Maghreb. Isaak ben Sheshet und Simon Duran führen künftig die Gemeinde von Algier, Josef ben Menir aus Tudela wird *Chasid* in Constantine. Schließlich nimmt die Iberische Halbinsel von 1492–1498 keine Juden mehr auf. Jetzt folgen Unzählige dem Ruf des Maghreb; andere (...»von Pamplona«, »von Huesca« ...) wählen die Provence, wo ihnen Brüder helfen, sich einzurichten. Doch 1501 will Karl VIII. von Frankreich (und seit 1483 ebenfalls Graf der als Erbe an die Krone gefallenen Provence) etwas zum Schutz des christlichen Glaubens tun und jenes vom Volk Israel verkörperte, anhaltend schlechte Beispiel ausschalten. Er beschuldigt die Juden

»*mehrerer Irrtümer und Häresien gegen besagten Glauben, die sie an verschiedenen Orten begingen, von denen sie aus diesem Grund ausgestoßen und verjagt worden sind...*«

Gleichzeitig möchte aber Karl diese immerhin recht nützlichen Juden auch behalten, wenn sie sich nur zu einer Bekehrung herbeiließen:

»*... auf daß denjenigen, die übertreten und unseren Glauben annehmen wollen, Zeit und Ort gelassen werde, solches zu tun ... damit sie in unserem Land und unserer Grafschaft Provence frei und unbehelligt bleiben können...*«

Die meisten Juden halten ihrem Glauben die Treue und werden ausgewiesen. Einige gehen nach der Stadt Avignon oder in die päpstlichen Besitzungen, die Mehrzahl jedoch nach Italien und in den Vorderen Orient. Seit dem frühen 16. Jahrhundert zeichnet sich eine Verschiebung der sephardischen Niederlassungen nach dem östlichen Mittelmeerraum ab. Zu den in Italien oder im nahen Orient angesiedelten Gemeinden stoßen Flüchtlinge aus dem Westen, aus Frankreich und Spanien. Ein paar Jahrhunderte noch, ein paar Stationen und Versuche, sich irgendwo festzusetzen, doch dann wird sich der Kreis wieder schließen.

Zweiter Teil:

DIE SEPHARDISCHE DIASPORA

»... und ich komme zu versammeln die Völker aller Zungen, und sie werden kommen und meine Herrlichkeit sehen. Ich werde ein Zeichen an ihnen tun ...
Und sie werden all eure Brüder aus allen Völkern dem Herrn als Opfergabe bringen auf Rossen und Wagen und in Sänften, auf Maultieren und Dromedaren, nach Jerusalem, auf meinen heiligen Berg, spricht der Herr, wie die Söhne Israels die Opfergaben in reinem Gefäß in das Haus des Herrn bringen.«

Jesaja LXVI. 18, 19, 20

Viertes Kapitel

SEPHARDIM IN DEN STÄDTEN DES ABENDLANDS

1394 hat man die Juden aus dem französischen Königreich vertrieben; ein Jahrhundert später erleiden ihre Nachkommen und ihre spanischen Brüder auf der Iberischen Halbinsel das gleiche Schicksal. Zumindest dem Anschein nach wählt allerdings ein nicht geringer Teil den Weg der Bekehrung, um weiterhin in Toledo, Lissabon oder Valladolid bleiben zu können.
Doch sehen sich diese »Neuchristen« schon bald einer feindlich gesinnten Gesellschaft gegenüber, und als Folge der Inquisition und des Statuts der »Blutreinheit« beginnt ein stetiger, langanhaltender Exodus der Sephardim. Das im Umgang mit seinen Conversos, abgesehen von einigen vehementen Ausbrüchen von Antisemitismus, etwas freundlicher, etwas weniger abweisend eingestellte Portugal wird 1580 dank ehelicher und diplomatischer Verbindungen ein Teil von Spanien. Nun müssen vom Atlantik bis zum Mittelmeer alle, die vielleicht noch hofften, ihr Judentum retten zu können, den iberischen Boden verlassen. Im Lauf der nächsten zwei Jahrzehnte, im 17. und auch noch im 18. Jahrhundert ziehen die Marranen in den nahen Osten, in den Süden des Mittelmeerraums und in die Häfen des Westens. Gleich in den ersten Jahren nach 1492 haben spanische Juden versucht, ihre Freiheit auf dem neuen, von Christoph Columbus und Amerigo Vespucci entdeckten Kontinent zurückzugewinnen. Mexiko, Venezuela, Brasilien gehören jedoch zu Spanien und Portugal, und nur zu bald holt die

Inquisition die Conversos auch dort wieder ein. Ungeachtet der großen Entfernung sind deren Grenzen nicht milder als im Mutterland; auch in Mexiko verbietet sie Söhnen und Enkeln von Marranen, öffentliche Ämter zu bekleiden – genau wie ihren spanischen Vettern.

Wer auf der Halbinsel zurückblieb und sich für das heimliche und gefahrvolle jüdisch-christliche Doppelleben entschloß, geht früher oder später auch ins Exil. Wieder ist das Volk der Sephardim auf den Weg geschickt; zu Land und zu Wasser muß es in eine zweite Diaspora ziehen.

Die Wiederansiedlung

1501 wurden die Israeliten von Karl VIII. aus der Provence vertrieben. Nur ein halbes Jahrhundert später öffnet ihnen der Sohn seines Vetters Franz das Königreich Frankreich. Heinrich II. Valois spricht in seinem Erlaß von 1550 zwar nicht eigentlich von Juden, sondern von nicht näher bestimmten »Neuchristen«, und deren Rückkehr hätte zweifellos schon Franz I. gewünscht. Dieser König rief häufig Juden aus Italien an seinen Hof; unter anderem den Sprachgelehrten Elia Levita aus Rom, den er gern an seinem »Collège des Trois langues« (Collège de France) in Paris als Professor für Hebräisch gesehen hätte. Levita zog es jedoch vor, in Venedig zu bleiben, wo eben seine Werke im Druck erschienen.

Heinrich II. (der Gemahl Katharinas von Medici, deren Familie zur gleichen Zeit Sephardim in ihren neuen Hafen Livorno holt) gestattet ganz offiziell die früher schon heimlich, aber eher sporadisch unternommene Wiederansiedlung. Mit Sicherheit haben seit fünfzig Jahren immer wieder provenzalische und iberische Juden gewagt, nach Frankreich einzuwandern; auch solche aus der Gegend von Avignon, die nie geradezu vertrieben wurden aus Carpentras, aus Cavaillon oder L'Isle-sur-la-Sorgue, sich jedoch vom großen benachbarten Königreich anlocken ließen. Jetzt, 1550, geht die Einladung des Königs an die, die man noch für zwei Jahrhunderte »Neuchristen« nennt oder generell einfach »Portugiesen«. Denn die Mehrzahl der Flüchtlinge kommt aus Lissabon und Porto, aber auch aus spanischen Hafenstädten, oder von jenseits der Pyrenäen aus Pamplona, Saragossa, Huesca und Lérida nach Frankreich, wo es keine Inquisition gibt und kein Gesetz über die »Reinheit des Blutes«.

Hier die Erklärung Heinrichs II.:

»... den genannten Portugiesen oder neuen Christen erwuchs der besondere Wunsch, und er verstärkt sich von Tag zu Tag, in dieses unser Königreich zu kommen und ihre Frauen, ihre Familien sowie ihr Geld und Gut mitzubringen, so wie es von denen, die zu uns gesandt wurden, vorgetragen worden ist. Vorausgesetzt es möge uns gefallen, ihnen Bürgerbriefe und die Zusicherung zu geben, daß sie die gleichen Privilegien erhalten, deren sich andere Fremde in unserem Königreich erfreuten und noch erfreuen. Wir lassen wissen, daß wir sehr geneigt sind, den Bitten und Forderungen genannter Portugiesen stattzugeben, sie als Leute betrachtend, deren Eifer und Neigung wir anerkennen, gleich unsern andern Untertanen in Gehorsam zu leben und sich ergeben in unseren Dienst und den der öffentlichen Sache des Königreichs zu stellen, dessen Wohlergehen sie mit ihrem Besitz, ihrem Handwerk und ihrem Fleiß fördern wollen, derweil wir gewogen sind, mit ihnen gut und huldreich zu verfahren ...«

Die neuen Christen nennen sich nicht mehr wie einst in Toledo und Saragossa, Abenamias oder Benayon, Shushan, Ardutiel, Barchilon, Sarfati ... Als Portugiesen, oder mit diesen verwechselte Spanier, heißen sie in den französischen

Städten Rodrigues, Alvares, Pereira, Mendes, Lopez, Depas, Peixotte, Fonseca oder Dacosta. Gemeinsame Sprache dieses »portugiesischen Volkes« bleibt vom 16.–18. Jahrhundert mehrheitlich Spanisch; Erlasse, Rechnungen, Testamente, Gebete, ja sogar die gedruckten Bücher sind spanisch, nicht portugiesisch geschrieben.

Schon 1550 tauchten sie in Bayonne und Bordeaux auf, den beiden Städten, die sie noch über zweihundert Jahre allen anderen vorziehen, bis im 18. Jahrhundert in jedem der zwei Häfen 1 500 bis 2 000 Juden ansässig waren. Einige wenige ließen sich in Toulouse nieder (darunter die Familie von Antoinette Lopez, der Mutter Michels de Montaigne) oder noch weiter im Norden, in Nantes, Le Havre und Paris. In der Umgebung des Arztes von Maria de Medici, Elia de Montaldo, lebten einige Sephardim in Paris, mehrheitlich aber doch Aschkenasim. Ein paar kleinere Agglomerationen im Südwesten Frankreichs nahmen ebenfalls Flüchtlinge auf: der Herr von Aspremont gab ihnen Zuflucht in Peyrehorade, der Herzog von Gramont in Bidache und Labastide-Clairance. Recht früh auch kamen Neuchristen nach Tartas, Agen und Pau.

Die »Portugiesen« finden in den großen Häfen Aufnahme, das heißt jedoch nicht, daß sie gleich zu Stadtbürgern werden. In Bordeaux bleiben sie einige Zeit im Fauxbourg des Chartrons, bevor sie sich endgültig niederlassen im mittelalterlichen Stadtteil, an der Porte d'Aquitaine nahe der Kirche Saint-Eloi, wo die Straßen aus Bayonne und Toulouse einmünden. Bayonne duldet sie nicht innerhalb der Stadtmauern, sie müssen draußen bleiben in Bourg-Saint-Esprit, am Ende der Brücke über die Adour, und zwar für immer. Im 16. Jahrhundert dürfen die Neuchristen, die allgemein als Juden gelten und auch tatsächlich sofort zu ihrem Glauben zurückkehren, ihr Judentum noch nicht offen bekennen. Ihre Namen sind in den Kirchenbüchern eingetragen, auch wenn man sie nicht zwingt, ihre Kinder zu taufen und am christlichen Kult teilzunehmen. Die Synagogen sind in Privathäusern untergebracht; erst nach 1660/80 gewährt man den Gemeinden offiziell eine Baugenehmigung. In diesen Jahren kaufen sie auch Land für Friedhöfe. Bis dahin hatte man für Juden auf christlichen Gottesäckern entlang der Mauer eine Gräberreihe reserviert. In Bayonne-Saint-Esprit, in Peyrehorade, Labastide-Clairence, Bidache und Bordeaux (wo erst 1720 von David Gradis im Viertel Saint-Jean Land für einen sephardischen Friedhof gekauft wird) beginnen sich die (jetzt echt jüdischen) Gräberfelder nach 1650/60 mit Glabplatten zu füllen, die an die ungezählten Aaron Lopes, Ribca Souza, Mordechai Mendès-France, Jacob Rodrigues-Pereire und viele andere erinnern. Die Inschriften, meist spanisch, manchmal hebräisch geschrieben, enthalten Jahreszahlen, die dem jüdischen Kalender entsprechen, ergänzt jedoch von den Daten nach christlicher Zeitrechnung (... Grab des David..., der starb am 3. von Tammus im Jahr 5408...) Die Vornamen sind jüdisch, spanisch und portugiesisch, selten französisch. So zeugen »Pedro Aaron« oder »Maria Abigail« bis über den Tod hinaus von ihrer doppelten Zugehörigkeit zu einer mehrfach determinierten Gemeinde, ist diese doch französisch, setzt sich aber aus iberischen, ausschließlich jüdischen Elementen zusammen.

Einige Jahrzehnte nachdem Frankreich den Juden erlaubte, sich frei und ohne falsche Identität niederzulassen, gestatten dies auch die Hafenstädte Nordeuropas. Man weiß zu erzählen, daß 1593 die schöne Marranin Maria Nuñez zusammen mit ihrem Bruder Manuel Lopez Pereira nach London kam, es jedoch vorzog, nicht beim Bruder zu bleiben; daß sie einen englischen Gentleman, der sie heiraten wollte, abwies, um sich in Amsterdam mit dem ebenfalls portugiesischen Juden Emmanuel Lopes Homen zu installieren, mit dem sie kurz darauf den Ehebund schloß. Nach einer anderen Überlieferung zogen Marranen aus dem »spanischen«

Antwerpen nach Norden, hielten sich zunächst in Emden auf und später in Amsterdam. Doch wie dem auch sei: 1610–20 entstand eine jüdische Gemeinde in London, offiziell zugelassen wurde sie zwar erst fünfzig Jahre später, sie existierte jedoch seit der Zeit von Elisabeth I., deren Arzt, Rodrigo Lopez, ein Marrane war (seine Angehörigen lebten als heimliche Juden in Venedig). Auf Amsterdam, die typischste unter den jüdischen Städten im Westen, werden wir noch zurückkommen. Aber auch in die Neue Welt folgten bereits kleine jüdische Gruppen den englischen und holländischen Siedlern. Schon um 1500 gab es Marranen in »Neu-Spanien« und Brasilien. Nun, im 17. Jahrhundert, treffen Sephardim als erklärte Juden, nach einer Etappe an der Nordsee, in Neu Amsterdam (New York), Newport, Philadelphia, Savannah und Charleston ein. Sie leben auch in Curaçao auf den Antillen, wo der sephardische Friedhof noch heute beredtes Zeugnis vom jüdischen Dasein in den Tropen ablegt, dann in Surinam, in niederländisch Guyana und Brasilien, wo Aboab de Fonseca aus Amsterdam 1660 in der Gemeinde von Recife zum Rabbi gewählt wird.

Nahe der Stadtmauer von Bordeaux, an den Toren von Bayonne, werden aus den »Portugiesen«, die man 1550 »Neuchristen« nannte, nach königlichem Dekret sukzessive »die Spanier und Portugiesen von Bordeaux« (1574), schon 1776 »die portugiesische Händler genannten Juden« (ein bemerkenswerter Fortschritt), 1790 dann »die portugiesisch, spanisch und avignonesisch genannten Juden«, 1791 schließlich schlicht »die Juden«.

Auch im französischen Königreich bringt eben die Rückgewinnung der jüdischen Identität einige Schwierigkeiten, insbesondere in Bayonne. Inoffiziell steht es Juden frei, ihr gemeinschaftliches Leben zu bestimmen: Rabbiner werden ernannt, der Rat der Parnassim waltet seines Amtes und wird von der Gemeinde oder nach dem System der Kooptation gewählt. Wie schon in Spanien gibt der Vorstand seine

Anordnungen (die *Askamot*) heraus und verfügt den Ausschluß unerwünschter Brüder (Cherem). Betroffene appelieren oft über den Verwalter beim königlichen Rat, der im allgemeinen zu ihren Gunsten interveniert (auf diesem Weg rettet sich ein gewisser Jacob Levi 1740 in Bayonne-Saint-Esprit vor der Exkommunikation). Chasan, Mohel, Gabbai und Schochet dürfen ihre speziellen Aufgaben ungehindert wahrnehmen. Offiziell jedoch bleiben die Juden noch sehr lang »Neuchristen«. Noch 1764 (in Bordeaux leben sie bereits mitten in der Stadt und gehen ungestört ihren Beschäftigungen nach) verbreitet der Stadtrat von Bayonne-Saint-Esprit, Juden würden kleine, christliche Dienstboten verführen, die Geldleihe auf schamlose Art betreiben und seien generell jeder Untat fähig. In bezug auf Wuchergeschäfte heißt es:

»... Schließlich ist es eine so allgemein bei ihnen verbreitete Unsitte, daß sie gar keine andern Arten von Verleih mehr kennen, und der Zinssatz, den sie fordern, ist überhaupt nicht festgelegt, er richtet sich nach dem Bedürfnis derer, die leihen...«

Solche Wesen kann man nicht als vollwertige Bürger betrachten! Den Verwaltern kommen gleichzeitig Klagen von Priestern zu Ohren, daß jüdische Friedhöfe sich unmäßig ausdehnten, daß der Gesang in den Synagogen die Gebete in den benachbarten Kirchen übertöne, weiter, daß die Juden am Tag von Sukkot mit ihren Palmen die Straßen verstopfen, daß der jüdische Maler in Saint-Esprit gesehen wurde, wie er an einem Sonntag seine Landschaften pinselte und Porträts malte!
Doch 1764/65 erhalten die Juden von Bayonne im Kampf gegen diese sogenannten christlichen Angriffe die Unterstützung des Marschalls von Richelieu und des Verwalters der Provinz Navarra-Béarn-Auch, d'Etigny. Die beiden setzen

das Regionalparlament von Navarra unter Druck, bis es den jüdischen Tuchhändlern gestattet, ihre Tätigkeit ungehindert in der ganzen Stadt Pau auszuüben; und beim Rat von Bayonne erreichen sie, daß er den Juden von Saint-Esprit die Tore der Stadt öffnet. Nun können sich die Tuch- und Kleinhändler (von Schokolade vor allem) zusammen mit den begehrtesten Tanzlehrern der Gesellschaft von Bayonne in der Stadt niederlassen. Dazu hat ihnen auch folgende Bittschrift ihres Rates verholfen:

»... Kurz gesagt, entscheidend in diesem Fall ist, daß die Juden des Fauxbourg Saint-Esprit Fremde wären und Kleinhandel in Bayonne treiben könnten, ohne zur Korporation zu gehören, wie so viele andere Fremde, die Läden mit allen möglichen Spezereien führen. Sie sind jedoch königliche Untertanen; sie sind Franzosen; sie sind Bürger von Bayonne, so wie die Bewohner des Fauxbourg des Chartrons von Bordeaux. Glücklicherweise haben die einen wie die andern in dieser Sache den unparteiischsten aller Könige zum Richter: Deshalb erwarten die Juden vertrauensvoll die gerechte Entscheidung über ihr Schicksal und Glück aus seinem Munde...«

In den Synagogen dürfen sie singen, sie besitzen ihren Friedhof, sind frei, zu lesen und nach Wunsch Bücher zu drucken (der hebräische und spanisch-jüdische Buchdruck ist ein besonderes Abenteuer, dem wir uns noch widmen werden), sie sind frei, nach ihren Religionen und deren Geboten zu leben, sie bilden noch immer ein eigenes »Volk« mit eigenen Verantwortlichen und Sachwaltern, wie etwa der außerordentlich bemerkenswerte Jacob Rodrigues-Pereire, der um 1770/80 Augenarzt war in Bordeaux. Schließlich wird den Juden des Südwestens 1765–70 auch das Leben in den Städten offiziell gestattet – was ja in Bordeaux bereits Gewohnheitsrecht geworden war, während sich Bayonne noch lang dagegen sträubte.

Nun bringt im letzten Drittel des 18. Jahrhunderts eine Reihe rasch aufeinanderfolgender Ereignisse die Aufnahme ins französische Bürgerrecht. 1777 erteilt Ludwig XVI. offiziell allen Juden Frankreichs das Recht, sich niederzulassen wo es ihnen gefällt. 1780 beauftragt er seinen Minister Malesherbes, sich mit der »Judenfrage« zu befassen, das heißt, jenes große Problem der vollen Anerkennung der Juden als Franzosen zu lösen. Der Verwalter der Provinz Guyenne, Dupré Saint-Maur, und Mose de Samuel Gradis aus einer der angesehensten Familien des »portugiesischen Volkes« von Bordeaux sollen ihn dabei unterstützen. Eine Kommission aus acht französischen Juden, darunter solche aus Bordeaux und aus Bayonne, stellt einen Katalog der gesellschaftlichen und beruflichen Forderungen zusammen. 1788 wäre die Sache praktisch abgeschlossen. Doch das Ereignis, das 1789 vor allen andern Vorrang hat, ist die Versammlung der Generalstaaten. Artikel 26 der Statuten garantiert den Juden ein konstitutives Mitspracherecht; nun wählen die Israeliten Frankreichs zum ersten Mal eigene Abgeordnete, die sie im dritten Stand in Versailles vertreten sollen.

In der Gemeinde von Bordeaux läuft die Wahl problemlos; Gradis, Furtado, Azevedo werden zur Versammlung abgeordnet. Den Juden von Bayonne hingegen fällt es nicht leicht, ihr Recht bei der übrigen Bevölkerung durchzusetzen (von Anfang an und bis ans Ende des Ancien Régime scheinen die Bürger Bayonnes anzukämpfen gegen die Leute jenseits der Brücke). Mit Hilfe des Seneschalls d'Albret, der großen Einfluß hat in die Gegend von Bourg-Saint-Esprit, gestattet man ihnen schließlich ihre vier Deputierten: Jacob Silveyra, den »jungen Furtado«, Benjamin Taveres und Mardochai Lopez Fonseca. Die in Frankreich lebenden »Avignonesen« stellen ihre eigenen Kandidaten: David Astruc und Salom. In Versailles und Paris sitzen diese französischen Juden mit ihren so portugiesisch klingenden Namen, die unter sich immer noch gern spanisch

sprechen neben denen des Nordens, aus Lothringen, Paris, dem Elsaß (das 1648 französisch wurde) und Avignon (die Grafschaft aus päpstlichem Besitz wird 1791 annektiert). Gleich zu beginn der Verhandlungen tritt Cerf Berr aus Colmar als Hauptsprecher der Juden auf und koordiniert die Interessen und Forderungen seiner Religionsbrüder. Aber am meisten scheint doch Jacob Silveyra aus Bayonne die Herzen der Reformfreudigen in dieser Versammlung anzurühren. Am 1. Januar 1790 richtet er eine Adresse »an die Nationalversammlung, unterbreitet vom Deputierten der spanischen und portugiesischen Juden, die in Bourg-Saint- Esprit leben«. Er hebt die guten Eigenschaften seines jüdischen Volkes hervor und weist auf die große Zeit der Sephardim vor 1492 hin, als sie so erfolgreich den spanischen Königen dienten. Wird die französische Regierung, aufgeklärt wie sie ist, solch sichere und erprobte Werte links liegen lassen?
Der Erfolg bleibt (auch dank dieses Exposés eines romantischen Historikers über das mittelalterliche Spanien) nicht aus. Am 28. Januar 1790 erhalten die Sephardim als erste das aktive Bürgerrecht; dann, am 27. September 1791 werden allen Juden Frankreichs sämtliche bürgerlichen Rechte gewährt. Bald schon gibt es jüdische Bürgermeister; den Anfang macht in Bayonne David Pereyra-Suares.

Amsterdam, das »dutch Jerusalem« (Cecil Roth)

In der großen Hafenstadt besteht eine jüdische Gemeinde seit 1593 oder 1604 oder 1610 (je nachdem, welche der schönen Entstehungsgeschichten aus dem frühen 17. Jahrhundert man wählt). In dieser Zeit erkämpfen sich die Vereinigten Niederlande die Unabhängigkeit; sie gelangen zu Reichtum und lernen Toleranz. Wilhelm der Schweigsame erlöst sein Land von der spanischen Herrschaft; Philipp II. muß sich 1609 der Revolte seiner nördlichen Provinzen beugen und ihnen 1648 den Status eines unabhängigen Staates zugestehen. Über Rechte und Freiheit der Völkerscharen, die schon im 16. Jahrhundert von überall her zu den niederländischen Rebellen stießen, wacht von jetzt an das Haus Oranien-Nassau.

Allen Christen, seien sie Protestanten oder Katholiken gegenreformatorischer Tendenz, und den Juden, die aus Süden und Westen herbeiströmen, wird volle Religionsfreiheit zugesichert, insbesondere auch das Recht, sich zu äußern. Die ersten portugiesischen Juden, die 1604 (oder 1610) in Amsterdam landen, wählen als Rabbi einen Aschkenasi, Mose Uri ha-Levi, der aus Emden kam und zweifellos aus dem Rheinland stammt. Wie ihre Brüder in Bordeaux und Bayonne kehren die Israeliten nach der Niederlassung in Amsterdam offen zu ihrer Religion zurück. Auch die jüdisch klingenden Namen, jedenfalls die Vornamen, nehmen sie wieder an (so finden zum Beispiel die Abravanel zu ihrem Familiennamen und zur vor mehr als einem Jahrhundert in Portugal aufgegebenen Identität zurück). Sie lernen wieder Hebräisch, Synagogen werden gebaut, Friedhöfe angelegt, Gemeinden zusammengeschlossen.

Die erste Gruppe von Flüchtlingen versammelt sich nach 1604/10 zum Gebet in einem Privathaus; es ist das von Jacob Tirado, darum gibt sich die Gemeinde den Namen »Beit-Jacob« (Haus des Jacob). Ihr Führer ist ein Immigrant aus Marokko, Samuel Palache, der gleichzeitig seine alte Heimat in den Vereinigten Niederlanden als Botschafter vertritt, was sehr selten vorkommt. Dieser »Sephardi« oder eben eigentlich Maghrebinier (doch wer weiß, ob er nicht von echten Sephardim abstammt) ist bei ihrer Ankunft in Amsterdam all jenen »Portugiesen« behilflich, die von 1600 bis 1620 in großer Zahl der Iberischen Halbinsel, Madeira, die Azoren, die marokkanischen Kolonien und Antwerpen verlassen, um zu den Häfen im Norden zu segeln.

In kürzester Zeit kommen in Amsterdam 6–8 000 Juden zusammen, so daß zuerst 1608, dann 1619 je eine neue Gemeinde gegründet wird: »Neve Schalom«, geleitet von Isaak Uziel (einem weiteren Marokkaner aus Fez), und »Beit Israel« unter Joseph Pardo aus Saloniki, der 1589 nach Venedig und 1608 nach Amsterdam emigrierte (ein Enkel gleichen Namens führt die 1639 vereinigen sich diese drei mehr oder weniger »orthodoxen«, unterschiedlichen Gruppen zu einer einzigen Gemeinschaft, die stark von ihrem venezianischen Vorbild geprägte »Heilige Versammlung der Toralehre« oder *Kahal Kadosh Talmud Tora* (allgemein als K.K.T.T. bekannt).

Etwa zur gleichen Zeit organisiert sich die weniger zahlreiche, aber auf ihre Eigenständigkeit bedachte aschkenasische Gemeinde. Mit diesen Brüdern aus Zentraleuropa wollen und können sich die Sephardim jedoch nicht zusammenschließen; allein schon die andersartigen Rituale hindern sie daran, dann die portugiesische Sprache, in der noch bis in die Neuzeit die Gebete gesprochen und die Urteile und Askamot des *Bet Din* (des Gerichtskollegiums) verfaßt werden. Das reine, zu einer Art Identifikations- und Verbindungssprache gewordene Portugiesisch muß mit der Zeit allerdings mehr und mehr dem Spanischen weichen, der Sprache der Gebildeten. Man findet sie auf gewissen Grabplatten, und sie ist ebenso Umgangssprache wie das Niederländische. Im Jahr 1675 wird eine sephardische Synagoge eingeweiht, eines der schönsten Beispiele barocker Synagogen Baukunst, wie man sie, etwas bescheidener, auch von Cavaillon und Bayonne kennt.

Eine der vordringlichsten Aufgaben der K. K. gilt der Erfassung jener Juden, die rings um die iberische Halbinsel und bis zum Baltikum mit den Schwierigkeiten der Diaspora zu kämpfen haben. Joseph Pardo gründet 1615 die *Santa Companhia de dotar orfàs e donzelas pobres* (Gesellschaft zur Unterstützung von Waisen und armen Jungfrauen), von

Saint-Jean-de-Luz bis Danzig. Aus allen westlichen Gemeinden fließen laufend Beiträge in allen möglichen Währungen, gespeist aus Sammlungen und Legaten, nach Amsterdam, wo sie vom Rat der Parnassim aufgrund seiner Informationen verteilt werden unter die Bedürftigsten. In Venedig hatte man schon früher an eine internationale Hilfsorganisation dieser Art gedacht; Joseph Pardo übernahm die Idee in Amsterdam, wie er im einführenden Text der Gründungsurkunde (portugiesisch) festhält:

»...*Gesellschaft von Portugiesen, entstanden mit göttlichem Beistand, um Waisen und arme Jungfrauen portugiesischer und kastilischer Herkunft zu verheiraten, die von Saint-Jean-de-Luz bis Danzig beheimatet sind, sowie andere in Frankreich, Flandern, England und Deutschland... Gegründet vom Rabbiner Rabbi Joseph Pardo, in Nachahmung der Brüderschaft der Waisen der Gemeinde Talmud-Tora in Venedig und auf Ersuchen von Jacob Coronel in Hamburg, zur höchsten Ehre Gottes, Er sei gelobt...*«

Amsterdam unterstützt die Bedürftigen und nimmt sich der Flüchtlinge an. Darüber hinaus muß aber auch jenen »Portugiesen«, die nach hundert, hundertfünfzig, zweihundert Jahren das Leben der Marranen aufgeben, ihre Religion neu erklärt oder wieder in Erinnerung gerufen werden: Jene ewigen Normen ihres Glaubens, den sie im »niederländischen Jerusalem« wiederfinden, bevor sie weiterziehen ins Jerusalem des Gelobten Landes, wie alle gern versprechen. Jacob Tirado, der erste Rabbi, reist tatsächlich, aber seine Nachfolger im 17. Jahrhundert sehen das jüdische Leben in der Diaspora vornehmlich als eine Zeit, in der man sich die Verdienste erwerben kann, die notwendig sind, um auf die Ankunft des Messias vorbereitet zu sein.

Amsterdam druckt auch Bücher, wiederum dem Vorbild Venedigs und anderer italienischer und orientalischer Zentren folgend, um die Heilige Schrift und die verschiedenen jüdischen Werke einem breiten Publikum bekannt zu machen. Sie werden natürlich hebräisch herausgegeben, aber auch spanisch, denn das Spanische bleibt die »Verkehrssprache« aller Sephardim von London bis Izmir. Einige Rabbiner, die sich ihrer Mission besonders bewußt sind, etablieren eigene Druckereien. So schon 1627 Menasse ben Israel, der in seiner »Soeiro-Presse« zahlreiche Nachfolger hat, dann, bis 1714, Josef Athias und seine Familie und David de Castro Tartas.

1637 gründen Rabbiner und Notabeln, zum Teil von den in der ganzen Welt verbreiteten Jesuitenschulen beeinflußt, die hebräische Universität *Ez Chajim*, »Lebensbaum«. Die Professoren unterrichten Hebräisch und jüdische Literatur in all ihren Erscheinungsformen; die Studenten lernen zusätzlich mit einem Hilfslehrer oder Repetitor. Stipendien und Saläre fließen aus den Kassen der K. K. und aus internationalen Kollekten zusammen, so daß es weder an Studienplätzen fehlt, noch an Büchern mangelt in der großen Bibliothek von Ez Chajim (die noch heute als eine sehr große jüdische Bibliothek neben der ihr benachbarten Rosenthaliana frequentiert wird). Die jungen Rabbiner, die hervorgehen aus diesem Seminar, werden in die gesamte jüdische Welt entsandt.

Doch Amsterdam ist im 17. Jahrhundert nicht nur ein weithin ausstrahlendes Zentrum jüdischer Lehre, sondern auch eigenständiger Mittelpunkt des literarischen Lebens – eines vorwiegend sephardisch bestimmten Lebens, möchte man hinzufügen, angesichts der Namen der größten Gelehrten Amsterdams, die oft Rabbiner und gleichzeitig Dichter und Ärzte waren: Jacob Sasportas, Abraham Zacuto »Lusitanus«, Ephraim Bueno, Abraham Cohen Herrera, ein Kabbalist, Enrique Gomez, Isaak Orobio de Castro und Daniel Levi de Barrios. Von Rembrandt sind uns Porträts übermittelt von einigen dieser Juden, die in der Nähe seines Ateliers wohnten. Ein paar Figuren überragen die große Menge der Schriftsteller und Denker, die spanische Werke verfaßten, alle tragen sie jedoch gemeinsam zum Verständnis der Persönlichkeit Spinozas bei.

Da wäre zunächst der 1585 in Portugal geborene Uriel Da Costa,* der sich 1642 in Amsterdam das Leben nimmt; er konnte weder zur Orthodoxie, noch zur Gewißheit im Glauben finden. Sogar die Unsterblichkeit der Seele verwirft er, und sucht schon in seinem *Exemplar Humanae Vitae* nach einem Naturgesetz, das jeden Gläubigen zu befriedigen vermöchte.

Sein Zeitgenosse Saul Levi Morteira (1599 – 1660) wird in Venedig geboren und hält sich in Paris auf, bevor er sich in Amsterdam den Schulen und Ez Chajim widmet. Er kennt das Christentum und bedient sich seiner, um es zu verurteilen. Er leugnet nicht die irdische Existenz von Christus, liest auch das Neue Testament, weist aber die Botschaft der neuen Religion als die Negation der Israels zurück. Indem er den Werdegang der Gemeinde von Neu-Amsterdam in der Neuen Welt zum Thema nimmt, greift er in *Providencia de Dios con Israel y verdad de la ley de Mosheh* (Göttliche Vorsehung für Israel und Wahrheit des mosaischen Gesetzes) die christliche Askese an. Er verherrlicht die Freude und die Befriedigung des Geistes, beides notwendige Voraussetzungen, wenn Gott im Menschen wirken soll. Weder sein progressives Denken, noch seine Suche nach einer universellen Religion, die auf Spinoza hinweist, hindern ihn jedoch daran, im Bet-Din zu sitzen, der dessen Exkommunikation beschließt.

Menasse ben Israel, auch Manoel Dias Soeiro genannt, kommt 1604 in Madeira zur Welt, schon in der Jugend flüchtet er nach einer »Befragung« des Vaters vor dem Inquisitionstribunal mit den Eltern nach Amsterdam. Dort

---

* auch Uriel Acosta oder Gabriel Da Costa

wird er Schüler und 1622 Nachfolger von Rabbi Isaac Uziel. Nach der Heirat mit einer Tochter des Hauses Abravanel, gründet er 1627 seine eigene Druckerei und verbringt den größten Teil seines Lebens mit Schreiben, Bücher Verlegen und Unterrichten. 1656 gehen ihm die Mittel aus und er versucht, in London Fuß zu fassen, stirbt aber 1657 in Middleburgh. Seinem Wunsch entsprechend hat man ihn in Amsterdam, bei seiner großen Familie portugiesischer Juden beigesetzt; Schüler ließen auf den Grabstein meißeln:

> *No murió por que en Cielo*
> *Vive con suprema gloria*
> *Y su pluma a su memoria*
> *Immortal dexa en el suelo.*

Er ist nicht gestorben, denn im Himmel / lebt er weiter mit höchstem Ruhm / Und seine Feder zu seinem Andenken / bleibt unsterblich auf der Erde.

In London hatte er sich an Cromwell gewandt, mit der Bitte, die seit einem halben Jahrhundert in der Hauptstadt ansässige »jüdische Nation« offiziell anzuerkennen. Cromwell ging nicht gleich darauf ein, hinderte ihn aber in keiner Weise daran, sich zu äußern und in den ersten Londoner Kreisen zu verkehren. Menasse schrieb unterdessen, um der anglikanischen oder »papistischen« oder rassistischen Opposition zu begegnen, den lateinischen Essay *Vindiciae Judaeorum*. Den Brief an Cromwell hatte er übrigens französisch verfaßt, er kannte zwar verschiedene Sprachen, nicht aber die englische.

»... Das erste, worum ich Eure Hoheit bitte, ist daß unsere jüdische Nation in dieser mächtigen Republik aufgenommen und anerkannt werde, unter dem Schutz und Schirm Eurer Hoheit, wie richtige Bürger ...

...Daß es Eurer Hoheit gefallen möge, uns öffentliche Synagogen zu gestatten ...
...Daß wir einen Ort als Friedhof außerhalb der Stadt erhalten könnten ...«

Er ist einer der scharfsinnigsten Philosophen und Theologen seiner Generation, der Stellung nimmt zu Fragen der Prädestination und der Freiheit, zur Wahl des Menschen angesichts der Sünde und der Heiligkeit oder zur Lenkung menschlichen Denkens durch Gott; wobei er stets der jüdischen Theologie leidenschaftlich verhaftet bleibt. Er beweist große Neugier für die Kabbala und das spanische Denken allgemein, gleichzeitig aber sind seine Folgerungen, in genauer Kenntnis der biblischen Texte, streng traditionalistisch orientiert. Gern schreibt er lateinisch (1639 *De termino vitae*, 1652 *De immortalitate animae libri quatuor*), noch lieber aber gibt er seine Bücher spanisch heraus. Von den zahlreichen Titeln, die bereits etwas von seiner großen Sicherheit und Überzeugung verraten, sind folgende besonders wichtig: *De la resurrection de los muertos* (Von der Auferstehung der Toten) 1636; *De la fragilidad humana y inclinacion del hombre al pecado* (Von menschlicher Schwäche und der Neigung zur Sünde) 1642; und *Esperança de Israel* (Hoffnung auf Israel) 1650. Menasse kennt auch die christliche Literatur und schärft seinen Schülern immer wieder ein, sich mit christlichen Autoren ebenso vertraut zu machen, wie mit den spanischen Rabbinern des 14. Jahrhunderts (insbesondere Isaak ben Sheshet). Dies kommt besonders deutlich zum Ausdruck in seinem Traktat über die Prädestination des Menschen: *De la verdad de la ley de Moseh y Providencia de Dios con su pueblo* (Über die Wahrheit des mosaischen Gesetzes und die Vorsehung Gottes für sein Volk) 1660:

»...*Dieser handelt nicht auf die eine oder andere Art, weil Gott von vornherein weiß, daß er so handeln wird, im Gegenteil, gerade weil der Mensch nach seinem eigenen Willen handelt, kennt Gott seine Taten in alle Ewigkeit. Diese Ansicht teilen Rabbi Isaak Arama, Justinus der Märtyrer, Origenes, Johannes Damascenus, Chrysostomos, Hieronymus, Augustinus und Kyrillos ...*«

»Hoffnung auf Israel« bringt in die jüdische Literatur des 17. Jahrhunderts eine gewisse Originalität, entspricht jedoch im übrigen dem sephardischen Denken in diesem großen Zeitalter messianischer Erwartung des tausendjährigen Reiches. Als Menasse erfährt, daß von Seefahrern in Amerika unbekannte Menschen entdeckt wurden, äußert er die Vermutung, es handle sich um einen der zwölf in der Diaspora verstreuten Stämme Israels. Daß sich Juden in den neuentdeckten Erdteilen niederlassen, ist für ihn ein Hinweis auf die kommende Versammlung des auserwählten Volkes; doch an einem einzigen Ort soll sich das jüdische Volk versammeln: in Jerusalem. Damit greift er die Thesen Abraham ben Esras und Juda Halevis auf, und seine »Hoffnung« mündet in einen mystisch-theologischen Zionismus:

»*... damit die Versammlung stattfinden kann, ist vorher eine Zerstreuung in alle vier Erdteile nötig;*
...Daß von allen Orten, wo immer sie sich aufhalten, die zwölf Stämme in zwei Ländern zusammenströmen, in Assyrien und in Ägypten...
...›die daherfliegen wie eine Wolke und wie Tauben nach ihren Schlägen‹. Jesaja LX, 8)«

Baruch Spinoza, der Schüler von Morteira und Menesse ben Israel, kommt 1632 in Amsterdam zur Welt. Er besucht Ez Chajim, diskutiert aber daneben auch mit Descartes und lernt Latein bei jesuitischen Freunden. Er besitzt und kennt die Werke Ibn Gabirols und Bachja ibn Pakudas, zweier Spanier des 11. Jahrhunderts und Meister der Reflexion über die Seele, die Natur, die menschliche Freiheit und das göttliche Gesetz. Alle Fragen seiner Lehre nach Entscheidungsfreiheit und Bestimmung des Menschen nimmt er auf, gibt jedoch seine ganz persönlichen Antworten, wobei er so viel wie möglich lateinisch schreibt, um sich als ein moderner Philosoph zu erweisen, und nicht so sehr als der Jude portugiesischer Herkunft, der er ist. Sein *Tractatus theologico-politicus*, sein *De intellectus emendatione* (Über die Vervollkommnung des Verstandes), dann die erst nach seinem Tod 1677 gesammelten und unter dem aristotelischen Titel »Die Ethik« herausgegebenen Schriften pochen alle auf die Freiheit seines Denkens. Sehr früh schon bringt er die sephardische Gemeinde in Aufruhr (und darüber hinaus die gesamte Welt der Gläubigen jeglicher Observanz), indem er den Wahrheitsgehalt der Heiligen Schrift sowie den prophetischen und mystischen Charakter der heiligen Texte anzweifelt. Genauso verneint er die göttliche Herkunft der Schrift und spricht damit den Theologen, in denen er lediglich Plagiatoren der großen Philosophen sieht, jegliche Originalität ab:

»... *ich gebe zu, daß sie für die tiefen Geheimnisse der Schrift nie genug Bewunderung haben zeigen können, aber ich sehe nicht, daß sie etwas anderes gelehrt hätten als die Spekulationen der Aristoteliker und Platoniker, denen sie die Schrift angepaßt haben, damit man sie nicht für Anhänger der Heiden halten möchte. Sie haben sich nicht damit zufrieden gegeben, unsinnig zu sein mit den Griechen, auch die Propheten sollten mit diesen den Wahnsinn teilen. Das zeigt klar, daß sie die Göttlichkeit der Schrift auch im Traum nicht ahnen...*«

(Nachdem er das gesagt hat, kommt Spinoza zurück auf seine eigenen Feststellungen, den Wert der Heiligen Schrift betreffend. Die Theologen zerstören diesen zwar mit ihren

Spekulationen, der Wert an sich bleibt jedoch bestehen...)
Doch Baruch Spinoza entfesselt noch leidenschaftlichere
Diskussionen, wenn er sich mit Fragen der Natur, des Menschen, befaßt – oder mit Gott (»... das absolut unendlich
Seiende, d. h. die Substanz, die aus unendlichen Attributen
besteht, von denen ein jedes ewiges und unendliches Wesen
ausdrückt.«)* Der Mensch ist imstande, eine greifbare Natur zu erkennen, die er mit Vernunft und Sinnen wahrnimmt. Er kann das, was ihm sein Verstand aufzufassen gestattet, nach eigenem Willen verändern. Er kann jedes Phänomen, das er erkennt, mit einem Teilchen von Göttlichkeit
ausstatten. Denn der Mensch ist frei, darin besteht sein
größter Triumph; und diese Freiheit nutzt er in erster Linie,
um nachzudenken, da er nur auf dieser Welt ist, um das
»wahre Gut« zu suchen. Die Frucht seines Denkens, die er
frei ist, in Frage zu stellen, ist die Entdeckung der Natur; in
dieser Natur aber weilt Gott, in einer geordneten und rationellen Natur, die der Mensch wahrnimmt, wann und wie es
ihm gefällt. Die Erfüllung, die aus dieser Freiheit des Denkens und aus der Erkenntnis der Gott-Natur erwächst, ist
die Freude. Der Mensch lebt für die Freude, denn die
Durchdringung der Natur ist die Freude. Die spanischen
Thesen des 12. Jahrhunderts, durchdacht im Lichte des Rationalismus des 16. Jahrhunderts von einem Genius wie Spinoza, mündeten schließlich in diese eminent sephardischen
Folgerungen.
Aber die Hüter jüdischer Orthodoxie können nicht zulassen, daß an der theologischen Aussagekraft jedes Bibelverses gezweifelt wird, oder daß man die Natur als eine bewundernswerte Mechanik betrachtet, ohne explizit zu sagen,
wer diese fehlerlose Ordnung geschaffen hat, daß man gar
das Göttliche in den Elementen der Natur vervielfacht und

---

* Das erste Zitat stammt aus den Vorbemerkungen zum Tractatus theologico-politicus; das zweite aus der Ethik, Teil 1, Definitionen.

damit in gefährliche Nähe des Polytheismus gerät. Spinoza wird 1656 in Amsterdam vom Bet-Din verurteilt und exkommuniziert. Er ist erst vierundzwanzig Jahre alt, aber sein Werk hat er bereits abgeschlossen. Er zieht nach Voorburg bei Den Haag und beschäftigt sich mit dem Schleifen von Linsen und Anfertigen von Brillen. Daneben arbeitet er sowohl an der Ethik, als auch am Theologisch-politischen Traktat, das 1670 anonym herauskommt. 1677 stirbt er in Den Haag. Heute wird er von neuem gelesen, von Gelehrten und Historikern, Juden und Nichtjuden. Und mittlerweile ist es möglich, den glänzendsten Vertreter der Sephardim in Amsterdam, der von seiner Zeit ebenso wenig verstanden wurde wie im 13. Jahrhundert Maimonides, in seinem unverkennbar jüdischen Denken zu rehabilitieren.

Ein jüdisches und ein westliches Leben

Die Juden von Bayonne, Bordeaux, Amsterdam, London, Surinam und New York nehmen am wirtschaftlichen Aufschwung der Welt rings um den Atlantik teil. Sie sind westliche Kaufleute, die ebenso geschickt ihre Geschäfte betreiben, wie andere Bürger ihrer Städte; sie sind ebenso gesetzestreu Untertanen Frankreichs, Englands und der Vereinigten Niederlande, wie ihre Konkurrenten und Kollegen anderer Religionen.
Um 1640/50 gehören die jüdischen Reeder in Holland zu den ersten, die den Verkehr mit »Westindien« aufnehmen. Rabbiner machen keine Ausnahme, auch sie handeln mit der Neuen Welt. Menasse ben Israel etwa ist nicht nur Geschäftspartner seines Schwagers Jonas Abravanel, sondern auch seines Bruders Ephraim in Brasilien. Dasselbe gilt für Bayonne, wo 1685 jüdische Händler von Bourgh-Saint-Esprit zusammen mit Christen die Notre-Dame-des-Neiges

besitzen, ein Frachtschiff, das zwischen Bayonne, Le Havre, Norwegen und Grönland verkehrt.

Auch aus Bordeaux wären zahlreiche, noch weit erstaunlichere Beispiele anzuführen. 1763 trifft dort die Familie Raba ein, oder richtiger, die Henriques Nuñes, Marranen aus Bragança, die, so lang es ihnen möglich war, in Portugal aushielten. Von Lissabon sind sie zunächst nach London, dem einzigen für Flüchtlinge erreichbaren Hafen gesegelt; nun lassen sie sich in Bordeaux nieder. Der Vater lebt nicht mehr, aber die Mutter hat es verstanden – einmal wurde sie allerdings mit den zwei ältesten Söhnen von der Inquisition festgenommen – ihre acht Kinder in einem geradezu heroischen Kryptojudaismus großzuziehen. Nach 1763 sorgt sie sowohl für deren Integrierung in die Gemeinde von Bordeaux, als auch für geschäftlichen Erfolg.

Die Gebrüder Raba besitzen bald schon wie die ersten Bürger von Bordeaux Pflanzungen in Haiti-Santo-Domingo und Weinberge im Bordelais. François-Benjamin kehrt 1788 zurück aus Santo Domingo, um Bordeaux, wo er Führer der jüdischen Gemeinschaft und (nach der Gründung 1809) Leiter des städtischen Konsistoriums wird, bis zu seinem Tod 1827 nicht mehr zu verlassen.

Das Schloß der Familie, im Süden der Stadt, liegt nahe beim Landsitz der Pereire, einer weiteren angesehenen Kaufmannsfamilie, auch sie Besitzer eines der exquisitesten Schlößer des 18. Jahrhunderts im Gebiet von Bordeaux. Diese Pereires (oder Pereyre oder Pereira) vertreten über mehrere Generationen hinweg die jüdische Gemeinschaft als Sachwalter bei der königlichen Regierung. 1756 bedanken sich die Juden von Bordeaux bei ihrem »Herrn« Pereyre:

»...Den bei Monsieur Mendes Vega, unserem Vorsteher, Versammelten wurde mitgeteilt, daß der Pensionär* des Königs, Monsieur Pereyre, der sich momentan in unserer Stadt

aufhält, uns in Paris Dienste geleistet hat, für die er großmütig jede Entschädigung zurückwies; und da es nicht richtig wäre, genannten Herrn weiter zu beschäftigen zum Vorteil des jüdischen Volkes, ohne ihm Zeichen unserer Dankbarkeit zu geben, sind wir zum Schluß gekommen, daß ihm für die Dauer seines Lebens eine Pension von vierhundert Pfund ausgerichtet werden soll.«

Die »Juden des Papstes« leben in Avignon oder Isle-sur-la-Sorgue recht bescheiden von Altwaren- und Kleinhandel. Im 18. Jahrhundert ziehen viele nach Bordeaux (auch nach Paris und sogar ins Elsaß), wo ein eigener Friedhof der »Avignonesen« neben dem der Sephardim (und dem der »deutschen«) liegt. Kaufleute mit Namen wie Cassin, Milhaud, Naquet, versuchen ihr Glück neben den Weinhändlern von Bordeaux und den Süßwaren- und Tuchhändlern von Bayonne. Den Juden steht das Wirtschaftsleben in allen Sparten offen, genau wie den übrigen Franzosen. Sie dürfen wieder Land und Immobilien besitzen, ein Recht, das sie seit der großen Zeit in Spanien beinahe schon vergessen hatten. Alle, die es sich leisten können, kaufen Ländereien, Weinberge, Schlösser; in Bidache wird 1733 ein Vertrag zwischen dem Herzog von Gramont und Josef Henriques de Castro über eine Pacht abgeschlossen.

In Frankreich und in den Städten des Nordens leben die Sephardim als normale Bürger ihrer Zeit, ob sie die volle Anerkennung ihrer Rechte schon besitzen oder erst anstreben. Im Bereich des westlichen Geisteslebens müssen wir an Michel de Montaigne erinnern, der Sohn der Marranin war, oder an Baruch Spinoza, mit dem ein Descartes diskutierte. Zu erwähnen wäre auch noch, aus dem England des 19. Jahrhunderts, Disraeli, einer der Mitbegründer des briti-

---

* »Pensionär« war in den Niederlanden der Titel eines Schreibers und Juristen oder »Landesadvokaten«.

schen Weltreichs, dessen Familie aus Venedig stammte. Nun sind diese Schriftsteller, Denker und Staatsmänner nicht einfach mit dem sephardischen Volk gleichzusetzen, allein schon das Verzeichnis so mancher gut dotierten Bibliothek wirft ein Licht auf durchaus normale Verhältnisse. Ein Geschäftsmann aus Bayonne etwa, Aaron Colace der Ältere, besaß als er 1783 starb niederländische und spanische Bücher der hebräischen Wissensgebiete, eine spanische Übersetzung des *Rabenu Moise de Egypto* (Maimonides); vor allem aber auch 192 französische und lateinische Werke der Geschichte, der Philosophie, verschiedener Wissenschaften und der Literatur, darunter die Metamorphosen des Ovid und die Essays Montaignes. Aaron war ein französischer Bücherliebhaber, wie unzählige andere im 18. Jahrhundert.

Doch diese Sephardim, die Bürger wurden von Bayonne oder Bordeaux, die Sephardim in Amsterdam, in London, sie bleiben vor allem andern Juden, die eng zusammengeschlossen sind in einer riesigen Gemeinschaft. Ob aus Bidache, ob aus London, in Amsterdam weiß man von allen, und man hilft der gesamten jüdisch-atlantischen Welt, sei es mit wohltätigen Werken oder mit Hilfen zu Lehre und Ausbildung.

Testamentarisch bestimmen die Männer in Bordeaux und Bayonne welcher Teil ihres Geldes den Bettlern zukommen soll, die nach Jerusalem gehen, wieviel für die Städte Hebron und Safed, wieviel für die Waisen der Brüderschaft »Dotar« in Amsterdam selbst reserviert sei oder für die Armen der polnischen Gemeinden, von deren Misere und Verfolgung man im 18. Jahrhundert in Bayonne sehr wohl weiß.

Den Rabbinern des Heiligen Landes liegt es wiederum am Herzen, diese Brüder im Westen zu besuchen, von Jerusalem zu erzählen, und um Unterstützung zu bitten. Josef Falcon, der von Jerusalem nach Bordeaux kommt, wird zum Rabbiner ernannt, lebt und stirbt (1738) in der Gemeinde und ist auf dem sephardischen Friedhof beigesetzt. Prediger aus Jerusalem oder Hebron reisen bis Newport, Boston oder Curaçao: Josef Carigal zum Beispiel, wirkt von 1760–77 nach einem Aufenthalt in Amsterdam und London auch in Newport Rhode Island, schließlich stirbt er auf der Insel Barbados. Am bekanntesten wurden in Frankreich die Reisen des Rabbi Chajim Isaak ben David Azulai (Hida) 1755 und 1777 (als er von Louis XVI. in Versailles empfangen wurde). Der Besuch von 1755 scheint ein einziges Fest zu seiner Ehre mit Triumphzügen und Segnungen in Bayonne und Bordeaux. Von England kommend, geht er in Blaye an Land und fährt am 5. August 1755 auf der Garonne nordwärts. So erzählt es Hida selbst in seinen hebräischen Aufzeichnungen:

»... Wir bestiegen ein Schiff und fuhren den Fluß hinauf. Fünf Stunden später waren wir in Bordeaux. Ich fragte mich, wie ich wohl in die Stadt gelangen und wohin ich mich wenden würde. Da entdeckte ich ganz in der Nähe eine Sänfte, und als wir uns dem Ufer näherten, rief man mich an. Ich stieg aus, worauf man mich Platz nehmen ließ in der Sänfte. Würdenträger der Gemeinde folgten zu Fuß. Ich dankte dem Barmherzigen; er richtet den Schwachen wieder auf, um ihn unter die Großen zu stellen, wie ein Erhöhter. Darum werde ich den loben, der so Wunderbares vollbringt. Er hat die Gemeindevorsteher dazu bewogen, mir große Ehre widerfahren zu lassen. Sämtliche hochgestellten Persönlichkeiten und alle Führer der Gemeinde klopften an meine Tür bis Mitternacht, sie ließen mich nicht einen Augenblick allein, während meines ganzen Aufenthalts...«

1777 empfängt man ihn weniger herzlich; er selbst verweigert eine gemeinsame Mahlzeit bei den Notabeln und wirft ihnen vor, das *Kaschrut* (das Koscher-Wesen) vergessen zu haben. Die Gemeinde beschuldigt ihn ihrerseits, zuviel

Geld für vorgeschützte Bedürfnisse in den Städten des Heiligen Landes zu verlangen. Das Klima dieses zweiten Besuches ist spürbar in Hidas ebenfalls hebräischem Bericht vom 24. September 1777, den er in Bayonne verbrachte:

»... man begann zu schwatzen, ich hätte die Herren nicht aufgesucht, und ein Übelmeinender erklärte: ›Ich werde nicht zum Emissär gehen, bevor er seine Pflicht getan hat.‹ Unverzüglich besuchte ich Herrn Julian, einen der Führer der Heiligen Gemeinschaft; er gab mir offen zu verstehen, alle Atteste seien eine einzige Lüge, worauf ich ihm nach seiner Art mit Vorsicht antwortete. Anschließend ging ich dann zu allen. Da hörte ich, daß mein Aufenthalt für sie eine Belastung sei, da sie meine Unterbringung bezahlen müßten. Einer, der vor allem so redete, war Señor Benjamin Louis, ein Vorsteher der Gemeinde und einer der reichsten, ein äußerst verworfener und schlauer Mensch: Es würde sowohl an Mitteln, als auch an Spendern fehlen für meinen Aufenthalt und meine Mission ... Gott möge sie bereuen lassen! Ich wurde krank darob – auf daß die Hilfe Israels sie erlöse – denn Gott fürchten sie nicht mehr. Die ganze Woche fühle ich mich schlecht, möge der Herr mir eine völlige Wiederherstellung gewähren.«

In den folgenden Tagen scharen sich jedoch die Notabeln wieder um den Rabbi Chajim und stellen ihm »philosophische, die Seelen betreffende Fragen«, wie er selbst diese Zusammenkünfte nach bester sephardischer Tradition charakterisiert, und »der Herr verlieh mir die geeignete Sprache, sie zu befriedigen«. Debattiert wird spanisch, zwar schreibt Azulai seine Erinnerungen hebräisch, aber die Umgangssprache in der gesamten sephardischen Welt, in Orient und Okzident, ist Spaniolisch.

Für diese Juden der Atlantikküste ist es offensichtlich wichtig, ihre Söhne von dem Juden aus Hebron segnen zu lassen, seine Predigten zu hören und über ihn am geistigen Leben des gelobten Landes teilzuhaben; denn man hofft noch immer, einmal zurückzukehren, und wäre es nur in einem zukünftigen Dasein.

Auch noch Mitte des 18. Jahrhunderts segeln Juden aus Bayonne und Bordeaux zu den iberischen Häfen; sie bezeichnen diese apostolischen Abstecher offiziell als ganz gewöhnliche Geschäftsreisen. Werden sie per Zufall von einem spanischen Schiff kontrolliert, das auf Piraten lauert, passiert ihnen gar nichts.

Sie tragen Atteste bei sich, daß sie beschnittene Juden einer anerkannten französischen Gemeinde sind: Schlimmstenfalls würde Frankreich sie loskaufen und nicht der Inquisition überlassen. Jede Proselytenwerbung ist ihnen zwar verboten, aber sie zögern nicht, das Risiko auf sich zu nehmen, hebräische Schriftrollen in ihrem Hut zu verstecken, um sie ihren Brüdern, den heimlichen Juden von La Coruna oder Porto zu bringen. Sephardim bleiben sie schon aufgrund ihrer Anhänglichkeit an das Herkunftsland Spanien, an dessen Sprache und an die überall verstreuten Familien, die betreut und neu zusammengeführt werden von internationalen Brüderschaften; sie bleiben es auch, wenn sie als Kellermeister im Bordelais leben oder in Amsterdam philosophische Traktate in lateinischer Sprache drucken. Die gleiche Gespaltenheit läßt sich in diesen Jahrhunderten auch bei den Sephardim im Orient beobachten.

Fünftes Kapitel

DIE SEPHARDIM IM MITTELMEERRAUM

Die, die aus Spanien, Deutschland, Ungarn und Böhmen kamen, brachten den Kindern ihre Muttersprache bei, und die Kinder lernten die Sprache der Völker, mit denen sie verkehren mußten, sei es Griechisch, Slawisch, Türkisch, Arabisch oder Italienisch... Die Juden in der Türkei können sich im allgemeinen in vier oder fünf verschiedenen Sprachen verständigen: Und es gibt deren viele, die zehn oder zwölf davon sprechen. Sie haben sich im ganzen Land, in dem der Türke herrscht, so stark vermehrt, daß es weder Stadt noch Dorf gibt, wo sie nicht wohnen und ständig noch mehr werden. So kennen sie denn alle Sprachen, was uns äußerst dienlich war, nicht nur, weil sie für uns übersetzten, sondern auch weil sie uns erzählten, wie es zu und her geht in jenem Land...«

Diese Beschreibung der Juden in der Türkei stammt aus den »Observations des singularités« (Beobachtungen der Merkwürdigkeiten) des Reisenden Belon du Mans aus dem Jahr 1553. Spätere Besucher des Vorderen Orients äußern sich immer wieder ebenso anerkennend wie er; zum Glück gibt es überall im Mittelmeerraum Juden und sie sprechen sämtliche Sprachen! Ohne sie wäre keine dieser Reisen, wäre keinerlei Handel möglich. Daß die aus Spanien vertriebenen Juden ihre Sprache und ihre spanischen Sitten beibehielten, ist allgemein Grund zur Verwunderung. Der Elsässer Elie Scheid, von Baron Edmond de Rothschild 1883 nach Palästina geschickt, um die »jüdischen Kolonien« zu inspizieren, beschreibt in seinen Erinnerungen die Sephardim von Izmir:

»... Was mich nun wirklich erstaunt hat, ist daß diese Juden unter sich Spanisch sprechen. Immerhin sind doch vier Jahrhunderte vergangen seit sie Spanien verließen. Eigentlich hätten sie diesem Land gegenüber einen tödlichen Haß empfinden und vor allem die dort gesprochene Sprache vergessen sollen. Aber nein, sie ist das erste, was man den Kindern beibringt! In Smyrna gibt es sogar eine Wochenzeitung, die spanisch herauskommt, in hebräischer Schrift. Wenn jene Barbaren, die 1496 diese Untat begingen, irgendwie hätten erfahren können, was nach ihrem Ableben passiert ist, dann hätten sie erkannt, daß die ausgewiesenen Juden Patrioten waren, denn sie fuhren fort, ihre angestammte Muttersprache zu sprechen, und daß ihr Exodus Spanien wenig Glück brachte.«

So wie die Juden in Amsterdam noch portugiesisch, die in Bordeaux noch spanisch sprechen, so bleiben die iberischen Sprachen auch für die 1492 in den Mittelmeerraum emigrierten Juden und die in den darauffolgenden Jahrzehnten nachkommenden Marranen die bevorzugten Idiome. Während in den Häfen des Atlantiks von Bayonne bis Amsterdam »Portugiesen« leben, überzieht eine entsprechende sephardische Diaspora auch die Mittelmeerländer.
Unter dem Druck des erwachenden Nationalismus verändert sich die politische Karte dieser Region zwischen 16. und 19. Jahrhundert. In Italien - lang nur geographisch ein Begriff – pflegte jeder Stadtstaat, jedes Fürstentum seine Unabhängigkeit und wetteiferte mit den andern im Bereich von Kunst und Kultur. Erst im 19. Jahrhundert entsteht ein mit Krieg und Revolutionen erkämpftes geeintes Königreich. Genau umgekehrt auf der andern Seite der Adria, wo sich das Reich der Osmanen explosionsartig ausbreitet und Italien für lange Zeit gegenübersteht. Im 16. und 17. Jahrhundert ein glänzendes Imperium, das bis zu den Toren Wiens vorstößt, erlebt die »Hohe Pforte« im 18. Jahr-

hundert einen langsamen Niedergang. 1724 erhalten die Russen das Recht, über die Meerenge zu verfügen wie über ein eigenes Territorium; nach 1830 gehen den Osmanen Nordafrika und Griechenland verloren, dann die Balkanstaaten, schließlich Ägypten, das fortan von England »beschützt« wird. Nach den Balkankriegen 1912/13 erhält Griechenland Mazedonien (mit Saloniki). 1918 besitzt die Türkei nur noch Anatolien und einige kleine Reste in Europa, nachdem für Mesopotamien und Syrien-Palästina die Mandatsmacht den im ersten Weltkrieg siegreichen Frankreich beziehungsweise England übertragen worden ist.
In all diesen Ländern leben Juden; wie schon Belon du Mans sagte, gibt es »weder Stadt noch Land«, wo man sie nicht findet. Sie leben in den sehr westlichen Zentren Italiens und sie leben zusammengedrängt in den ihnen vorgeschriebenen Vierteln der orientalischen Häfen im gleichen Rhythmus wie die Nation, die sie aufgenommen hat, sei es ein italienischer Stadtstaat oder die von einem Pascha regierte osmanische Provinz, die vom Sultan mehr oder weniger kontrolliert wird. ... Von Ferrara bis Jerusalem haben die Juden in diesen Jahrhunderten seit der Renaissance nur eines gemeinsam: ihr Judentum. Es handelt sich jedoch um Juden von gleicher Herkunft, mit denselben Gebetsritualen, mit einem gemeinsamen kulturellen Erbe und der gleichen, sie verbindenen Sprache – um Juden der sephardischen Welt.

Eine immer noch westliche Zuflucht: Italien und seine Bücher

Entweder gleich 1492 oder 1501, nach der Vertreibung aus der Provence, stoßen spanische Juden zu den alteingesessenen Gemeinden in Italien. Schon von je her gab es in Rom, in Venedig, den toskanischen Städten und der Lombardei Israeliten. Zu ihnen, den »autochthonen« Juden, die sich im

Mittelalter als treueste Bewahrer des babylonischen Ritus sahen, die sich nicht Sephardim nennen wollten, flüchten, manchmal in letzter Not, die Spanier mit ihrem Brauchtum, ihrer Sprache und der vorwurfsvollen Gekränktheit Vertriebener, die nur möglichst rasch eine neue Existenz in einer neuen Umgebung aufbauen möchten. Schon im 16. Jahrhundert folgen den Sephardim, angelockt durch den wirtschaftlichen und kulturellen Aufschwung, zahlreiche aschkenasische Brüder. Die Marranen, die seit Anfang des Jahrhunderts die Iberische Halbinsel verlassen, ziehen nach Pisa, Florenz oder Livorno, wo sie ab 1593 dank Ferdinand II., Großherzog der Toskana, einem Medici, offiziell aufgenommen, bereits seit 1500 jedoch zumindest als Flüchtlinge geduldet werden. Doch, ob erklärte Juden oder Marranen, diese Rafael Diaz, Miguel de Silva, Mose Arias, Josef Penso de La Vega sind in Livorno allemal auch Spanier. In Venedig bestehen die Gemeinden der Tedeschi (Aschkenasim), der Ponentini (Sephardim) und der Levantini (Venetianer und Orientalen) noch lang nebeneinander, ohne sich groß zu vermischen; auch eine starke marranische Gemeinde sondert sich weitgehend ab. An andern Orten schließen sich Einheimische und Sephardim rascher zusammen, während die weniger zahlreichen Aschkenasim stets eine Minderheit bleiben.

Isaak Abravanel verläßt 1492 Valencia wie ungezählte andere Anhänger seiner Religion. Er hofft, in Neapel unterzukommen, wird zuerst vom König von Aragon wieder aufgescheucht, dann vom sizilianischen Zweig der Aragonesen und schließlich 1496 von Karl VIII., so daß er nacheinander in apulischen Ortschaften, in Ferrara und endlich 1503 in Venedig Schutz sucht. Dort stirbt er 1508; begraben ist er in Padua. Von einer Station der Flucht zur anderen hat er nie aufgehört, zu schreiben. Die italienischen Abravanel sind seine Nachkommen, nur kennt man sie zunächst unter dem Namen »Leone Ebreo«, den sie seit der erzwungenen Taufe in Portugal tragen, doch schon ein Sohn Isaaks, Juda, nimmt den alten Familiennamen wieder an; er setzt auch die väterliche Tradition des Schreibens und des Talmudstudiums fort. Bald darauf emigrieren andere »Ebreosa« nach Amsterdam, wo sie sich ebenfalls wieder Abravanel nennen. Ähnlich ergeht es vielen im italienischen Exil lebenden Sephardim: Sie kommen, sie bringen ihre Bücher mit, schreiben während der Flucht neue und versuchen sehr früh schon, ihre Werke herauszugeben. Ihre Geschichte in Italien wird oft mit der des hebräischen Buchdrucks gleichgesetzt; zu diesem großen verlegerischen Abenteuer trugen jedoch auch die Aschkenasim und die einheimischen Juden bei.

Schon im 15. Jahrhundert – 1476 in Guadalajara und 1485 in Hijar – druckten spanische Juden in der Umgebung des Kardinals Juan de Torquemada (eines Onkels von Bruder Tomas) wunderschöne Bibeln in hebräischer Schrift, und auch zwischen 1486 und 89 Eliezer ben Alantansi Toledano in Lissabon. Aber der Pionier des hebräischen Buchdrucks in Italien war Nathan Metzlan aus Speyer, den man »Soncino« nannte, weil er sich 1480 in der gleichnamigen Stadt der Lombardei niedergelassen hatte. Das Pseudonym übertrug sich auch auf seine Nachfolger, die sich in Ancona, Rimini, Ferrara, Venedig und Rom etablierten, später auch in Istanbul und Saloniki. Von 1480 bis 1520 eignen sich die Juden allenthalben das Druckereiwesen an, um ihre heiligen Schriften verbreiten zu können. Das handschriftliche Kopieren der Tora gilt als ein individueller Akt des Glaubens, aber das Verbreiten geheiligter Texte ist noch etwas mehr: Angesichts des Wunders der Vervielfältigung (zehn Talmudtraktate auf einmal kommen aus der Presse, wenn das kein Wunder ist) sprechen die Zeitgenossen ehrfurchtsvoll von einem »heiligen Werk«, mit dem sich die Weissagung Jesajas »... denn voll ist das Land von Erkenntnis des Herrn« (XI,9) erfüllt.

Gleich nach der Entdeckung Gutenbergs hielt der hebräische Buchdruck 1446 in Avignon Einzug. Ein Prager Goldschmied, Prokopius Waldfogel, und der »päpstliche Jude« David de Caderousse schnitten die ersten Typen. 1475, eine Generation später, installierte Abraham ben Garton ben Isaak die erste Presse in Reggio di Calabria, das gleiche tat Meshullam Cusi in Pieve di Sacco, einem Dorf Venetiens. 1480 dann die Gründung der Druckerei von Nathan »Soncino« in der Poebene. Der Sohn Gerschom hat 1518 das erste Druckerzeichen; der Turm von Rimini als Symbol des Davidsturms oder des jüdischen, fortan in die Welt getragenen Glaubens. Er stirbt 1534 in Saloniki, nach einem vorwiegend auf Reisen verbrachten Leben mit Druckereigründungen an allen Stationen (Rimini, Ferrara usw., schließlich die osmanischen Städte). Er verlegte auch profane, christliche, italienische Werke – er mußte ja davon leben! – aber wenn immer möglich doch die Bücher der Tora, der Propheten und ganz allgemein die heiligen Texte.

Als erste vollständige Bibelausgabe, die vollkommenste jedenfalls, gilt die von Ferrara, die 1553 herauskam. In dieser lombardischen Stadt suchten Sephardim häufig Zuflucht; der brillanteste, der sich jedoch nur kurz hier aufhielt, war Abravanel. Nach 1492/1500 können sich Juden unter dem Schutz des Herzogs von Este ungestört niederlassen. Die hebräische Druckerei ist der Stolz der Gemeinde; über mehrere Generationen verlegen die Ben Haim, die Zerfati Gebete und Traktate. Um 1550 ziehen zwei Merranen in die Stadt, ein Portugiese, Duarte Pinel, und ein Spanier, Geronimo de Vargas, die beide unverzüglich ihre früheren Namen wieder annahmen: Samuel Usque und Yom Tov ben Levi Athias. 1553 erscheint das gemeinsame Werk dieser doppelten Persönlichkeiten, die Bibel von Ferrara, und sie präsentiert sich ebenso doppelt wie ihre Hersteller. In zwei Sprachen gedruckt, wird die lateinische Version mit Pinel und Vargas als Herausgeber dem Herzog von Ferrara gewidmet; die hebräische, von Usque und Athias signiert, der Doña Gracia Mendes, die zu dieser Zeit die Sephardim protegiert, einer Persönlichkeit, von der wir noch hören werden.

In Rimini also Soncino, in Ferrara die Zerfati, Usque ... und in den gleichen Jahren zwischen 1550 und 1580 auch noch Naphtali Cohen und Meir ben Ephraim »der Schreiber« in Mantua, die sich um den Druck der Grammatik ihres römischen Religionsbruders Elia Levita kümmern, aber daneben auch spanische Bücher und Traktate herausgeben, Maimonides' *Mischne Tora, Sohar* und die Responsen des rabbinisch-iberischen Schatzes.

Die stärkste jüdische Gemeinde im Norden Italiens besteht in Venedig, wo sich neben den venezianischen immer schon byzantische und griechische, aber auch italienische und westliche Juden aus allen Himmelsrichtungen niedergelassen haben. Um 1500 sind es vielleicht 2 500, um 1650 etwa 4 500 Israeliten. Wir wissen, daß Tedeschi, Ponentini und Levantini gern unter sich bleiben. Nichtsdestoweniger schließen sie sich im 16. Jahrhundert zu einer einzigen, einer großen jüdischen Familie zusammen, zur *Kahal Kadosh Talmud Tora*, derselben, die im darauffolgenden Jahrhundert in Amsterdam das Vorbild abgeben wird für Pardo und Morteira, die beiden aus Saloniki und Venedig emigrierten Sephardim. Die Gruppe der Ponentini erhält laufend Zuzug von Marranen, die zuerst als »Neuchristen« leben, aber immer offener zum Judentum zurückkehren. Unter sich sprechen sie Portugiesisch, ihre Namen sind Mesquita, Soares de Paz, Franco, Gomez, Errera, Dacosta, Vaez, Brandon, Pinto Valensi ... Nun gibt es aber in Venedig ein lokales Tribunal der Inquisition, das zwischen dem 16. und 18. Jahrhundert immer wieder Marranen festnimmt und befragt (Rafael Brandon wird noch 1711 angeklagt!). Eine Denunziation kann auf Umwegen erfolgen: Portugiesische oder spanische Händler, die von Venedig heimkeh-

ren, werden in Lissabon oder Valencia der Inquisitation vorgeführt und verraten dann nicht selten die Namen »portugiesischer« Kaufleute in Venedig, von denen sie wissen, daß es heimliche Juden sind. Der Verhaftungsbefehl geht von einem Tribunal zum andern und wird ausgeführt. Den Marranen bleibt nichts anderes übrig, als offiziell zum Judentum zurückzukehren; daraufhin garantiert ihnen Venedig ein Leben ohne Verfolgung – allerdings im *Ghetto*.
Die Juden Venedigs betreiben ihre Geschäfte und Banken äußerst aktiv, man besucht sie aus dem gesamten Abendland und kauft ihre Bücher. Der Senat der Serenissima Republica erlegt ihnen jedoch mehr und mehr Verbote und Beschränkungen auf. 1516 – gleichzeitig mit Rom – zwingt er sie, in einem Ghetto zu leben. Bisher wohnten sie (wenn man sie nicht gerade auf das Festland verbannt hatte) im Süden des Canale Grande auf der Insel Giudecca. Nach 1516 müssen sie sich auf eine Insel ganz im Norden der Stadt zurückziehen, wo ein Netz von Kanälen ringsum wie eine natürliche Barriere wirkt. Dort tragen die Juden den gelben Kreis und einen spitzen, roten Hut mit hochgestellter Krempe, dazu den mit Fransen besetzten Gürtel. Frauen dürfen nicht ausgehen ohne einen langen Schleier und einen weiten Umhang über den Kleidern, die nach einem besonderen, den Prunk betreffenden Gesetz, nicht luxuriös sein sollen.
Venedig zählt einige tausend Juden, und sie werden mehr schikaniert als anderswo. Sie drucken zwar Bücher, aber dürfen diese nicht mit ihrem Namen zeichnen. Zumindest nach außen gehört die hebräische Druckerei in Venedig nicht den Juden. Wenn sie dem Senat gehorchen wollen, können sie höchstens als Korrektoren arbeiten, die Führung der Presse ist nur Christen gestattet. Tatsächlich hat das venezianische Verlagsgeschäft alles Daniel Bomberg, einem Christen aus Antwerpen, zu verdanken, der sich von einem Juden aus Nürnberg, Cornelius Adelkind, helfen

läßt. Er spezialisiert sich gleich, nachdem er 1515 in Venedig angekommen ist, auf hebräische Ausgaben, während er es seinem Zeitgenossen, dem Venezianer Aldo Manuzio, überläßt, lateinische und weltliche Literatur herauszugeben (und die hübsche, leicht geneigte humanistische Kursivschrift zu entwickeln). Bomberg beschäftigt zunächst einen Marranen, Felice de Prato, dann die Familie Adelkind und zahlreiche andere Juden, für die er periodisch beim Senat das »Privileg« kauft, ohne Kreis und Hut frei zu zirkulieren zwischen dem Ghetto im Norden und seiner Werkstatt am Canale Grande. Er druckt die Psalmen, den Pentateuch und mehrere Bücher der Propheten; vor allem aber verbindet er seinen Namen mit der ersten Ausgabe des Talmuds. Er gibt von 1519–23 sämtliche Traktate heraus, und es war seine Idee – sie ist heute noch aktuell –, in die Seitenmitte den Mischna-Text zu setzen und daneben, in eigenen Spalten mit abweichenden Typen, den Raschi-Kommentar (in dessen, in die wissenschaftlichen Ausgaben übernommener Schrift) und den der Tossafisten, seiner Schüler und Nachfolger.

Nach Daniel Bombergs Tod 1550 fahren die Venezianer mit dem gleichen, nie erlahmenden Enthusiasmus weiter, Bibeln, Traktate und Summen aus dem Mittelalter zu drucken. Marcantonio Giustiniani, Alviso Bragadini, Di Gara, Zanetti und Presigno repräsentieren diese zweite und dritte Generation von Herausgebern hebräischer Werke bis um 1600. Die Korrektoren, nach dem unentbehrlichen Cornelius Adelkind (und den zwei Generationen von Adelkind, die ihm nachfolgen) sind stets Sephardim, entweder tatsächlich aus Iberien oder aus dem Maghreb und Italien gebürtige, die sich mit jenen verschwägerten: Der Rabbiner Hiyya Meir ben David, Jacob ben Adonijah, der »Tunesier«, Abraham des Balmes, der nicht nur Typograph, sondern auch Arzt und Sprachgelehrter war; dann Chajim ben Mose Alton, David »Pizzighettone«, der Rabbiner Isaak Gerson,

Meir ben Jacob Parenzo und Mose ben Menir. Auch der Franzose Guillaume Le Bé kommt Mitte des 16. Jahrhunderts zu Bomberg und Giustiniani, um die hebräische Typographie kennenzulernen, bevor er in Paris bei Robert Estienne an der *Bible polyglotte* mitarbeitet. Nach dem Talmud erscheint in Venedig das Werk des römischen Grammatikers Elia Levita. Auch die hebräischen Schätze aus Spanien werden gedruckt, etwa die »Perlenlese« von Ibn Gabirol aus Saragossa oder der »Führer der Verirrten« von Maimonides (es denkt im 16. Jahrhundert keiner mehr daran, ihn zu verurteilen, jede Gemeinde versucht vielmehr, möglichst ein Exemplar davon zu erhalten), dann die Sprüche und Gebete des sephardischen Ritus und einige Talmudkommentare in den Orient geflüchteter Sephardim.

Die venezianischen Verleger waren von ihrer Aufgabe durchdrungen, sie setzten ihre ganze Kraft ein, um über die Verbote zu triumphieren. Die vom Senat ausgeübte strenge Zensur hebräischer Werke überdauerte das ganze Jahrhundert, aber 1549 ereignete sich wegen eines lächerlichen Streites ein echtes Drama. Ein Rabbi Meir aus Padua (das zur Republik Venedig gehört) will den Gesetzeskodex *Jad ha-Chasaka* (die »starke Hand«) von Maimonides drucken lassen und wendet sich an Giustiniani, der ihm nicht gleich antwortet. Ein Konkurrent hingegen, Bragadini, sagt sofort zu, worauf Giustiniani an Papst Paul IV. gelangt. Der frühere Kardinal Caraffa zeigt sich, getreu dem Geist der hispanisierten Neapolitaner des 16. Jahrhunderts, im Kampf gegen das Judentum absolut unnachgiebig. Eigentlich brauchte er nur einen Vorwand: Er verbietet jede weitere Ausgabe des Talmuds und läßt im Vatikanstaat sämtliche eben erst verbreiteten hebräischen Bücher einziehen. 1553 brennt am 9. September, dem Tag von Rosch ha-Schana, auf dem Campo dei Fiori in Rom ein riesiger Scheiterhaufen, auf dem unzählige, vor kurzem den italienischen Pressen entsprungene hebräische Werke untergehen. Schon

1527 ist das römische Ghetto während einer Belagerung der Stadt geplündert und zerstört worden. Die Juden aber sind – allem zum Trotz – rings um ihre Synagoge auf der Tiberinsel geblieben.
Nach 1553 verbreitet sich die Maßnahme des Papstes bald in allen Ländern des Kirchenstaates, in der Romagna, in Bologna und Ancona, wo der Heilige Vater sogar die nach dem Orient auslaufenden Schiffe überprüfen lassen will, mit denen Juden, die das Leben bei den Türken vorziehen, nach Jerusalem »hinaufziehen« (der weise Amato Lusitano wird in diesem Hafen einige Zeit festgehalten). Nun konfisziert auch Venedig die neuen Bücher und verbietet, ein halbes Jahrhundert nach Bombergs Ausgabe, eine weitere Talmud-Edition. Die jüdischen Drucker ziehen sich zurück nach Ferrara und Mantua, wo alles noch erlaubt ist, oder aber in kleine Orte, wie Sabbionetta. 1562 endlich stellt das Konzil von Trient die Druckerfreiheit wieder her (den Anstoß dazu gab der Kardinal Ercole de Gonzaga aus dem Geschlecht der Herzöge von Mantua). In Venedig kommen die hebräischen Pressen wieder zum Vorschein, doch machen ihnen mittlerweile die Erzeugnisse orientalischer Städte wie Saloniki, Istanbul und Safed Konkurrenz. Fünfzig Jahre später sollte sich dann Amsterdam der Herausgabe sephardischer Werke annehmen.
Die im 16. Jahrhundert in Italien gedruckten Bücher, die von Kardinälen und christlichen Fürstinnen genauso erworben wurden, wie von Rabbinern und Gemeindebibliotheken, sind durchwegs Meisterwerke auch in der Ausführung, in den Holzschnitten, im Satz, in Titelgestaltung und Zeichnung der Initialen, Illustrationen des Titelblattes und Druckerzeichens. Sie gehören heute zu den Schätzen von Bibliotheken wie die Vatikana, die Bibliothèque nationale in Paris und die Complutense in Madrid, die Bodleian Library in Oxford oder das Ben-Zvi-Institut in Jerusalem ...

Die türkischen Städte; eine glanzvolle Episode

In den Kreisen der Sephardim wird gern daran erinnert, was Sultan Bayazid II. gegenüber seinem Oberrabbiner Mose Caspali äußerte, als er ihm 1492 auftrug, die iberischen Flüchtlinge aufzunehmen: »Sie nennen Ferdinand einen weisen König, ihn, der seine Länder beraubt, um meine zu bereichern!«

Im Osmanischen Reich landen in der Tat nach 1492 und im 16. Jahrhundert, je mehr sich die spanische Gesellschaft vor den Marranen verschließt, ganze Schiffe voll von Sephardim. Mose Almosnino aus Huesca hat sich als erster, mit einer kleinen Gruppe aragonischer Juden, der rasch andere folgten, in Saloniki niedergelassen, nachdem sein Vater »befragt« und der Großvater auf dem Scheiterhaufen verbrannt worden ist. In kurzer Zeit zählt Saloniki 20 000 Israeliten auf 50 000 Einwohner, in den Jahrhunderten der Neuzeit werden es 50 000 auf 100 000 sein. Bald nennt man die Stadt die »Mutter Israels«, da von ihr ein kontinuierlicher Strom von Jerusalem-Pilgern ausgeht. Mahmias, Perahia, Palache, Solal, Saltiel, Almosnino, Bejar, Casès, Del Gabay, Schaprut, Bendanon, Modiano, Saporta, Amarillo, Benvenist ..., immer noch – oder wieder – tragen die Juden von Saloniki ihre spanischen Namen. In etwa vierzig Quartieren wohnen sie eng um die Synagoge gruppiert in sozio-religiösen Gesellschaften mit iberischen Namen wie Guerusch-Sepharad, Evora, Majorqua. Dazwischen taucht auch die eine oder andere italienische Ortsbezeichnung auf, daran erinnernd, daß die Sephardim oft, bevor sie den Balkanhafen anliefen, in der Provence oder in Italien Station machten; dann einige hebräische Namen, die davon zeugen, daß ein Sephardi in erster Linie ein Jude, und daß er in der Diaspora ist, um sich Jerusalem zu verdienen. Auch ein paar Aschkenasim leben unter ihnen, eine Minderheit, die rasch von der Masse der Sephardim absorbiert wird. Der Sultan oder sein Delegierter wählt aufgrund eines Vorschlags der Gemeinde den Oberrabbiner (die Türken nennen ihn *Haham Bashi*); gelegentlich auch stellvertretend ein Triumvirat von Gemeinderäten (im 18./19. Jahrhundert wird das mehr und mehr die Regel sein). Die Gemeinde ist festgefügt und lebendig mit ihren Parnassim, ihren Schulen und natürlich der Druckerei (gegründet von Gerschon Soncino im 16. Jahrhundert und im 18. so berühmt, daß Aschkenasim von überall her kommen, um auf dem Weg nach Jerusalem Texte drucken zu lassen). Darüber hinaus sind Brüderschaften aktiv, die sich um Kranke, Begräbnisse und bedürftige Kinder kümmern.

Seit der ersten Hälfte des 17. Jahrhunderts wächst auch eine Gemeinde in Izmir. In diesem anatolischen Hafen lebten wie überall in der alten byzantinischen Welt einige Juden. Nun verpflanzen die Sephardim aus Saloniki eine Gruppe, die sich nach dem Vorbild der Gemeinde der großen mazedonischen Stadt organisiert, und bald ihre 20 000 Mitglieder zählt. Vor allem aber wird schließlich Istanbul ein zweites Saloniki, oder eher, sein Modell. Schon im Mittelalter gab es einzelne byzantinische, venezianische oder katalanische Juden (die mit Seefahrern aus Barcelona und Valencia hier landeten) am goldenen Horn und am Fuß des Turms von Galata. Die Hamon, im 15. Jahrhundert, lang vor dem Exodus eingewandert, stellten über mehrere Generationen die Ärzte des Sultans. Nach 1492 dann die Masse der Sephardim, so daß sich bald an die 50 000 in den Quartieren von Galata drängten. Wie in Saloniki findet man auch hier vorwiegend spanische oder marranische Namen. Von Istanbul bis Saloniki und Izmir und noch in Theben, auf Korfu und im kretischen Candia) spricht man das Spanisch von 1492, einen Dialekt, den man in seiner literarischen Form Spaniolisch, in der umgangssprachlichen Djudezmo nennt, und der voll ist von iberischen Archaismen und hebräischen oder türkisch-arabischen Lehnwörtern.

Auch in Istanbul, sogar noch vor Saloniki, gründen die Soncino eine hebräische Druckerei. Sie führen in der türkischen Welt, die nur die handschriftliche Kopie kennt, diese unerhörte Erfindung, das gedruckte Buch, ein. Als eine weitere Neuerung werden die Sephardim ihr im 19. Jahrhundert die Zeitung bringen: spaniolisch oder spanisch in hebräischer Schrift, aber auch hebräisch (die Sprache kommt in dieser Epoche im Heiligen Land wieder in Gebrauch) oder türkisch oder zweisprachig türkisch-spanisch. So verbreitet sich die Wissenschaft des Judentums dank ihren Bemühungen um den Buchdruck seit dem 16. Jahrhundert auch in den orientalischen Gemeinden, wo sie bisher nur einem kleinen, elitären Kreis zugänglich war. Neben den Soncino müssen auch noch die Drucker Schem Tow ben Menir (um 1550) sowie Salomon und Josef ben Isaak Yaabetz (um 1560) erwähnt werden, die alle drei Nachfahren echter Sephardim waren. Die Pressen befanden sich hinter Galata im aristokratischen Viertel von Haskoy entlang dem Bosporus. Offenbar konzentrierte man sich auf Ausgaben sephardischer Werke: Abraham ben Esra, David Kimchi, Maimonides und sogar *Amadis von Gaula*, ein Ritterroman aus Spanien in hebräischer Übersetzung, der als erstes weltliches (aber spanisches!) Buch aus einer jüdischen Druckerei aus Istanbul kam.

Wenn uns die Existenz der Juden unter den Türken im 16. Jahrhundert so erfolgreich und offen anmutet, dann ist das zum größten Teil auf die Familie der Nassi zurückzuführen. Was in der Folge weitgehend der Vergessenheit anheimfiel, lebten Sephardim – noch einmal – als eine epische Zeit mit glanzvollen Höhepunkten.

Die aragonische Familie Benvenist muß 1492 den Namen Luna der Herren der Region Saragossa annehmen, unter deren Patronat sie getauft wurde. Wie die meisten ihrer Brüder bleiben die Luna insgeheim Juden; sie lassen sich in Portugal nieder, wo 1510 Beatrix geboren wird. Später emigrieren sie nach Antwerpen und führen, wie bereits in Lissabon, eine Bank. Noch sehr jung wird Beatrix an einen anderen Marranen, Francisco Mendes, verheiratet; sie hat Töchter, deren eine Reyna, spanisch »Brianda«, heißt. Früh Witwe und bald auch einzige Vertreterin der Luna-Mendes, übernimmt sie die Leitung des Familienunternehmens. Sie leiht ihr Geld nicht nur an Karl V. und Franz I., sondern auch all den Kaufleuten sämtlicher Nationen – und wenige sind das nicht –, die den Hafen von Antwerpen ansteuern. Jedoch steht die Stadt immer noch unter spanischer Herrschaft, und Marranen, die wieder als Juden leben, können das nicht ohne weiteres tun. 1535 gibt es noch keine Gemeinde in Amsterdam, die jenen Zuflucht bieten würde, die ohne Tarnung zu ihrer Religion zurückkehren möchten. Beatrix zieht daher mit ihrer Tochter, dem Neffen Juan Mendes, der diese Tochter Reyna heiratet, und andern Gevattern nach Venedig. Doch der Empfang in der Republik ist unfreundlich. Kurz wird die Señora sogar in den Kerker geworfen, so daß auf Anraten von Juan Mendes, der sich bereits in Istanbul niedergelassen hat, die gesamte Familie ins Osmanische Reich übersiedelt. Hier kann sie offen zum Judentum übergehen, und Beatrix darf sich wieder Gracia nennen; wie sie hat vorher schon Juan Mendes seinen alten Namen Josef Nassi wieder angenommen. Doña Gracia Mendes wird so etwas wie eine Mäzenin der Sephardim Istanbuls und der italienischen Städte (wie wir sahen widmeten ihr Usque-Athias die Bibel von Ferrara): Sie fördert die Installierung von Druckereien im Viertel von Haskoy, wo sie bis 1568 lebt.

Josef Nassi wird unterdessen Berater am Hof. Die drei großen Sultane Selim I. (1512–20), Suleyman der Prächtige (1520– 66) und Selim II. (1566–74) betreiben eine sehr bewußte und erfolgreiche Außenpolitik, die unter anderem zu einer Allianz zwischen Suleyman und Franz I. führt. Josef Nassi leiht als Makler der französischen Botschaft diesem französischen König Hunderttausende von Dukaten. De facto leitet er die diplomatischen Geschäfte Suleymans und vor allem Selims II., und zwar in seinem Palast in Kourou-Tchechme am Bosporus oder von seinen Schiffen aus. Er finanziert zudem die Ausrüstung der Flotte des Sultans, der ihm auch hier völlig freie Hand läßt. Er hat seine Spione bei Wilhelm von Oranien, bei den Kreuzrittern von Malta, beim spanischen König (den Converso Agostino Manuel). Um Papst Paul IV. zur Änderung seiner Politik zu zwingen, überredet er Suleyman zu einer Blockade des Hafens von Ancona und zur Zurückweisung aller päpstlichen Galeeren vor Istanbul; die gleiche Strategie wendet er in den Jahren, in denen Venedig seine Marranen schikaniert, gegenüber den Galeeren der Republik an. Es gelingt ihm, als ihm das Königreich Frankreich 150 000 Dukaten schuldet, die es übrigens nie zurückzahlt, die Aufbringung von Schiffen und Maßnahmen gegen die französische Flotte zu erreichen. Doch Josef Nassi büßt auch persönlich für die größte Niederlage Selims II.: Seine Flotte wird 1571 bei Lepanto geschlagen.

»Seine« Flotte im wahrsten Sinne, denn Nassi ließ eine jüdische, größtenteils sephardische Mannschaft anheuern. Von 1560–70 ist er zusätzlich mit einer Aufgabe betraut, die für einen Israeliten seiner Zeit faszinierend sein mußte. Nachdem ihm der Sultan den Titel eines Herzogs von Naxon und der Zykladen verliehen hat, überträgt er ihm die Leitung jüdischer Landwirtschaftssiedlungen im Gebiet von Tiberias (wo das Grab von Maimonides liegt), am »Meer von Galiläa« oder See Genezareth. Zwei Marranen, Francisco Coronel (der Sohn von Abraham Senior) und Josef ben Ardit, sollen ihm bei der Realisierung des Projektes helfen; er greift bei diesem landwirtschaftlichen Unternehmen überhaupt mehrheitlich auf portugiesische und spanische Flüchtlinge zurück. So sind im 16. Jahrhundert die Sephardim die ersten Juden, die wieder auf dem verlassenen palästinensischen Boden arbeiten. Das Experiment wird nach Josef Nassi von einem andern Marranen weitergeführt, Alvaro Mendes – seit 1585 in Istanbul wieder Salomon ben Yaish und Herzog von Mytilini (Lesbos). Doch Josef Nassi ist 1579, Selim II. bereits 1574 gestorben, und die osmanische Politik hat sich geändert; ein rascher Niedergang der sephardischen Siedlungen ist die Folge.

Um 1600 versuchen andere Sephardim in Kfar Yasif, Pekiin und Shepharam in Obergaliläa ebenfalls, eine Landwirtschaftskolonie aufzubauen. Die vom Sultan erhobenen Steuern bezahlen die Juden in Form von Baumwolllieferungen; das Landleben ist sehr aktiv, jedes Dorf hat seine Seidenweber. Bis ins 18. Jahrhundert genießen sie den Schutz der Beduinen; doch im Durcheinander des frühen 19. Jahrhunderts verfallen auch diese Siedlungen. Heute hat Kfar Yasif eine ausschließlich arabische Bevölkerung, während Pekiin und Shefaram dank der Juden aus dem Maghreb wieder aufleben konnten.

Wie seine Tante und Schwiegermutter erwies sich auch Josef Nassi als Förderer der Drucker und Schriftsteller der jüdisch-orientalischen Gemeinden. Zum Glanz der Epoche der großen Sultane trugen denn auch nicht nur die Mendes-Nassi, sondern ebenso die jüdischen Gelehrten bei, die in den türkischen Städten wirkten und gedruckt wurden. Etwa Amato Lusitano, als Marrane Juan Rodriguez, Arzt in Salamanca und Lissabon. Mit neuem Namen floh er über Antwerpen und Ancona, wo ihn päpstliche Maßnahmen einige Zeit festhielten, nach Saloniki. Seine siebenbändige Abhandlung der Medizin hat er Josef Nassi gewidmet. Nassi war auch mit den Almosnino in Saloniki verschwägert. Ein Sohn des Einwanderers Mose Almosnino, Urenkel des in Huesca verbrannten, kam 1510 zur Welt. Dieser Mose wurde Schriftsteller und verfaßte seine Werke ebenso gern in hebräischer wie in spanischer Sprache. 1560–64 schrieb und druckte er in Saloniki sein zweisprachiges *Regimiento de la vida*, ein Zeugnis des damals unter den iberischen Flüchtlingen weit verbreiteten mystischen Denkens. Auf einen Historiker, einen der dem Ruhm der Sephardim nachspürt, stoßen wir hingegen erst in Saloniki des 17. Jahrhunderts: David Conforte schreibt sein *Kore ha-Dorot* (»Abfolge der Generationen«) hebräisch. Er schildert auch, wie er im gesamten Mittelmeerraum Manuskripte aufstöberte und Grabsteine säuberte, auf den Spuren möglichst aller Persönlichkeiten, die er in seinem Buch verewigt hat. Er erweist sich als echter Historiker, spricht auch von den »andern«, den Aschkenasim; ihm zufolge wachsen die jüdischen Generationen jedoch einzig dank der Tugenden und Vorzüge der Sephardim. Das Leben in Sepharad war für ihn, der das Saloniki von 1650 kannte, ein ununterbrochenes goldenes Zeitalter. *Gueroush*, die Vertreibung, erwähnt er nur nebenbei.

Im 16. Jahrhundert befaßte man sich als Reaktion auf das Exil noch bevorzugt mit theologisch-philosophischen Fragen, mit tiefschürfenden Betrachtungen, die für die geistig aus der Bahn geworfenen eine Hilfe darstellten. In Saloniki wohnten nicht weit von den Almosnino entfernt auch die Pardo, die Al-Constantini und Samuel, einer der Söhne Isaak Abravanels (die übrigen Nachkommen blieben zunächst in Italien, in Portugal, dann in Amsterdam). In diesem an Autoren und Schöpfern reichen 16. Jahrhundert trat noch der in Gaza lebende Israel Najera aus Damaskus hervor. Die Sephardim waren also bereits in den syrisch-palästinensischen Raum vorgedrungen.

Safed gilt in dieser Epoche als die Heilige Stadt par excellence; weit mehr als Hebron, Tiberias oder sogar Jerusalem, das erst einige Jahre später den ersten Platz wieder einnehmen wird, auch wenn eine besonders gläubige Gemeinde die Klagemauer nie verlassen und die Stadt ihre große Anziehungskraft durchaus nicht verloren hat. Der amtierende Oberrabbiner ist um 1500 bis 1510 Isaak Cohen-Solal, dessen Familie aus Mallorca über den Maghreb und Venedig, dann Korfu ins Heilige Land kam. Herren der Region sind jedoch Ende des 15. und Anfang des 16. Jahrhunderts noch die ägyptischen Mameluken; erst 1517 erfolgt die osmanische Eroberung. Und diese mamelukische Herrschaft wie auch der Krieg gegen die Osmanen bringen den jüdischen Gemeinden nur Unglück – schon die beiden Religionsbrüder auf Pilgerfahrten, Obadja von Bertinoro, und Meshullam von Volterra, schilderten Ende des 15. Jahrhunderts die beängstiegende Armut der Juden in den »Heiligen Städten«. Nun beschuldigt die in die judäisch-palästinensischen Zentren einfallende türkische Soldateska sie entweder des Verrats oder mangelnder Kollaboration, je nachdem; viele müssen dabei ihr Leben lassen.

Nach den beiden ersten Jahrzehnten von Blut und Feuer zieht ins alte Land Israel endlich der »osmanische Friede« ein, und den Sephardim eröffnet sich die Möglichkeit, zu ihren dort ansässigen Brüdern zu stoßen. Nach 1492 war Josef »ha-Saragosti« einer der ersten Gelehrten in Safed; nach 1517 wird nun diese Niederlassung im Land der Väter (*Jischuw* genannt) immer größer und immer attraktiver. Die Israeliten können entweder direkt von der Iberischen Halbinsel kommend einwandern oder vor dem »Hinaufziehen« Zwischenhalte einschalten in Saloniki, Istanbul oder Izmir, was die meisten vorziehen. Von 1520–1550 leben in Safed und in Jerusalem etwa 2 000 Juden, dazu einige Hundert je in Hebron, Tiberias, Bethlehem, Jaffa und Gaza. Gelegentlich werden diese schutzlosen Kolonien am Rand des Osmanischen Reichs von Beduinen und Drusen überfallen, ohne daß die Paschas sich groß darum kümmern würden. Die Überlebenden rafft vielleicht die Pest, Cholera, Malaria oder ein Erdbeben dahin. Und doch gewährleistet ein steter Zustrom jüdischer Einwanderer den Fortbestand der Siedlungen; die Hinwegsterbenden werden abgelöst, die Arbeiten wieder aufgenommen, damit die Erde wieder lebt.

Safed liegt auf einer Bergkuppe und überschaut die sich kreuzenden Routen, die den ganzen Vorderen Orient vom »fruchtbaren Halbmond« bis Mekka durchziehen. Alle Karawanen kommen früher oder später in Safed vorbei. Von den Höhen fallen die Handelsstraßen steil ab nach dem Akka der Kreuzfahrer, nach Tyros und Haifa. Juden, die die Möglichkeit haben, sich ins Geschäftsleben zu stürzen, werden im Großhandel mit Spezereien, Früchten, Teppichen, Getreide und Reis oder mit Pferden, Maultieren und Münzen aller Währungen rasch reich. Die Siedler lernen auch den Anbau von Oliven und Baumwolle und die Nutzung der zahlreichen Quellen dieses gesegneten Landstrichs. Doch zieht Safed genauso die Intellektuellen an; es liegt in der Nähe von Meron und jener Orte, an denen nach der Überlieferung der Kabbala im ersten Jahrhundert unserer Zeit Rabbi Akiba und Simeon ben Jochai ihr irdisches Leben verbrachten. Man nennt die Stadt auch *Beth El*, das Haus des Höchsten, und es scheint, daß sie für alle intellektuellen und mystischen Betrachtungen gleichermaßen offen ist. Der Rabbiner Jacob Berab, der von 1524–45 in Safed weilt, erwirkt von Jerusalem und Kairo die religiöse Autonomie, so daß die Ordination von Rabbinern am Ort stattfinden kann; ein Rat von »Weisen« tagt und wählt seine Nachfolger nach dem System der Kooperation. In diesen Jahrzehnten zieht es die aufgeklärten Geister nach Safed, nicht nach Jerusalem.

Einer von ihnen ist Joseph ben Ephraim Caro; 1488 in Spanien geboren, dann sukzessive über Algerien, Saloniki und Adrianopel* um 1540 nach Safed geflüchtet. Hier vollendet er seine große, in Adrianopel begonnene Talmud-Kompilation *Beth-Josef* (Das Haus des Joseph), eine gigantische Zusammenstellung und Neuordnung aller Kommentare zum Talmud, eine Art Anthologie des sephardischen Denkens.

---

* Im türkischen Reich Edirne

Darüber hinaus stellt er, immer in Safed, eine Zusammenfassung dieser Summa her, *Shulkhan Arukh* (»Der gedeckte Tisch«), ein sehr populäres Werk, in hohen Auflagen herausgegeben, in Saloniki 1568 sogar, unter dem Titel *Mesa del Alma* (»Der Tisch der Seele«), im jüdisch-spanischen Dialekt. Josef Caro ist 1575 in hohem Alter in Safed gestorben; sein Grab wird noch immer von Gläubigen verehrt. Zu Lebzeiten war er zweifellos vom kabbalistischen Gedankengut fasziniert, doch die Werke, die er hinterließ, zeugen von reiner rabbinischer Tradition. Ein Kabbalist denkt und spricht, aber er schreibt nicht.

Erlöser und elende Zeiten

Ein mystischer Geist beherrscht die hohen Stätten Palästinas. Aus der Kabbala, wie sie im 13. Jahrhundert in Spanien gedacht und gelebt wurde, erwächst in der Atmosphäre dieses orientalischen 16. Jahrhunderts Messianismus und Endzeitverkündigung. Vielleicht ist es der Wind, der im steinigen Obergaliläa durch Olivenhaine und Zedernwälder streicht, der die Denker empfänglich macht für diese Art von Betrachtungen. Nur beschränken sie sich nicht auf eine innere Reflexion, sondern zum Predigen gedrängt, begeistern sie auch die Menge und regen sie an zu spektakulären Handlungen. Zwischen 16. und 18. Jahrhundert ist in Safed oder Istanbul nichts ausgewogen, im Gegenteil, alles Geschriebene und alles Gesprochene gewinnt eine extreme Dimension. Eine Reihe unabhängiger, eigenwilliger Geister führt wie selbstverständlich, ja geradezu logischerweise zur beängstigenden Persönlichkeit des Sabbatai Zwi.

Begonnen hat alles 1525, vielleicht schon früher, das Echo der ersten Predigten ist in den Mauern der orientalischen Städte längst verloren gegangen. David Rubeni, im Irak oder in Arabien geboren, aber in Istanbul erzogen, verkündet in Saloniki das baldige Kommen des Messias und beginnt, die aufgewühlte Menge zu einer vorbereitenden Buße anzuleiten. Diego Perez, ein portugiesischer Marrane, der sich in der Türkei wieder Salomon Molkho nennt, dient ihm als Sprachrohr und als Mitarbeiter. Wie Rubeni reist auch Molkho viel umher, um genau für das Jahr 1540 den Messias anzukündigen. 1529/30 begeistert er Safed, dann beschließt er, seine Aufgabe als großer Verkündiger in Italien wahrzunehmen. Doch 1532 wird er in Bologna aufgegriffen und lebendig verbrannt. Im Vorderen Orient mag es noch angehen, daß man den Messias erwartet, die Autoritäten lassen es zu, daß die Leute reden; einem vom Papst regierten Land diese Überzeugung beizubringen, dürfte ein heikles Unterfangen sein.

Psychologisch ist der Boden nun vorbereitet für Isaak Luria. 1534 in einer aschkenasischen Familie in Jerusalem geboren, betreibt er zunächst Talmudstudien in Kairo, wird jedoch – überzeugt durch die Lektüre von *Sohar* – einer der reinsten Kabbalisten von Safed. Selbst schreibt er nichts und verbietet auch jegliche Publikation seiner Predigten. Er fastet tagelang und unternimmt Bergwanderungen, auf denen er sich nur von dornigen Stauden und bitteren Kräutern ernährt. Doch wenn er von der mystischen Überlieferung der Bibel spricht oder laut nachdenkt über Sohar, strömt die Menge herbei, um ihn zu hören. 1573 stirbt er an der Pest und wird in Safed beigesetzt. Auch sein Grab, das neben dem von Joseph Caro liegt, wird heute noch verehrt.

Isaak Luria hielt sich selbst nicht für den Messias; einige Schüler behaupteten das zwar, aber es paßt nicht zu seinem persönlichen Verhalten. Diesen Schritt wagte erst Chajim Vital, einer seiner Anhänger. Vital stammte eigentlich aus Kalabrien, es war jedoch sein Wunsch, in Safed im Geist eines Luria heranzureifen. Nach des Meisters Tod fuhr er fort zu predigen, um sich eines Tages selbst zum Messias auszurufen. Mit größter Beharrlichkeit, aber mit viel Unverständnis seitens der Zuhörer (ob deshalb weil er selbst nicht überzeugt war, ist schwer zu sagen) hat er in Jerusalem, in Kairo, in Safed gesprochen. Er ist einer der wenigen Kabbalisten des 16. Jahrhunderts, die sich für den Messias hielten, der sich auch in einer Schrift erklärend äußerte: *Ez Chajim* oder »Baum des Lebens«. Als er 1620 in Damaskus starb, war er schon halb vergessen.

Neun Jahre später wird in Izmir Sabbatai Zwi geboren. Er hat ein Format, das die Grenzen Palästinas sprengt. Indem er ostentativ fastet, unablässig zum Volk spricht und in seinen Predigten Talmud, *Sohar* und spanisch-jüdische Poesie vermischt, kündigt er den Messias an, bis er sich – sehr bald – selbst dafür hält. Die Massen in Izmir, Jerusalem, Kairo und Saloniki erfüllt er mit Begeisterung; zwar versuchen die Rabbiner zu widerstehen, und ihre Gläubigen zurückzuhalten, aber mit der Figur Zwis kommt ein mystischer Messianismus zum Ausbruch, der seit einem Jahrhundert, wie ein schwelendes Feuer, nur darauf wartete, sich zu entzünden.

Der Messias fordert eine umfassende seelisch-körperliche Gefolgschaft; Zwi lebt mit zwei Frauen und mehreren Prostituierten. Da er kam, um als Messias die Menschheit zu retten, ist der Mensch nicht mehr gebunden an die erlösenden Fastenpflichten. Zwi ändert den jüdischen Kalender und streicht diese Buße ersatzlos. Der Messias darf Dinge tun, die dem gewöhnlich Sterblichen verboten wären; Zwi nimmt die Torarollen und drückt sie begeistert an sein Herz. Für den 1. Januar 1666 kündigt er seine Reise an zum jenseitigen Ufer des Sambation, des mythischen Sabbatflusses im Garten Eden. An diesem Tag, der zugleich das Ende aller Zeiten darstellt, teilt er die Welt auf unter seinen Brüdern und Anhängern; er verleiht Königstitel an Salomon Carmona, Isaak Silveyra, Mose Galante, Daniel Pinto, Rafael Tchelebi (»König Joas«) und an den Arzt Meir ben Yahia (»König von Portugal«). Die große Masse der Sephardim, deren illustre Vertreter in dieser neuen Welt allgemeiner Erlösung mit Herrscherrollen betraut werden, die Masse drängt sich, um ihn zu hören; sie fastet für ihn, sie verheiratet ihre Zwölfjährigen, aber sie steinigt auch jeden, der sich ihrem Messias in den Weg stellt. Bis ins ferne Amsterdam ist man leidenschaftlich daran interessiert, zu erfahren, was sich in der Anhängerschaft des Sabbatai Zwi ereignet. Er selbst fährt im Winter 1666 von Izmir nach Istanbul, wo ihn der Sultan, aufgeschreckt durch diese Bewegung im Volk, die an eine Revolution grenzt, augenblicklich festnehmen läßt. Doch auch im Gefängnis empfängt Zwi ebenso viele Getreue wie zu seiner Predigerzeit. Daraufhin stellt ihn der Sultan vor ein Dilemma: Tod oder Islam. Er wählt den Islam, wird Mehmet Effendi, kleidet sich in grün und lebt weitere zehn Jahre als ein Rechtgläubiger. Denn ein Messias kann von Menschen nicht getötet werden, es ist ihm hingegen möglich, nach außen Namen und Sitten einer andern Religion anzunehmen, um diese um so besser, nämlich von innen, zu bekämpfen.

Nach dem ersten Schrecken angesichts dieses Verrats entschließen sich die »Sabbataianer«, auch darin ihrem Messias zu folgen. Zu mehreren Hundert auf einmal sagen sich Juden von ihrem Glauben los (so 300 Familien, das heißt, etwa 1 500 Personen am 2. Dezember 1686 in Saloniki); sie wechseln ihre Namen und besuchen fortan die Moschee. Die diese Wahl treffen, entstammen größtenteils den höchsten Kreisen von Saloniki, einige sind aus Istanbul andere aus Izmir. Man nennt sie *Deunmes*, was ungefähr dem iberischen »Marranen« gleichkommt. Jedermann weiß, daß diese neuen Muslime weiterhin ihre jüdische Religion ausüben, die sich stark auf *Sohar* und die Kabbala stützt. Noch im 20. Jahrhundert kennen die Deunmes der Türkei die jüdischen Gebete und rezitieren Verse von Ibn Gabirol, die in den Familien von Generation zu Generation überliefert sind. Vom Messias ist nicht mehr die Rede, außer im Kreis einiger

Erleuchteter, die weit weniger Gefolgschaft finden als Sabbatai Zwi (etwa in Saloniki um 1677, ein ehemaliger Medizinstudent aus Madrid, der Marrane Abraham Miguel Cardoso, der ohne jedes Echo zum Messias ausgerufen wird). Nach diesen letzten Jahrzehnten des 17. Jahrhunderts scheint die Masse der Juden im Orient für mehrere hundert Jahre in Lethargie zu verfallen. Breitgefächerte gesellschaftliche Unterschiede prägen die zahlenmäßig starken Gemeinden; wie in allen orientalischen Milieus sind Besitz und Bildung äußerst ungleich verteilt. Zu oberst auf der Stufenleiter stehen die Kaufleute der großen Städte, oft Geldmakler oder Geschäftspartner vor Firmen in Marseille oder Livorno. Im 18. Jahrhundert wirft man ihnen ihre Vorliebe für die französische und italienische Sprache vor, für westliche Kleidung mit einem Degen an der Seite, und daß sie die jüdischen Gebote nicht mehr, oder nicht mehr streng, befolgen. Ebenfalls weit oben die Ärzte, oft in westlichen Universitäten ausgebildet und in der Umgebung des Sultans und der Paschas tätig. Hochgestellt auch die Oberrabbiner (in Jerusalem seit dem 18. Jahrhundert der »Erste in Zion«, *Ha-Rishom le-Tsion* genannt oder *Haham Bashi*), sie dienen dem Sultan meist als persönliche Berater.

Die Rabbiner und die »Cohen«, die von Moses Bruder Aaron abstammenden Priester, wurden von den Souveränen der Mittelmeerstaaten stets hoch geschätzt. Albert Cohen, der in seiner Lyrik, in seiner Hinwendung zur Welt und in seiner Gottesfurcht so außerordentlich sephardische Intellektuelle und Romancier, aus einem sehr alten Geschlecht Korfus (vor 1492 Mallorcas), erzählt in *Carnets* vom großen Ansehen seines Großvaters Cohen:

»... Plötzlich steht mir der Vater meines Vaters vor Augen, ein hochgewachsener Alter, weise und mächtig, den ich liebte und verehrte. Er war der Vorsteher der israelitischen Gemeinde auf Korfu und blieb es an die dreißig Jahre. Wenn

der König und die Königin von Griechenland in den Sommerferien auf die Insel kamen, war es mein Großvater, der ihnen nach alter Tradition die Grüße der jüdischen Gemeinde überbrachte und gleichzeitig seine persönliche Aufwartung machte. Eine eher familiäre Anstandsvisite übrigens. Anläßlich eines solchen Besuches zögerte er nicht, die Königin zu fragen ob sie guter Hoffnung sei, und ob der Tag nahe, an dem ihr die Untertanen zum glücklichen Ereignis gratulieren dürften...«

Sitten und Gebräuche der vergangenen Jahrhunderte haben sich tatsächlich bis in das unsrige hinein erhalten. Beim Gespräch, von dem Albert Cohen erzählt, ging es jedoch um das englische Königspaar, bei den Muslimen ist der Umgangston doch sehr anders. Im Prinzip begrüßt der Sultan die Existenz einer Elite. All den aristokratischen Gebildeten und Geschäftsherren gewährt er Privilegien und Steuerfreiheiten. Was insofern auffällt, als im allgemeinen die jüdische Bevölkerung des Osmanischen Reiches von Taxen, Kopfsteuern und Gebühren für alle lebenswichtigen Güter beinahe erdrückt wird.

Die Rabbiner von Saloniki machen periodisch auf diese *Francos* (noch immer der spanische Ausdruck!) aufmerksam, die überhaupt nichts bezahlen, weil sie »Ausländer« (sprich Geschäftspartner von Ausländern) sind, oder weil ihre Vorfahren ein erbliches Privileg erhielten. Da nun aber die Steuern immer noch nach dem alten System der spanischen Pecha eingezogen werden, als eine globale, der demographischen Stärke der Gemeinschaft entsprechende Summe, sind es die Ärmsten, die für die Befreiten einstehen müssen, obwohl diese oft genug den größten Reichtum besitzen. Hin und wieder gelingt es einem Oberrabbiner oder einem besonders einflußreichen Dreierrat, eine Reform in den Gemeinden zu erwirken, so daß, für einige Zeit wenigstens, ausgeglichenere Verhältnisse herrschen.

Den Juden, die nicht dieser sehr reichen Schicht angehören, stehen wie überall die Mittlertätigkeiten offen. Sie dolmetschen – schon Belon du Mans wies daraufhin –, denn außer Spanisch, Italienisch und Französisch sprechen sie natürlich auch Türkisch, Griechisch, Arabisch und Hebräisch. Sie verstehen es, die Qualität eines Stoffes, einer Waffe zu beurteilen, Geld zu wechseln und sich im großen wie im kleinen Handelsgeschäft mit gleichem Erfolg durchzusetzen. Ausländische Beobachter werden nicht müde zu bemerken, daß die Fäden des Mittelmeerhandels bei den türkischen Juden zusammenlaufen.
Eine gereizte, vielleicht auch etwas neidische, bestimmt aber bewußt antisemitische Beschreibung dieser sephardischen Kaufleute gab 1682 der französische, als Missionar ins türkische Reich entsandte Kapuzinerpater Michel Fèvre:

»... Sie finden sich in großer Zahl in den meisten Städten des hohen Herrn, besonders wo Handel getrieben wird wie in Smyrna, Aleppo, im großen Kairo und Thessaloniki... Im allgemeinen betätigen sie sich als Bankiers, wechseln Münzen, die sie durch Herabsetzen des Gewichts entwerten, sie fälschen und leihen gegen Wucherzinsen Geld; dann spinnen sie Gold- und Seidenfäden oder kaufen Altwaren, um sie für neu wieder zu verkaufen, nachdem sie sie zusammengeflickt haben; im übrigen sind sie im Zollwesen beschäftigt, sind Senals oder Unterhändler auf Märkten, Ärzte, Apotheker und Dolmetscher. Nur diese Berufe üben sie aus, denn sie bringen ihnen am meisten ein, ermüden sie kaum und machen es ihnen darüber hinaus leichter als andere, zu täuschen und zu betrügen. Sie sind derart geschickt und durchtrieben, daß sie sich überall unentbehrlich machen; es gibt keine angesehene türkische Familie, keinen ausländischen Geschäftsmann, die nicht einen Juden in ihren Diensten hätten....«

Entgegen der voreiligen Behauptung Michel Fèvres sind Juden jedoch auch Handwerker und Arbeiter. In Saloniki, im Viertel der Mallorcaner, stellen sie Töpfe her, wie schon vor 1492 in der Heimat. In Saloniki arbeiten sie auch als Dokker. Ausländische Reeder wissen, daß der Sabbat ihr Ruhetag ist und vermeiden es, die Schiffe an einem Samstag den Hafen anlaufen zu lassen. In sämtlichen Mittelmeerstädten findet man sie zudem als Hersteller von Leder- und Textilwaren, oder zumindest als Schneider und Altwarenhändler (»... nachdem sie sie zusammengeflickt haben...«). Denn die Masse der Juden ist sehr oft einfach gezwungen, die niederen Berufe auszuüben, sie lebt meist in wirklicher, für jeden unvoreingenommenen Beobachter sichtbarer Armut. Die Familien drängen sich in Holzhütten ungesunder Quartiere zusammen, in die (noch bis ins 19. Jahrhundert) jederzeit die Besatzung der Janitscharen eindringen kann, um mit gestohlenen Waren und jungen Mädchen wieder zu verschwinden. Gegenüber den *Rayas*, den Angehörigen einer andern Religion, die nur am Rand seiner Gesellschaft geduldet werden, will und darf der Pascha nie irgendwelche Schuld eines türkischen Soldaten zugeben.

In Izmir wird diese machtlose Masse der Juden wenn nicht von Janitscharen, so doch von orthodoxen Griechen bedroht. Noch im 19. Jahrhundert wirft man ihr periodisch Ritualmorde vor, was unweigerlich ein Pogrom zur Folge hat. In Istanbul nehmen die seit dem 17. Jahrhundert zugelassenen christlichen Schulen aus den ärmsten jüdischen Familien Kinder auf, die sie dann als Entgelt für den Gratisunterricht bekehren. Die Jungen der noblen jüdischen Familien besuchten (und besuchen noch heute) die christlichen Institute der Jesuiten, die Mädchen Notre-Dame von Zion, wo sie nach einem westlichen Lehrplan unterrichtet werden, etwa in französischer Geschichte; von den orientalischen Kulturen hören sie nichts. Neuerdings wird nicht mehr um jeden Preis versucht, junge Türken aller Religionen zu christianisieren. Im 18. und 19. Jahrhundert war das jedoch ein echtes Anliegen von Erziehern, die solche Institute leiteten. Französische, englische Missionare richteten in den Armenquartieren Schulen ein und lehrten neben dem westlichen Alphabet oder dem Schneiderhandwerk auch das Christentum.

Wenn Eltern im Judenviertel von Istanbul solch fremde Erziehung ablehnen, bringen sie manches Opfer, um die Knaben in die Talmud-Tora-Schule zu schicken, damit sie wenigstens so viel von der hebräischen Sprache lernen, wie sie zum Lesen am Tag von Bar-Mizwa und zum Auswendiglernen der Gebete brauchen. Mädchen gehen überhaupt nicht zur Schule. Manchmal ist der Analphabetismus – bei Frauen ohnehin die Norm – total, auch was das Hebräische betrifft, zunehmend vor allem bei Knaben, die den ärmsten Familien entstammen. In den ersten Jahrzehnten des 19. Jahrhunderts drucken Rabbiner in Saloniki, zunächst anonym, Buch um Buch einer ins volkstümliche Spanisch übertragenen Bibel, um dem kleinen Volk wenigstens einen rudimentären Begriff zu vermitteln von der eigenen Religion. Ihr *Meam Loez* (das Volk, das eine fremde Sprache spricht) wird zu einem ungeheuren Erfolg und trägt vielleicht dazu bei, das Judentum dieser Menschen zu retten, die ohne Anleitung, praktisch ohne Mittel vor den Schwierigkeiten der hebräischen Sprache kapituliert hätten.

Die jüdische Frau aus dem Volk hütet das Haus; sie spricht ein altertümliches Jüdisch-spanisch. Zur gebauschten türkischen Hose trägt sie einen weiten, faltenreichen Mantel, der merkwürdigerweise Sambenito genannt wird, wie ursprünglich das mit gelben Kreuzen bestickte Büßergewand der von der Inquisition »versöhnten« Ketzer. Die Juden von Saloniki beten zu *Dio*, nicht zu *Dios*, wie einst die Marranen. Der Mann aus dem Volk trägt noch lang die *Bragas* (Hose) und den spanischen Bolero, später kleidet er sich wie die Türken, während der reiche Jude nach westlichem Vorbild im 18. Jahrhundert die gepuderte Perücke und seidene Hosen, im 19. Gamaschen, Frack und hohen Zylinder vorzieht. Die Ernährungsweise bleibt ebenso lang spanisch, wie das Zeremoniell der Hochzeiten und Beschneidungen. Und bei diesen Gelegenheiten denkt man nicht ans Sparen: *Lo que no se hace a la boda, no se hace de la vida* (»Was man bei der Hochzeit nicht tut, wird man das ganze Leben nicht tun«). Die volkstümlichen Traditionen vermischen sich gern mit Aberglauben, der seinerseits ein Import aus Spanien ist. Die Straßen sind bevölkert mit bösen Geistern, die man, um sie gnädig zu stimmen, »los Mejores de nosotros« (die Besten von uns) nennt. Hellseher und Zauberer sind die beliebtesten Bewohner des Judenviertels, und gegen den bösen Blick gibt es die papierenen Amulette, die mit spaniolischen Kritzeleien bedeckt sind.

Diese ungebildete, bedürftige, allen Angriffen hilflos ausgesetzte jüdische Masse schilderten die Beobachter alle gleichermaßen mit Anteilnahme. Die schwärzeste Bild malten sie von Jerusalem, wo die Juden sich in der Nähe der Stadtmauern halten, und nur von den Almosen aus der gesamten jüdischen Welt zu leben scheinen. Von überall her schicken die Gemeinden ihre milden Gaben, die in einem eigenen Behälter gesammelt und von Emissären aus dem Heiligen Land persönlich abgeholt werden, sei es in Venedig, Avignon, Bayonne, Amsterdam oder in New York ... In den Jahrhunderten vor unserer modernen Zeit mit ihren großen Veränderungen pflegen die Alten am Beginn des Lebensabends nach einer speziellen Bußzeremonie Saloniki oder Istanbul zu verlassen, um ihre Tage an der Klagemauer zu beenden. Von Zeit zu Zeit müssen sie freilich um eine kleine Unterstützung ihrer Familie bitten; tröstliche Nachrichten kommen hingegen aus diesem Jischuw offenbar keine: *Cartas buenas ne vienen de Yerushalaim* (Gute Post kommt nicht aus Jerusalem) ist eine Redewendung, die in Saloniki um 1800 entstand.

Ebenso schlecht geht es der jüdischen Gesellschaft der großen türkischen Häfen im 19. Jahrhundert. Nur wenige Fremde, die die Lumpensammler überhaupt zur Kenntnis nahmen, werden in ihnen Nachkommen jener spanischen Juden gesehen haben, die einst Ratgeber von Königen waren; umso weniger, als man im Westen keine Ahnung davon hatte, daß die Geschichte der Juden im Mittelalter so glanzvoll war, wie die der Königreiche, in denen sie sich abspielte. Als Kaiserin Eugènie 1869 nach der Eröffnung des Suezkanals in Istanbul empfangen wurde, war sie erstaunt, als sie die spanische Begrüßungsansprache des Oberrabbiners hörte. Der Würdenträger mußte ihr erklären, daß die 50 000 Juden Istanbuls alle ihre Sprache beherrschten, da sie alle aus Spanien stammten (er zählte allerdings orientalische und aschkenasische Juden, die ebenfalls in der türkischen Stadt wohnten, zu den authentischen Sephardim hinzu). Auch heute noch spricht man in Istanbul den Djudezmo genannten Dialekt und rezitiert spanische Poesie des 15. Jahrhunderts. Doch als im vergangenen Jahrhundert alle Reisenden nur Unterentwicklung und Mangel an Bildung konstatierten, war dieser Umstand stets ein Grund zum Staunen. Angesichts der Armut in den Judenvierteln am goldenen Horn erinnert sich Caroll Spence –, ein ehemaliger Botschafter der Vereinigten Staaten bei der Hohen Pforte, an die große Zeit der Makkabäer und den Selbstmord des Massada. In einem Artikel aus dem Jahr 1870 im *Saturday Night* schreibt er:

»...Heute gibt es unter ihnen sehr reiche Bankiers und Kaufleute. Die Mehrzahl lebt jedoch in einem Zustand offensichtlicher Armut. Juden werden sowohl von den Christen, als auch von den Muslimen verachtet. Sie üben die anspruchslosesten Berufe aus, verkaufen alte Stoffe und Kleider oder dienen sich den Fremden, die Konstantinopel besuchen, als Führer an.

Die Jahrhunderte dauernde Unterdrückung in der Türkei hat bei diesem Volk den Geist abgetötet; und es fällt schwer, zu glauben, daß diese demütigen, unterwürfigen Israeliten, die sich, ohne auch nur den Versuch einer Entgegnung zu machen, von türkischen und christlichen Kindern in Konstantinopel schlagen und plagen lassen, tatsächlich die Nachfahren jener Rasse von tapferen Kriegern sein sollen, welche in der Antike ihren Wert durch hehre Waffentaten und ihre Verzweiflung durch persönliche Opfer bezeugten, die kaum Parallelen haben in der Geschichte. Doch Mut und Stolz einer Nation erlahmen eben nach langer Unterdrückung, so wie das Eis am Ende eines Winters dahinschmilzt ...«

Der Amerikaner spricht von »sehr reichen Bankiers und Kaufleuten«. In jenen Jahren trifft das zu auf Abraham de Camondo. Die Familie portugiesischen Ursprungs flüchtete nach Venedig und im 18. Jahrhundert nach Istanbul, wo sie eine Bank gründet und eine Synagoge baut. 1785 kommt im Haskoy-Viertel am Bosporus Abraham zur Welt; wie sein Vater behält er die doppelte, venezianisch-türkische Nationalität. Wenn er sich nicht um die Banken in Venedig kümmern muß oder seinen Pflichten in der Gemeinde von Istanbul nachkommt (Schulen, ein Spital, der Synagogenrat, alles lastet auf ihm), lebt er in Paris, in einem Palais im Marc Monceau. Als venezianischer Diplomat wird er von Kaiser Franz Joseph empfangen. Er bemüht sich jedoch sehr darum, daß Venedig dem jungen Italien angegliedert wird; 1870 verleiht ihm Viktor Emmanuel den erblichen Grafentitel. Und auch in Istanbul findet er Anerkennung für sein philantropisches Wirken, der Sultan gestattet ihm den Besitz von Immobilien, was einem Raya sonst nicht widerfährt. Abraham de Camondo stirbt 1873 in Paris, aber beerdigt – und zwar mit einem Staatsbegräbnis – wird er in Istanbul. Infanterie-, Marine- und Kavalleriesoldaten des Sultans begleiten seinen Sarg, Kinderchöre der jüdischen, christlichen und mohammedanischen Schulen mischen sich mit den Kirchenglocken und der Hofkapelle.

Doch auf einen einzigen Grafen von Camondo, der im zweiten Kaiserreich als Großbürger, der in Italien als Aristokrat und im Osmanischen Reich als Würdenträger lebte, kommen ungezählte »demütige, unterwürfige Israeliten«, die sich schlagen lassen, wie Caroll Spence bemerkte. In wirtschaftlicher Hinsicht werden im 19. Jahrhundert Wien, Prag, Budapest oder Frankfurt attraktiv. Die Juden aus dem Balkan, Sephardim aus Rumänien, Bulgarien und Griechenland, die dem Rayadasein entfliehen wollen, lassen sich in einer aschkenasischen Welt nieder, die nicht die ihre ist. Die meisten müssen den Namen bei der Ankunft ändern, um zukünftig einen deutschen zu tragen. Ihr Schicksal läßt sich nun nicht mehr trennen von dem der Juden Zentraleuropas. Und doch kann im Schoß der Familie das sephardische Leben weitergeführt, und auch in veränderter Umgebung als ein wesentlicher Grundzug erhalten bleiben. Elias Canetti, der Nobelpreisträger für Literatur von 1981, wurde 1905 in Bulgarien geboren, das 1908 seine Unabhängigkeit erlangte. Die Familie Canetti, die bereits dem Osmanischen Reich entronnen war, emigrierte bald nach Manchester. Der Schriftsteller erinnert jedoch stets daran, daß seine Muttersprache Spanisch war, ungeachtet der Tatsache, daß er von den sephardischen Wurzeln durch den Wegzug abgeschnitten wurde:

»... Die ersten Kinderlieder, die ich hörte, waren Spanisch, ich hörte alte spanische ›Romances‹, was aber am kräftigsten war und für ein Kind unwiderstehlich, war eine spanische Gesinnung. Mit naiver Überheblichkeit sah man auf andere Juden herab, ein Wort, das immer mit Verachtung geladen war, lautete ›Todesco‹, es bedeutet einen deutschen oder aschkenasischen Juden. Es wäre undenkbar gewesen, eine ›Todesca‹ zu heiraten, und unter den vielen Familien, von

denen ich in Rustschuk als Kind reden hörte oder die ich kannte, entsinne ich mich keines einzigen Falles einer solchen Mischehe. Ich war keine sechs Jahre alt, als mich mein Großvater vor einer solchen Mesalliance in der Zukunft warnte. Aber mit dieser allgemeinen Diskriminierung war es nicht getan. Es gab unter den Spaniolen selbst die ›guten Familien‹, womit man die meinte, die schon seit langem reich waren ...«
(Aus »Die gerettete Zunge«, Geschichte einer Jugend)

Mitte des 19. Jahrhunderts bricht der Westen recht brutal in diese sephardische Welt ein. 1860 gründen in Paris Charles Netter und ein Kreis französischer Rabbiner die »Alliance israélite universelle«, mit dem Ziel, für die Juden des Mittelmeerraums Schulen zu errichten. In den Städten des Maghreb, in Ägypen, in Jerusalem (wo Pariente und Behar, zwei echte Sephardim, Wunder der Diplomatie vollbringen inmitten von feindseligen Provinztürken), dann in Istanbul, Izmir, Aleppo, Damaskus, Kairo und Saloniki... Überall besuchen die Kinder nun die Schulen der Alliance, die von französischen Juden oder französisch erzogenen Sephardim wie Benjamin Cases und Mose Franco überwacht werden. Gleichzeitig wird in jenem Kreis westlicher Notabeln beschlossen, zurückzukommen auf das Experiment Nassis mit jüdischen Kolonien in Israel. Moise Montefiore, ein englischer Sephardim, kauft Land in der Umgebung der Mauern von Jerusalem, und später noch einige steinige und sumpfige Hektar in Palästina. 1870 wird im Hinterland von Jaffa die erste von der Alliance israélite abhängige Landwirtschaftsschule »Mikwe-Israel« gegründet. Der Ansporn ist nun gegeben. Die reichsten Juden Frankreichs, Englands, Deutschlands und der Vereinigten Staaten, der Baron von Rothschild, der Baron Hirsch, kaufen Land von der türkischen Verwaltung und den arabischen Dörfern, die ihren Vorteil sofort in einer gesteigerten Nachfrage sehen, und Rodungsland für mehr Geld verkaufen, als ertragreiche Erde in Europa kosten würde. Um 1880/90 leben jüdische Siedler sowohl in Landwirtschaftszentren, als auch in Jerusalem, das mit einer neuen jüdischen Bevölkerung wieder aufersteht, und an andern heiligen Stätten Israels. Anfang des 20. Jahrhunderts erfolgt die Gründung des ersten Kibbuz Degania und die der ersten jüdischen Stadt, Tel Aviv. Die Barone, die das Land kauften, sind jedoch Aschkenasim und die Einwanderer die es jetzt bebauen sind Russen, Rumänen oder Juden aus Österreich-Ungarn. Sie sind in zwei großen Wellen ins Land geströmt: die erste, 1875-1882, *Alija* oder »der Einzug« genannt, die zweite 1905. Der Vater des »Judenstaates«, Herzl, ist Ungar, Ben Gurion Pole. An der Schwelle zum zwanzigsten Jahrhundert scheint es, als wären die Sephardim für einige Zeit vom großen Abenteuer der Versammlung des Volkes in Zion ausgeschlossen.

Sechstes Kapitel

IN DEN ARABISCHEN LÄNDERN DER NEUZEIT

»Seit unserer frühesten Jugend waren wir daran gewöhnt, in einem übernatürlichen Universum zu leben. In unseren Ghettos irgendwo in der Unendlichkeit des Maghreb, von Djerba bis Rabat und Marrakesch, vom Großen Atlas bis zur Sahara an der Atlantik- und an der Mittelmeerküste, überfiel den Besucher augenblicklich ich weiß nicht was für ein biblischer Duft von Orient, wenn er über die Schwelle unserer niedrigen Behausungen am Ende unserer oft engen Sträßchen trat, voll von Bretterbuden, in denen der Händler oder Handwerker auf dem Boden hockend die gleichen oder nahezu die gleichen Handgriffe ausführte, wie sie schon im biblischen Orient üblich gewesen waren ...«

Dies sind Erinnerungen von André Chouraqui (aus *Ce que je crois*), der – in Algerien geboren – jetzt in Israel lebt, wo er früher stellvertretender Bürgermeister von Jerusalem war.
Die in arabischen Ländern aufgewachsenen Juden, sei es im Maghreb, im Jemen oder in Mesopotamien, entsinnen sich alle noch der Gesten, der Gebete und der von mehreren Jahrtausenden geprägten geistigen Haltung, die immer in ihrer Persönlichkeit tief verwurzelt sind.
Der Begriff »arabische Länder« umfaßt eigentlich Gebiete mit arabischer Bevölkerung, aber – bis hinein in die Neuzeit – türkischer Oberhoheit. Wir sprachen bereits von der Hauptprovinz, dem heutigen Land Israel im syrisch-palästinensischen Küstenstreifen. Jerusalem und die anderen »heili-

gen Städte« waren bis vor wenigen Jahren von Arabern umgebene jüdische Gemeinden. Das von den aschkenasischen Pionieren gekaufte Land lag im Bereich arabischer Siedlungen, das heißt, der Sultane des 19. beziehungsweise der Emire Transjordaniens des 20. Jahrhunderts. Doch ob arabisches oder türkisches Land, ihre Grenzen ändern sich und auch die Herrschaftsansprüche; in unserer Epoche verwandelt sich alles. Nach 1830 verliert die Türkei die Territorien des Maghreb, die Algerien, Marokko und Tunesien werden. Nach 1882 verliert sie zudem Ägypten an die Schutzmacht England, die es zu einem Staat unter einem regierenden Khediven, später zum Königreich erhebt. 1919 muß die besiegte Türkei auch ihre südlichen Provinzen abgeben: Der Irak, Transjordanien (wo Scheiks eines Tages den Königstitel annehmen) und Palästina werden britisches, Syrien und Libanon französisches Mandatsgebiet. Auf der Arabischen Halbinsel setzen sich Nomadenstämme fest, deren Führer sich ebenfalls, wie Ibn Saud von Arabien, zu Königen machen. Das »Palästina« genannte Land hat sein besonderes Schicksal; das britische Mandat gilt für Jerusalem, Safed, Tel Aviv und Gaza, also weit mehr, als nur den schmalen Küstenstreifen Palästina; es geht vielmehr um Judäa, Galiläa und Negev, um einen Kreuzweg der Handelsstraßen, die entweder nach Ägypten oder zu den persischen Golfen führen, um das Land Israel mit immer noch unbestimmter Zukunft.

In diesem Land, das um den Zionsberg aufgebaut wird, und rings herum in den anderen Staaten, leben in den Jahrhunderten der Neuzeit Juden. Sie sind geduldet in großen Agglomerationen mit arabischer Mehrheit im Namen des alten Omar-Pakts: Dimmis, die seit langem dem Willen der Paschas gehorchen – die ihrerseits abhängig sind vom Sultan oder vom Emir einer kleinen, lokalen Dynastie – seit Urzeiten jüdische Dimmis, wenn diese Territorien endlich die Unabhängigkeit erreichen und sich eine westlich orientierte Regierung geben.

Die »jüdisch-arabischen« Gemeinden

Die Sephardim stießen auf Gemeinschaften, die Jahrtausende bestanden hatten oder zumindest jahrtausendealte Traditionen pflegten. Die Juden von Bagdad betonten gern, daß sie dort seit 586 vor unserer Zeit, nämlich seit der ersten babylonischen Gefangenschaft, lebten. Das griechische Alexandria hatte ebenfalls seine jüdische Bevölkerung, deren markantester, vielleicht weil am stärksten hellenisierter Vertreter Philon war. Der Islam brachte in der Folge die städtischen Zusammenballungen und den Handel über große Distanzen, durch den Damaskus, Aleppo, Kairo, Kairouan, Bougie, Fez, Marrakesch und viele andere Zentren seit dem 7. Jahrhundert wieder zu ihrem alten Leben erwachten; sie wurden zu Stationen der Karawanenstraßen oder Fluß- und Meereshäfen, vom Persischen Golf über das Rote Meer bis zum Mittelmeer.

Dimmis, das sind in erster Linie die Juden, mehr als die Christen, die in kleineren Gruppen von Armeniern, Griechen, Nestorianern oder römischen Katholiken leben. Im 20. Jahrhundert haben jüdische Untertanen genauso wenig wie im 16. oder 18. das Recht, Land oder Häuser zu besitzen oder auf Pferden zu reiten; ihre Synagoge darf im Stadtbild nicht auffallen, und wenn sie sich auf der Straße blicken lassen, müssen sie ihre Kleidung unter einem weiten Umhang verstecken und eine Kopfbedeckung tragen. Begegnen sie einem Mohammedaner, haben sie zur Seite zu treten und dem Herrn den Weg nötigenfalls freizumachen. An manchen Orten (etwa in Algerien im 18. Jahrhundert) müssen sie zudem die »Babouches« tragen, Schuhe mit einer verkürzten Sohle ohne Absatz, damit der Fuß zur Hälfte im Staub geht.

Der Omar-Pakt garantierte zu seiner Zeit jedoch auch die Religionsfreiheit. In den arabischen Städten besitzen die Juden ihre Torarollen, es gibt einen Rabbi (eingesetzt von der

islamischen Obrigkeit), Talmudschulen, den *Bet-Din* und die Gemeindevorsteher. Friedhöfe, auf teuer bezahltem Land von der Gemeinde sorgfältig gepflegt, liegen außerhalb der Zentren. Einige »Weise« werden von den Angehörigen aller Religionen wie die Derwische während Jahrhunderten verehrt. Etwa Rafael ha-Cohen oder Rabbi David ben Moshe in Marokko, Josef ben Menir in Constantine, Chajim Levi Capusi in Kairo; man nennt sie allgemein die »heiligen« Rafael, David, Josef...
Neben der prinzipiellen Freizügigkeit gibt es aber Einschränkungen, das religiöse Leben wird überwacht. In den Talmudschulen wird das absolute Minimum vermittelt; Bücher sind nur wenige im Umlauf, ohnehin scheinen die Juden von Generation zu Generation immer weniger imstand, hebräisch zu lesen, geschweige denn andere Sprachen. Die materiellen Schwierigkeiten des Daseins lassen kaum Zeit und Mittel zum Studium. Armut ist für den Großteil der Bewohner der *Mellahs* oder *Halas* (Begriffe, die vielleicht nicht genau dem Wort *Ghetto* entsprechen) eine traurige Realität. Zu kleine Wohnungen, die Frauen nur im Haus, die Männer in manuellen Berufen oder im ganz kleinen Handel tätig, ohne Möglichkeit, aus ihrer schwierigen Situation herauszufinden. Die Solidarität innerhalb der Gemeinden bringt Hilfe, wenigstens für die allerärmsten Kinder, denn eine der reichsten Familien kümmert sich traditionsgemäß um einen vollkommen mittellosen Haushalt, sorgt für die Erziehung der Kinder und bestimmt deren Berufswahl. Es bleibt freilich eine seltene Chance, die kaum jemandem zufällt. Deshalb leisten auch die Rabbiner wahre Wunder der Nächstenliebe und Geduld, um den Kindern wenigstens das Wesentliche der jüdischen Überlieferung ins Gedächtnis einzuprägen.
Zum Glück ist das vorbildliche orientalische Gedächtnis nicht nur den Arabern, die nie mit andern Mitteln lernen, sondern auch den Juden eigen. Wenn die biblischen Texte

nicht verloren gingen, dann weil sie ununterbrochen rezitiert und psalmodiert, und mündlich ebenso sicher überliefert werden, wie wenn sie aufgeschrieben wären, in der Hand gehalten und gelesen würden. So sind sie erfüllt von einer mystischen Kraft, die das allzu wirkliche Papier, das man berühren kann, nicht vermitteln könnte. Mündliche Überlieferung, arabische Tradition und orientalischer Aberglaube sind gemeinsam in dieses Wissen eingegangen; in dieses angewandte und zutiefst erlebte Judentum, das jedoch gefärbt ist von all den unvermeidbaren Einflüssen anderer Glaubensformen. Ebenso unabwendbar wie die Arabisierung der jüdischen Gesellschaft, deren Namen, Sprache und Sitten sich denen der alteingesessenen Bevölkerung Bagdads oder Warglas angeglichen haben.

»... Denn wenn wir auch in einer Atmosphäre lebten, die geschwängert war von biblischen, talmudistischen, kabbalistischen oder spanischen Einflüssen, so hatten sich uns dennoch zahlreiche arabisch-berberische Sitten aufgedrängt. Viele unter uns trugen arabische Namen oder Vornamen. Wir lebten und wir verkehrten ja mit den Muslimen auf so engem Raum, daß jede Symbiose möglich, daß sämtliche Synkretismen gefördert wurden. Ein Aberglaube überlagerte da den andern, sie durchdrangen sich gegenseitig, meistens so, daß keine Ursprünge mehr erkennbar blieben. Der Zauberer am Ort hatte genau so viel Zulauf von Christen und Juden wie von Muslimen ...« erzählt wiederum André Chouraqui.

Schon im 16. Jahrhundert drangen Sephardim in diese maghrebinische oder orientalische Welt ein. Wir wissen bereits, daß sie im östlichen Mittelmeerbecken in großer Zahl nach Saloniki und Istanbul gingen, sich dann auch von Kairo anlocken ließen, aber sehr selten nur von den syrischen und irakischen Städten, falls nicht zufällig ein Geschäft oder eine Mission sie dorthin führte. Der Maghreb hingegen wurde Zuflucht der iberischen Juden schon 1391 und vor allem nach 1492. Im Lauf der folgenden drei Jahrhunderte sollten Marranen und israelitische Händler aus Marseille oder Livorno ihrerseits dieses Ufer wählen, da den Juden aus Spanien von je her bekannt war. Sie haben sich in Oran und vor allem in Tlemcen niedergelassen, dann in Tanger und Fez (das sich für Marranen, die im 16. Jahrhundert ins Exil gingen, zu einem wahren Zentrum der Rückbekehrung zum Judentum entwickelte), sie sind in Bône, Constantine, Tunis, Kairouan und weiter im Innern in Wargla und Mzab, auf der Insel Djerba und dem Kerkenna-Eiland, wo die Juden noch heute ausschließlich das Spanisch von 1492 sprechen. All die Alitensi, Zacuto, Molkhom, Chouraqui (oder Sherki) die Bokobza, Bouchara, Bousnach, Nahon, Sirat, Valensi, Sitbon oder Sasportas (ein Geschlecht, das ebenso in Saloniki, Bordeaux und Amsterdam bekannt ist) zeugen vom spanisch-italienisch-marranischen Anteil der Bevölkerung in den *Jawdariyyas* des Maghreb. Man nennt diese iberischen Einwanderer, die sich von den einheimischen »Turban-Juden« unterscheiden, im 16. und 17. Jahrhundert »Barett-Juden«. Sie tragen noch lang die spanische Kleidung und sprechen ihren Dialekt, von den Einheimischen, um ihn zu unterscheiden vom so weit verbreiteten Jüdisch-arabisch, mit einer gewissen Verachtung als *Haketiva* bezeichnet.

Die Juden in Tanger kennen noch immer spanische Lieder, die von einer andern, 1492 verlorenen Welt erzählen:

...A cazar va el caballero, a cazar come solia. Los perros le iban cazando y el halcon perdido habia. Alla le cogio la noche, en una montaña oscura, donde cae nieve a copos y alli corria la agua fria; donde canta la leona y el leon la arrespondia. Arrimarame yo a un roble, alto era a la maravilla. En el pimpoyo mas alto, vide estar una Infantita, cabellos de su cabeza todo aquel roble cubria...

»Der Ritter geht zur Jagd, geht jagen wie gewohnt. Die Hunde jagen mit und der Falke ist verloren.
Da überraschte ihn die Nacht in einem dunklen Gebirge, wo Schnee in großen Flocken fällt und wo das kalte Wasser fließt; da wo die Löwin singt und ihr der Löwe Antwort gibt. Ich lehnt' an einer Eiche, die war gar wunderbar hoch, auf einem der höchsten Äste, sah ich ein Königskind, das Haar von seinem Haupte bedeckte den ganzen Baum.«

Man sagt von den Sephardim, sie seien kultiviert, intellektuell veranlagt, reich. Großhandel und Diplomatie liegen in ihren Händen. Von arabischen Lokalpotentaten werden die Juden in Rat und Verwaltung beschäftigt, und sie sorgen für die Verbindung der Regierenden mit der Masse ihrer Religionsbrüder. 1509 wird Bougie (für etwa fünfzig Jahre) spanisch und das ebenfalls eroberte Oran bleibt es sogar nahezu zweihundert Jahre. Jacob Consino und Jacob Sasportas erreichen, daß die Juden der beiden Häfen nicht nur von den Spaniern »bei sich« toleriert, sondern überdies angestellt werden beim Zoll und als Dolmetscher. 1509 sind seit der Vertreibung erst siebzehn Jahre vergangen, aber Spanien findet diese Juden, die spanisch und arabisch sprechen, die den Gold- und Spezereienhandel kennen und Verbindung mit den Stammesführern im Innern herstellen können, außerordentlich nützlich. In den folgenden Jahrhunderten spielen dann einige Geschlechter wie die Bousnach und die Abulker weiterhin eine internationale Rolle; sie leihen ihr Geld der französischen Regierung oder dem algerischen Konsul in Marseille und sie unterstützen die Eroberung Algeriens von 1830. Doch die große Masse der Sephardim verliert sich allmählich in den Reihen der Einheimischen, sie kann nicht innerhalb einer Minderheit von maghrebinischen Juden eine weitere Minderheit bleiben. Das jüdische Volk (in Algerien 20 000 Juden um 1830, 50 000 um 1900, 140 000 um 1950, die vorwiegend in Algier, Blida, Constantine und Oran leben, wo man 1900 auf 50 000 Einwohner 10 000 Israeliten zählt), diese große Menge gibt sich nicht Rechenschaft von der Bedeutung des Zeitgeschehens: 1830 stellt sich der Großteil, zusammen mit den arabischen Nachbarn, der französischen Eroberung entgegen, insbesondere in den Gemeinden im Innern des Landes, während gleichzeitig in den Hafenstädten die Sephardim den Franzosen helfen, die türkischen Herren zu vertreiben. Genauso verhalten sie sich auch bei der Einführung des Protektorats in Marokko und Tunesien.

Im nunmehr französischen Algerien achtet die Regierung der Hauptstadt darauf, daß die Juden möglichst rasch »französisiert« werden. Paris ernennt Oberrabbiner aus dem Norden des Landes und schickt sie nach Algier, etwa Meir Charleville aus Metz, der 1864 in Oran dieses Amt übernimmt. Die Aschkenasim müssen die weit verstreuten Gemeinden der maghrebinischen Zentren zusammenfassen, um ihnen dann gemeinschaftliche Strukturen nach französischem Vorbild zu geben. 1865 gewährt Frankreich den Juden Algeriens die Möglichkeit, Franzosen zu werden, wenn sie einen entsprechenden Antrag stellen, Napoleon III. geht noch einen Schritt weiter, er läßt Emile Ollivier und Adolphe Crémieux (aus Avignon) die Emanzipation aller algerischen Juden vorbereiten; das Dekret Crémieux, das diesen sämtliche französischen Bürgerrechte zusichert, tritt jedoch erst am 24. Oktober 1870, nach Sedan und dem Sturz des Kaiserreichs, in Kraft. Nun werden die Juden aus Tlemcen, Constantine, Oran, Algier und bald auch die aus Mzab französische Bürger, ob sie von iberischen oder von einheimischen Juden abstammen (an diesen Unterschied denkt wohl keiner mehr). Die Araber, die nicht zu Franzosen gemacht wurden, nehmen dies zum Vorwand für antisemitische Ausschreitungen und lassen in Gewaltakten den Aggressionen freien Lauf, die sie zur Zeit des Omar-Paktes während Generationen unterdrücken mußten. Zwischen

1880 und 1900 brennen wiederholt die Judenviertel von Tlemcen, Algier, Oran, Setif, Mostaganem; Friedhöfe werden geschändet, Synagogen überfallen, Torarollen zerrissen und in den Staub geworfen, die Juden mit all ihren Hoffnungen und Illusionen getötet. Mit der Dreyfus-Affäre flammt der Antisemitismus erneut auf (wieder ein Vorwand), und ebenso nach der Wahl von Edouard Drumont in Algier.
Einzelne Juden ziehen jetzt bereits aus, gegen Osten; die Mehrzahl hat es gelernt, zu schweigen. In einigen Gemeinden ist das Leben total nach innen orientiert, zum Beispiel in Djerba, im Süden Tunesiens, mit seinen eigenen Brüderschaften, den Schulen und den selbst ernannten Rabbinern. Man heiratet nur unter sich, ist weit weg von französischer Bevormundung.
Doch diese Bevormundung oder Einmischung, die gibt es. Sie kann von der Regierung und kann ebenso gut von Juden ausgehen, etwa von der Alliance israélite, die versucht, die Brüder im Mittelmeerraum zu verwestlichen.
Benjamin Cases und Salomon Reinach verwirklichen um 1880 in Tunesien ein großes Alphabetisierungsprojekt, richten Schulen ein und überreden Eltern, Mädchen in die Klassen zu schicken, nicht nur Knaben. Gleichzeitig werden die christlichen Schulen sehr einflußreich, wenn sie auch äußerst geschickt vorgehen und keine Proselyten machen wollen. In den Missionszentren des Kardinals de Lavigerie scheint Toleranz zu herrschen. Hier der Bericht des Delegierten der Alliance, Salomon Reinach, von 1881:

»... *Die Schulen der Alliance müssen gegen eine harte Konkurrenz kämpfen, die des Collège Saint-Charles und der verschiedenen Schulen der Kongregationen, die auf Betreiben von Mgr. de Lavigerie entstanden sind. Dieser hohe Prälat, den ich zu meinen Freunden zähle, ist den jüdischen Schulen durchaus nicht feindlich gesinnt; er gibt lediglich zu bedenken, daß sie gratis sind, die von ihm gegründeten Schulen jedoch im allgemeinen nicht, und daß diese infolgedessen für Kinder reicher jüdischer Familien von Vorteil seien, da ihnen erspart werde, unangenehme oder kompromittierende Bekanntschaften zu machen. Tatsächlich besucht eine große Zahl von Juden die Ordensschulen – allein das Collège Saint-Charles in Tunis deren 120. Der Kardinal gab Anweisung, daß den Internen nie Schweinefleisch serviert werden soll, und daß die Juden am Samstag nicht arbeiten müssen; immerhin wird in Tunis wenigstens ihre Anwesenheit beim Unterricht gewünscht...«*

Die öffentlichen französischen Schulen machen ähnliche Anstrengungen, und das gleiche gilt für die weiterführenden Mittelschulen der größeren Städte; sie unterrichten junge Juden zusammen mit Arabern und den Kindern der Kolonisatoren. Nach Absolvierung des Lyzeums werden die Jugendlichen aus bürgerlich-jüdischem Haus mit Stipendien an die französischen Universitäten geschickt. Danach leisten die algerischen Juden französischer Nationalität im Mutterland ihren Militärdienst, alle dienen im Ersten Weltkrieg mit vollem Einsatz in der französischen Armee. Doch nach Verdun, nach einigen Semestern an der Sorbonne, kehren sie nicht immer zurück in ihre Tlemcen oder Blida, und die die heimkehren, denken oft anders als die Väter. In den ersten Jahrzehnten des 20. Jahrhunderts gerät die jüdisch-maghrebinische Gesellschaft in den Sog einer Entwicklung, die den Generationskonflikt unvermeidbar erscheinen läßt.

Schon der kulturelle Konflikt ist für Knaben der tunesischen *Hala* nur allzu wirklich, wenn sie in den Jahren 1930/40 dank einem Stipendium der Alliance israélite in der großen Stadt ein Lyzeum besuchen, wie Albert Memmi, der das in *La Statue de sel* (die Salzsäule) mit einer gewissen Bitterkeit feststellt:

»... Und meine Geburtsstadt ist ein Abbild meiner selbst. Die Sackgasse reichte durch die Tarfun-Straße bis zur Schule der Allianz; von unserem Haus bis zum Schulhof blieb die Atmosphäre unverändert vertraut. Wir waren unter Juden, entstammten derselben Klasse, ohne Gewissensskrupel und Heuchelei. Wir sprachen unsere Mundart, trotz der Anschläge des Direktors, der für die Schule Französisch forderte. Manchmal ging ich durch das Mohammedanerviertel, wie man einen Fluß an einer Furt durchwatet. Wenn ich zum Gymnasium ging, würde ich mit der Stadt Bekanntschaft machen. Ich hatte geglaubt, daß sich mir aus einer ganz besonderen Gunst heraus die Türen in die Welt öffnen würden, ich brauchte nur einzutreten und würde mit Freuden empfangen: Ich entdeckte, daß ich in meiner Geburtsstadt unwiderruflich ein Fremder war. Und eine Geburtsstadt ist, wie eine Mutter, unersetzlich.« *

Der Schock dürfte noch um einiges härter ausfallen, wenn es darum geht, aus Wargla nach Paris zu ziehen und wieder zurückzukehren.

Weit entfernt von jeder Veränderung verharrt man in den Ghettos von Aleppo, Damaskus oder Bagdad, und wenn möglich noch weniger bewegt sich in den jüdischen Dörfern des Jemen oder Kurdistans; in Ortschaften, die weder Zeitung noch Rundfunk kennen, die jedoch noch immer ein bemerkenswert ursprüngliches, unverrückbares Judentum pflegen. Echte, iberische Sephardim haben sich in diesen arabisch-jüdischen Siedlungen nicht niedergelassen oder höchstens ausnahmsweise. Dessen ungeachtet werden um 1900, ausgehend von Frankreich oder Zentraleuropa oder Rußland, äußerst verwirrend die Juden aller Mittelmeerländer einfach »Sephardim« genannt, um sie zu unterscheiden von den Aschkenasim, die in Frankfurt, München oder Wien

---

* Aus: Albert Memmi, »Die Salzsäule«, Syndikat EVA Nr. 66, S. 107/08

die großen Banken beherrschen oder in polnischen Ghettos Pelze flicken: Jeremiten, Iraker, Syrer, die es nie gewesen sind, macht man zu »sephardischen« Juden wie die, die 1492 in Fez oder Constantine einwanderten. Die Bezeichnung gilt heute für Gruppen, die so verschieden sind voneinander, wie die großen Geschäftsleute Algiers oder Marseilles mit ihren arabischen Angestellten, die leben, wie die Pariser, von den Juden Mesopotamiens oder Kairos, denen die Alliance israélite das westliche Alphabet beibringt, oder von den Lederhandwerkern in Damaskus und Beirut, die Lucien Eliah die »Zukurzgekommenen der Diaspora« nennt.

Eine neue Ära in Ägypten

Zwischen 1900 und 1950 wird Ägypten mehr denn je zu einem Sammelbecken unterschiedlichster Einflüsse. Ein arabisches Land, zuerst von den Mamelucken, dann von den Osmanen beherrscht und 1882 schließlich dem Schutz Englands unterstellt. Jerusalem liegt ganz in der Nähe, um 1900 unternimmt jedoch aus der großen Masse von Juden, die da leben, nur selten einer die Reise ins gelobte Land. Das ändert sich um 1950.
Um eine »Masse« von Juden handelt es sich in der Tat, und eine wichtige Rolle spielen darin die Sephardim. Einige, eher wenige, waren sofort nach der Vertreibung eingewandert. Es fehlte ja nicht an illustren Vorbildern wie Maimonides, der sich selbst gern »der Sephardi« nannte, als er am Hof Saladins Karriere machte. Die meisten aber kamen erst nach einer der üblichen Etappen in Italien nach Ägypten (Händler aus Livorno gründeten Filialen in Alexandria) oder auch aus Saloniki, Istanbul, Izmir. Marranen sind noch im 17. und 18. Jahrhundert bis an diese Grenze des Orients gereist, um hier zum Judentum zurückzukehren. So leben zu Beginn des 20. Jahrhunderts viele Familien seit mehreren hundert

Jahren ununterbrochen in Kairo und Alexandria, und sie sind stets dem Djudezmo treu geblieben, ein wenig wie einer Geheimsprache, die sie von der Mehrheit arabisierter Juden (den *Muturrabim*) trennt. Sie heißen Abenmenasse, Castro, Suarez, Menir, Castelli, Palermo, Nahum, Carmona, Bejar, Obadiah, Cattaoui, Curiel, Cases, Cicurel...
Angelockt vom wirtschaftlichen Aufschwung des Niltals zogen in den Epochen der Neuzeit Juden aus Aleppo oder Damaskus in die ägyptischen Städte, andere kamen aus Jerusalem oder Gaza, denn all diese Orte standen lang unter der gleichen politischen Herrschaft wie Kairo. Napoleon Bonaparte soll auf seinem Kriegszug von den Pyramiden zum Berg Tabor als erster von einem jüdischen Staat gesprochen und daran gedacht haben, die Juden aus Ägypten und Syrien zusammenzufassen im Gebiet des palästinensischen Küstenstreifens (was Menasse ben Israel 1650 prophezeit hatte, hätte sich dabei erfüllen können). Später griff der Pascha Mehmet Ali, ein Bewunderer der napoleonischen Feldzüge, der die Unabhängigkeit gewann, um 1840 die Idee eines jüdischen Staates wieder auf; er stellte ihn sich unter der eigenen Oberhoheit irgendwo gegen Jaffa und Jerusalem vor.
Mehmet Ali konnte sein großes Projekt nicht verwirklichen, aber in Ägypten blieben die Nachfahren dieses Paschas mit den hochfliegenden Plänen als Khediven; allerdings streng kontrolliert von den großen Westmächten. Vom höchsten Souverän der Region, dem osmanischen Sultan, sprach niemand mehr, nachdem Großbritannien 1882 das Protektorat für das neue Ägypten und das ganze Niltal von Khartum bis Alexandria übernommen hatte. Der Suezkanal ist zwar ein Werk der Franzosen, aber einer der Seewege nach Indien führt nun über Ägypten, und die Techniker, die Archäologen, die im Land arbeiten, kamen aus Amerika, England, Frankreich und Deutschland, nachdem der bemerkenswerte wirtschaftliche Aufschwung des 19. Jahrhunderts all jene

Mächte herbeigelockt hatte, die auch die strategisch wichtige Position Ägyptens mit einkalkulierten. Fuad, ein Sohn des Khediven Ismael hat 1922 den Königstitel angenommen, sein Sohn Faruk kam 1920 zur Welt.
Im 18. Jahrhundert lebten 10 000 bis 20 000 Juden in Ägypten; Um 1940/50 sind es 50 000 in Kairo, 25 000 in Alexandria und etwa 15 000 in Ismailia, Port-Said und Damanhur. Auch der große Hafen Alexandria hat die Sephardim aufgenommen, das jüdische Kapitel konzentriert sich jedoch vorwiegend auf Kairo, wo gleichzeitig, dicht gedrängt in den Straßen des Muskiquartiers im Herzen der Stadt (mit einem Dutzend Synagogen), das jüdische Proletariat haust. Ein Viertel rings um die Ben Esra-Synagoge aus dem 7. Jahrhundert (die in der Genisa bis ins 20. Jahrhundert eine riesige Zahl von Manuskripten beherbergte) gehört noch immer den Juden; es liegt im Süden der Stadt in Fostat, dem ältesten Teil von Alt-Kairo.
Wie in allen Gesellschaften des Vorderen Orients ist auch hier um 1880 oder 1900 und noch 1930 der Abstand zwischen dem kleinen Handwerker des Muskiquartiers und dem großen jüdischen Bankiers enorm, der in Heliopolis oder auf einer der Nilinseln residiert. Beim kleinen Volk der »Judengasse« hat sich bis ins 20. Jahrhundert eine fast totale Arabisierung vollzogen; einige Kinder besuchen die Schule der Alliance israélite, die Knaben kurz die Talmudunterweisung, um für Bar-Mizwa gerüstet zu sein, insgesamt scheint jedoch der Mangel an Bildung, um nicht zu sagen der Analphabetismus, vorherrschend. Junge Leute aus sephardischen Familien und aus der begüterten Schicht der Mutarrabim werden ins französische Lyzeum geschickt oder zu den christlichen Missionsbrüdern, zu den Jesuiten und Notre-Dame von Zion. Später arbeiten sie in freien Berufen, reisen viel, kennen die Welt; einige verschaffen sich auch einen ausländischen, etwa französischen oder englischen Paß. In ihren Häusern machen Mohammedanerinnen

den Haushalt, und sie tun das durchaus gern, denn die Arbeit in dieser verwestlichten Atmosphäre bedeutet für sie einen gesellschaftlichen Aufstieg. Zu unterst auf der sozialen Stufenleiter stehen die jüdischen und arabischen Arbeiter, die im Muskiquartier und in Khan-el-Khalili eng beieinander wohnen. Man lebt hier nur 500 Kilometer von Jerusalem entfernt, aber man denkt nicht daran, sich dort niederzulassen (eine Pilgerreise wenigstens einmal im Leben läßt sich hingegen leicht arrangieren). Man vergißt im übrigen nicht, seine Spenden zu schicken, um die Bettler an der Mauer oder auch jene etwas naiven Pioniere zu unterstützen, von denen man so wenig weiß, jene Russen und Deutschen in den neuen palästinischen Landwirtschaftssiedlungen.

Chajim Nahum, der Oberrabbiner von Kairo, noch unter den Königen Fuad und Faruk der *Haham Bashi* Ägyptens (er selbst stirbt erst 1960), ist gleichzeitig der meist gehörte Ratgeber seiner Herren und der treuste aller Untertanen. Gleiches gilt für die Familie Cattaoui. Jakob war der private Bankier des Khediven Ismael; sein Sohn Josef, »Yusuf Kattawi Pascha« 1923 Finanzminister und 1925 Transportminister im Kabinett König Fuads. 1930 wird Aslan Cattaoui Mitglied des Senats; Mose Cattaoui amtiert bis in die fünfziger Jahre als Präsident der jüdischen Gemeinschaft und als deren Sprecher bei König Faruk.

Recht unvermittelt brechen sich jedoch neue Ideen Bahn, die auch in Ägypten das so traditionell jüdische Leben verwandeln, 1885, dann 1905 sind Aschkenasim, Russen, in den nahen Jischuw »eingezogen«, und schon rufen zionistische Sendboten in den angrenzenden arabischen Ländern, in den Gemeinden von Alexandria, Kairo, Aleppo, Damaskus, Bagdad zur Alija auf (zur Einwanderung und Ansiedlung im gelobten Land). Dann bricht der Erste Weltkrieg aus. Die den Mittelmächten verbundene Türkei vertreibt die russischen Siedler aus Palästina, weil Rußland mit den

Westmächten alliiert ist (1915 morden die Türken die vermeintlich russenfreundlichen »Verräter«, die Armenier). Die aus dem Jischuw Ausgewiesenen fliehen nach Ägypten und organisieren erste zionistische Bewegungen, die ihnen zur heimlichen Rückkehr ins Land verhelfen. Der Nil und Suez werden strengstens überwacht von den englischen Streitkräften in Kairo. 1917 zieht General Allenby in Jerusalem ein. Die Juden der orientalischen Städte, sephardische und autochthone, sehen sich plötzlich im Mittelpunkt des internationalen Geschehens.
1915 erlaubt General Patterson die Bereitstellung eines Hilfskorps jüdischer Freiwilliger, des »Zion Mule Corpse«, das zunächst die Maultiere führt und später direkt an den Kriegshandlungen teilnimmt, unter einer eigenen, zionistischen Fahne, die den Davidstern (Magen David) trägt. Juden aus Alexandria und aus Kairo kämpfen neben solchen aus Palästina, Damaskus oder Bagdad und ihre Vorstellungen, ihre Ideen vermischen sich im gemeinsamen Ideal der Jugendlichen, das zuerst auf den Sieg, und dann auf die Erschaffung eines jüdischen Staates gerichtet ist. An den Dardanellen wird das Korps besonders aktiv beteiligt. General Patterson versteht es, zu seinen jüdischen Freiwilligen zu sprechen:

»... Seit 2000 Jahren ist kein Jude als regulärer Soldat anerkannt worden; darum schaut heute die ganze Welt auf das Zionkorps. Es genügt nicht, wenn das Korps seine Pflicht tut. Als englischer Soldat muß jeder einzelne mehr als nur sein Möglichstes tun, um der Welt zu zeigen, daß der Jude ein Soldat und ein Mann ist, bereit zu kämpfen und zu siegen, um eine Heimstatt zu finden im gelobten Land...«

Mit der »Balfour-Deklaration« von 1917 wird aus dem Jischuw tatsächlich eine »jüdische nationale Heimstätte« und der Sieg der Alliierten 1918 ist der erste Sieg der Juden Palästinas; sie empfinden es jedenfalls so – als hätten sie ihn errungen. Wieder rekrutiert die zionistische Bewegung in Ägypten junge Freiwillige, um in die »Heimstätte« zu ziehen, deren Entstehung Großbritannien zu fördern scheint.

»... Seiner Majestät Regierung betrachtet die Schaffung einer nationalen Heimstätte in Palästina für das jüdische Volk mit Wohlwollen und wird die größten Anstrengungen machen, um die Erreichung dieses Ziels zu erleichtern, wobei klar verstanden wird, daß nichts getan werden soll, was die bürgerlichen und religiösen Rechte bestehender nichtjüdischer Gemeinschaften in Palästina oder die Rechte und die politische Stellung der Juden in irgendeinem anderen Land beeinträchtigen könnte...« *

Im April 1920 wird an der Konferenz von San Remo Großbritannien das Mandat über Palästina übertragen.
Die Sache kommt ins Rollen; aber Araber protestieren bereits gegen den Ankauf von Land und den Aufbau der Siedlungen. Juden gegen Araber, die einst friedliche Nachbarn waren, stehen sich 1922 bei blutigen Aufständen in Haifa, Jaffa und Jerusalem gegenüber. Fortan müssen Gründer neuer Kibbuzim damit rechnen, beschossen oder entführt zu werden, doch ändert das nichts daran, daß Siedler im zweiten Viertel des 20. Jahrhunderts in Scharen herbeiströmen.
1934, 1938. Hitler kommt als Führer des Dritten Reichs an die Macht und seine »Kristallnacht« hat eine Flut antisemitischer Maßnahmen zur Folge. Noch versuchen Juden, sich zu retten, sei es über Italien (Mussolini könnte sie allerdings hindern) oder über Frankreich, in Richtung Griechenland (zu dem auch Saloniki seit 1913 gehört) oder via Donau in die türkischen Häfen. Für die Emigranten ist es nicht leicht, in die »Heimstätte« zu gelangen, wo sie von

---

* Zitat aus »Israels Weg zum Staat«, DTV-Dokumente, S. 252

den Ungeheuerlichkeiten der Nazis erzählen. Außer solch sporadischen, von einigen Zeugen persönlich überbrachten Nachrichten erfahren die Juden in Syrien und Ägypten nichts Konkretes über das Schicksal ihrer aschkenasischen Brüder.
Die Jahre des Zweiten Weltkriegs, die Jahre Hitlers gehen so vorüber. In Kairo, in Bagdad, sogar in Jerusalem (das in Al-Husseini einen erklärten Nazi als Großmufti hat), weiß man nichts Genaues über die Konzentrationslager, nichts über das Warschauer Ghetto und die Erschießungen in der Ukraine. Man ist sich nur bewußt, daß eine Reihe unmenschlicher Katastrophen die Juden Zentral- und Westeuropas vernichtet, und daß die Engländer, die über das Gleichgewicht im Vorderen Orient wachen, eine massierte Einwanderung jüdischer Flüchtlinge in das Mandatsgebiet verhindern. In Kairo nehmen die Juden am weltweiten Konflikt nicht oder nur indirekt über die Affäre Lord Moynes und der *Struma* teil. Im November 1944 wird der Hochkommissar Londons im Vorderen Orient, Lord Moyne, in seinem Automobil von zwei jungen Israeliten, Eliahu Bet Zouri aus Jerusalem und Eliahu Hakim aus Beirut, in Kairo erschossen. Er hatte das Anlegen der Struma verhindert, eines rumänischen Schiffes mit 700 Flüchtlingen aus Zentraleuropa, darunter 300 Kindern. Im Schwarzen Meer ist das zurückgewiesene Schiff später torpediert worden. Die Ermordung Moynes ging von militanten Juden der Gruppe Stern und des Irgun aus, die Attentäter Hakim und Bet Zouri sind sofort nach der Tat festgenommen und 1945 in Kairo auf britischen Wunsch von der Regierung König Faruks in ihrem Gefängnis erhängt worden.
Nur wenige hundert Kilometer von Kairo entfernt kommen die Truppen, die den Suezkanal bewachen, durch den Rommelfeldzug um einiges direkter mit dem Krieg in Berührung. Jüdische Freiwillige werden von den Engländern nicht im Land selbst rekrutiert. Juden sind jedoch in Bir-

Hakeim mit General Koenig trotzdem dabei und dürfen ihre zionistische Fahne, wie unter Patterson bei den Dardanellen, mitführen. Diese jüdischen Soldaten sind ehemalige französische Widerstandskämpfer und Maquisards, die sich ins freie Frankreich und die Kolonien durchschlagen konnten. In Kairo hören die Juden davon allerdings nichts; ihnen bleibt der wichtigste Teil der Ereignisse im Zweiten Weltkrieg verborgen.
1945, 1947. Die Verkehrswege sind wieder frei. Erst jetzt erfahren die Juden des syrisch-palästinensischen Streifens und Ägyptens zusammen mit der übrigen Welt dank Filmdokumenten und Zeugenaussagen am Nürnberger Prozeß vom ungeheuren Ausmaß des Holocaust: Daß von insgesamt 6 Millionen getöteten Juden 70 000 aus Saloniki in Auschwitz verschwanden, daß die im rumänischen Jassy, die aus Amsterdam, Bordeaux und Ferrara ebenso tot sind, wie die in Polen und Rußland. Einzig die Hoffnung auf ein einigermaßen normales Leben im neu zu schaffenden jüdischen Staat hält die Überlebenden aufrecht.

Das neue Israel und die arabischen Länder

Zwischen 1945 und 1947 verbietet Großbritannien (immer noch »Mandatsträger« in Palästina) jeden massenweisen »Einzug« in die neue Heimstätte. Irgun, Palmach und die Gruppe Stern reagieren mit immer mehr Attentaten, um den Abzug der Engländer herbeizuführen. *Exodus*, die Lager auf Zypern, die »illegale Immigration«, all die dramatischen Ereignisse der aschkenasischen Geschichte, gehören fortan zu den Erfahrungen auch der Sephardim. Schließlich, im November 1947, befürworten die Vereinten Nationen die Gründung eines Staates Israel. Noch während sich die britischen Truppen aus dem neuen Staat zurückziehen, wird Israel im Mai 1948 von der Arabischen Liga überfallen.

Alle arabischen Staaten überschreiten sämtliche Grenzen; Israels Unabhängigkeitskrieg, der erste, den es ums Überleben kämpfte, dauert ein Jahr. 1949 ist der größte Teil Jerusalems verloren, die Mauer Jordaniens zugefallen und von jetzt an unerreichbar, Gaza von Ägypten erobert. Aber immerhin, Israel existiert.

Die stark mohammedanisch beherrschte Regierung von König Faruk interniert unterdessen in einem Gefangenenlager alle Juden, die des Zionismus verdächtigt, denunziert und oberflächlich überprüft worden sind. Eines Tages im Jahr 1949 werden diese 15 000 bis 20 000 Menschen auf Schiffe verladen und aus Ägypten deportiert. Aber nicht etwa nach Israel, sondern nach Marseille, denn der neue Staat wurde nicht anerkannt, die Häfen Haifa oder Jaffa existieren auf ägyptischen Landkarten nicht. Erst die Präsidenten Begin und Sadat sollten 1977 eine offizielle Anerkennung möglich machen. In Marseille gehen die ausgeschifften Zionisten (die Mehrzahl der 15- bis 30jährigen Bewohner des Muskiquartiers und Alexandrias) nach einem Aufenthalt im rasch bereitgestellten Lager des provenzalischen Hafens, erneut an Bord eines Schiffes. Sie landen in Haifa und auch dort wieder in einem Flüchtlingslager, bevor sie integriert werden in ihre neue Gesellschaft. Damaskus, Aleppo, Bagdad und Beirut vertreiben ebenfalls die am meisten »verdächtigen« Juden. In Haifa werden die Einwanderer von der »Jewish Agency« übernommen, die zuständig ist für die Organisation von Assimilierung, Unterbringung und Beschäftigung der Juden aus der gesamten Welt, seien diese freiwillig gekommen oder schlicht hinausgeworfen worden von ihren Herren.

In Ägypten wird 1952 König Faruk gestürzt; General Naguib taucht nur kurz auf, bevor Präsident Nasser die Regierung übernimmt. Indem er aus dem Kampf gegen Israel den Hauptpunkt seines Aktionsplans macht, versucht der »Rais«, alle benachbarten arabischen Mächte hinter sich zu scharen. In seinem Land – einst mit Vernunft regiert – hat sich seit einigen Jahrzehnten eine zunehmende Unterentwicklung abgezeichnet. Groß-Kairo zählt nun um die 10 Millionen Einwohner, 1930 waren es noch 2 Millionen; man überlebt auf Balkonen, in Friedhöfen, in Barackensiedlungen am Fuß des Moquattamhügels und bis an die Grenzen von Gizeh. Oberägypten und das Delta leeren sich dagegen als Folge der illusorischen Attraktivität der Großstadt mehr und mehr. Bei Nassers Machtübernahme ist eine hungernde arabische Bevölkerung bereit, ihm zu folgen, wohin auch immer er sie führen wird. Als erstes wirft er die »Unerwünschten« hinaus, die sich gegen ihn stellen könnten. Das sind zunächst die Ausländer und die Juden (auch sie Fremde, besonders, wenn sie Castro oder Bejar heißen), er beschuldigt sie, die Regierung des korrupten Faruk, des Spielers, dessen Politik er unverzüglich ändert, verdorben zu haben.

Seit 1945 häufen sich in den jüdischen Vierteln Attentate, die ungestraft von extremistischen Muslimen begangen werden. Die Juden, die sich nach der Ausschiffung von 1949 noch an Kairo klammern, bleiben ohne jede internationale Hilfe. Ausländische Pässe gibt es nicht mehr, die Konsulate und Handelshäuser werden geschlossen. Im Staatsdienst müssen mindestens 80 % der Beschäftigten ägyptischer Herkunft sein, den Juden ist er damit praktisch verwehrt. 1952 brennt das Warenhaus Cicurel und Israeliten werden auf offener Straße ermordet. Es folgt das Jahr 1956, in dem Nasser den Suezkanal verstaatlicht. Im Sinaikrieg stehen Frankreich und England auf der Seite Israels, deshalb weist Nasser alle »französischen« und »englischen« Juden aus, zusammen mit den letzten des Zionismus Verdächtigten, das sind insgesame 8 000, weitere 3 000 werden im Lauf des folgenden Jahres interniert oder fortgejagt. 1967, aus Anlaß des Sechstagekriegs, geht man mit denselben Maßnahmen gegen die allerletzten ägyptischen Juden vor: 1940 gab es deren 80 000, 1955 sind es noch 20 000, 1967 ganze 3 000. Während des Jom Kippur-Krieges dürften in Alexandria und Kairo zusammen etwa 200 bis 300 Juden gelebt haben. Die, die schon 1949 und 1952 ins Exil gingen, haben größtenteils Israel gewählt, die gegen ihren Willen ausgewiesenen zogen Paris, London oder gar Australien vor.

In der gleichen Periode spitzt sich die Situation auch im Irak und in Syrien zu. Nach 1949 gehen viele Juden aus eigenem Antrieb, weil sie einsehen, daß für sie ein Leben, das nicht von der Dimma bestimmt wird, außerhalb Israels gar nicht möglich wäre; sie reisen nur gerade mit ein paar Gepäckstücken, um wie normale Touristen über die Grenze zu kommen; Häuser und Kapitalien geben sie preis. Nach 1956, 1967 und 1974 verwehren Syrien und der Irak ihren Juden jegliche Ausreise. Die als eine winzige Minderheit zurückgebliebenen, werden wie Geiseln streng überwacht; sie haben Reiseverbot, müssen in Ghettos und in, ihnen feindlichen, Agglomerationen armseligen Beschäftigungen nachgehen. Von Zeit zu Zeit wird offiziell ein »zinonistischer Verräter« festgenommen; hin und wieder stellt man einen vor die Fernsehkameras, damit er der arabischen Welt mitteilt, wie glücklich er ist, im Ghetto von Damaskus zu leben, und wie unrecht die andern tun, wenn sie zu den zionistischen Imperialisten überlaufen wollen. Manchmal gelingt es einem Juden, wenn er einem Schlepper sehr viel bezahlen kann, bis zur türkischen Grenze zu gelangen, wo sich die »Jewish Agency« um ihn kümmert; aber seine beunruhigte und mehr denn je verdächtigte Familie läßt er als Geiseln zurück.

Die »palästinensische Frage«, die heute aktuell ist, scheint auch nicht dazu angetan, die Gemüter zu beruhigen. Um Israel erfolgreicher zu bekämpfen, zu dessen Gründung auch sie beitrugen, haben sich anti-westliche Mächte mit einem vor 1949 inexistenten Nationalismus des »palästinensischen

Volkes« gewappnet. Im Namen eines Landes Palästina, dessen Ausdehnung und Grenzen unbekannt sind, im Namen eines Volkes, das nur aufgrund der Ablehnung Israels überhaupt entstand, fordert »man« Jerusalem. Aus dem Unabhängigkeitskrieg ist ein Staat hervorgegangen, der die Negation des Omar-Pakts darstellt. Der Sechstagekrieg gab Israel Jerusalem, seine Mauer, seine Altstadt und seinen Friedhof am Ölberg zurück. Diesen Sieg kann die arabische Welt nicht akzeptieren.

In den Ländern des Maghreb gingen die Jahre 1948 und 1956, abgesehen von einigen Ausbrüchen von Antisemitismus, einigermaßen unbemerkt vorüber. Juden kämpften sogar zusammen mit den Arabern in den Reihen des F. L. N. (Front de Libération Nationale). Doch nach der Befreiung Algeriens werden alle alten Streitpunkte wieder aktuell. Die Araber als die neuen Herren sehen in den Juden (den Ausländern!), trotz der Beteiligung am Befreiungskampf, Komplizen der Franzosen, die ihnen schon 1870 die Staatsangehörigkeit geschenkt hatten. Synagogen werden in Brand gesteckt, jüdische Grabplatten als Pflaster- und Mauersteine mißbraucht. Daraufhin retten sich zusammen mit den Franzosen auch die Juden, obwohl die neuen Staaten Algerien, Marokko und Tunesien offiziell die große jüdisch-arabische Verbrüderung proklamieren. Zur Zeit Ben Bellas herrscht den Israeliten gegenüber tatsächlich eine gewisse Toleranz; unter Boumedienne jedoch häufen sich erneut die Schikanen, so daß die wenigen Juden, die noch einige Hoffnung hegten auf ein Verbleiben im alten Oran oder Constantine, nun ebenfalls überstürzt wegziehen. Seit 1962 ist ein recht großer Teil dieser maghrebinischen Flüchtlinge in Israel eingewandert und lebt nun in Askalon, in Asdod, in Dimona oder in einer der »Erschließungsstädte«. Die Mehrzahl ging jedoch nach Frankreich, zunächst in die Gemeinden des Südens, in Bayonne, Toulouse, Bordeaux, Marseille und Lyon, dann nach Paris. Die nach Col-

deamar und Straßburg eingeladenen Juden aus Mzab konnten sich – angesichts der allzu verschiedenen Sprachen und des aschkenasischen Ritus verunsichert – nur mit Mühe eingewöhnen. Aber der größte Teil der sephardischen und maghrebinischen Familien, all jene seit mehreren Jahrhunderten verschwägerten Boudaran, Ohayon, Benayoun, Amar, Maman, Abeskasis, Scemama, Teboul, Tubiya, kamen nach Bordeaux oder Toulouse und leben jetzt an der Seite (oder am einstigen Platz) der Sasportas, Alvarez, Perez, Lopez, Rodrigues oder Mendes...
Und endlich sind auch in Sepharad wieder Gemeinden entstanden. Seit dem Ende des 19. und immer wieder im 20. Jahrhundert sind einzelne in den Maghreb geflüchtete Juden nach Spanien und Portugal zurückgekehrt. Zwischen 1939 und 44 wurde die Iberische Halbinsel wieder zu einem Ort der Zuflucht, wie sie es schon 1306 un1394 war: Während Franco und Salazar den Faschismus propagierten, gewährten sie gleichzeitig jenen Juden Schutz, die fliehen mußten vor dem Nationalsozialismus. Spanien, das sie zu Fuß über die Pyrenäen oder in kleinen Ausflugsbooten von den Grenzhäfen aus erreichten, wurde für zahlreiche Israeliten aus Frankreich zur letzten Rettung.
Heute leben wieder Sephardim (mehrheitlich Marokkaner, Nachkommen der 1492 ausgewiesenen) auf der Iberischen Halbinsel. In Porto, Lissabon, Madrid, Barcelona, Sevilla, Valencia, Malaga und seit kurzem auch in Marbella wurden neue Synagogen und Talmudschulen gegründet. Im Dezember 1968 fand die erste offizielle Einweihung einer Synagoge im neuen Spanien statt; sie wurde Rabbi Baruch Garson Serfaty anvertraut. Zur Eröffnung der ersten Talmudschule 1977 kam der sephardische Oberrabbiner Ovadia Josef aus Israel persönlich nach Madrid. Das Mittelmeer ist noch ein letztes Mal überwunden worden.

EPILOG

In unserer Zeit sind die Sephardim nicht mehr die einzigen Juden spanischer Herkunft, denn die Flüchtlinge aus Spanien haben sich nach 1492 in ihrem Exil bei den Osmanen, den Arabern, Italienern oder Provenzalen mit ihren Religionsbrüdern vermischt. Heute nennt man Israeliten aus Bagdad oder Marokko ebenso »Sephardim« wie die, die ohne Umweg aus Porto oder Toledo in Bordeaux einwanderten. Die einen wie die anderen kennen den mediterranen Ritus, sie beten nach einem Ritual, das von Marokko bis Syrien, eine gemeinsame feste Grundlage mit unendlich vielen kleinen Varianten aufweist. Alle lieben sie die Poesien Chasdai ibn Schapruts und beziehen sich auf Joseph Caro.

Mit Rührung erzählen sie von den Sternstunden Samuel ha-Nagids, der bei Ronda siegte, und von Samuel ha-Levi, dem politischen Berater des kastilianischen Königs Pedro. Sie erinnern sich, daß Josef Nassi der erste Siedler in Tiberias war und Herr der Flotte Selims II. Mit Leidenschaft werden die Lieder und Gedichte der sephardischen Tradition gesammelt. Man lernt wieder Spaniolisch und schreibt die Chronik der Saphardim. Disputationen, Autodafés und Gesetze, die die Reinheit des Blutes betreffen, sind vergessen, vergessen auch die dramatischen Ereignisse von 1348, 1391, 1414, 1492...

Was jedoch nachwirkt in der Erinnerung, das sind die Ghettos von Bagdad, Beirut, Kairo oder Tunis. Juden, die aus diesen Städten vertrieben wurden und nach Israel oder in die westlichen Länder gelangten, haben den Eindruck, zu spät zu kommen, in einen Staat, den andere, die vor ihnen da waren, bereits gegründet haben, oder in Gemeinden, die die Aufbauphase schon hinter sich haben. In den Fünfzigerjahren wurden Juden von den Hilfsorganisationen »Engelsflügel« und »Fliegender Teppich« aus Bagdad und aus dem Jemen nach Israel gebracht. Ungebildete Arbeiter, zutiefst jüdisch zwar, aber auch grundverschieden von den Israelis, die ihr Flugzeug führten, die Arbeit organisierten oder den nach modernen westlichen Prinzipien aufgebauten Staat regierten – Prinzipien, von denen diese Orientalen nie gehört hatten. Angesichts der so reichen und zeitgemäßen Universitäten, Museen und Bibliotheken Israels brachten sie, als ihren einzigen geistigen Besitz, ihre Erinnerungen und mündlichen Überlieferungen mit.

»... Wir spürten nicht das Bedürfnis, unsere Leben aufzuzeichnen, um sie zu verewigen, sie auf Worte zu reduzieren, um sie zu zelebrieren. Und heute stellt man nur unser Schweigen fest...«, sagt Naim Kattan in *Le Silence bafoué* (*Das verhöhnte Schweigen*).

In Israel hat man eingesehen, daß es neben der aschkenasischen noch eine sephardische Welt gibt, mit einer eigenen Denkweise, mit eigenen Ritualen und Gebeten; man ernannte daher zusätzlich zum aschkenasischen Oberrabbiner von Jerusalem auch einen sephardischen. Doch sollte es noch bis 1980 dauern, bis mit Isaak Navon (aus der Türkei, ursprünglich aus Spanien stammend) ein Sephardi Staatspräsident wurde. Ähnlich verlief die Entwicklung in Frankreich. Seit 1962 verstärkte sich der sephardische Einfluß so maßgeblich, daß nach einer Reihe aschkenasischer Oberrabbiner schließlich Samuel Sirat, ein aus Oran gebürtiger Sephardi, gewählt wurde.

Mit all ihren in der Türkei oder im Maghreb erworbenen Gewohnheiten, mit ihren kinderreichen Familien und den angestammten Berufen in Handwerk und Handel kamen die Sephardim nach Israel. Sie bleiben meistens unter sich. Noch bis vor wenigen Jahren verschwägerten sich Israelis ägyptischer und marokkanischer oder türkischer Herkunft nur selten. In den Kibbuzim fällt es ihnen (falls sie überhaupt dort leben wollen, was nicht häufig vorkommt) eher schwer, die strikte Gleichberechtigung aller zu akzeptieren; und auch allgemein haben sie Mühe mit dem sehr israelischen Grundsatz der Gleichheit von Mann und Frau. Sie kamen in mehreren Schüben zwischen 1948 und 1967 ins Land, als man sie aus den arabischen Staaten vertrieb. Sie kamen, ohne ein Diplom amerikanischer oder deutscher Universitäten mitzubringen, ohne die Ausbildung, etwa der jüdischen Violonisten, die früher in den meisten westlichen Orchestern gesessen hatten, und so wurden sie die Untergebenen der andern, der schon seit 1905 oder nach 1945 aus Polen und den Vereinigten Staaten eingewanderten »israelischen« Juden. Man brachte sie unter, wie es eben ging, möglichst rasch, zum Beispiel in einer der »Erschließungsstädte«, in Bet Shean oder Ber Sheva. Nicht alle Sephardim sind Bewohner von Kattamon, dem Viertel Jerusalems, in dem die Sozialarbeiter mehr zu tun haben, als an irgendeinem andern Ort (einige leben im Gegenteil sehr gut, sind reich), aber die Mehrzahl der Bewohner von Kattamon sind Sephardim. Sie bilden das Reservoir, die lenkbare Masse der Oppositionsparteien; nach dem Vorschlag einiger junger Extremisten nennen sie sich »das zweite Israel«.

Doch wir wollen das sephardische Abenteuer mit einem optimistischen Ausblick beschließen. Tatsächlich dürften die Sephardim mit ihrem geschichtlichen Hintergrund und ihren ursprünglichen Begabungen kaum in einer Situation verharren, die sie als zweitrangig empfinden. In unserer

Zeit werden sie mit Sicherheit jenen Platz erobern, von dem sie glaubten, ausgeschlossen zu sein. Jeremiten und Marokkaner nahmen wie die andern am Sechstagekrieg, am Jom-Kippur-Konflikt und an den Auseinandersetzungen im Libanon teil. An israelischen Universitäten studieren heute auch junge Sephardim, und neben den Professoren aus Riga oder Paris lehren solche, die in Aleppo oder Istanbul geboren wurden. Die neue Generation ist die der *Sabras,* sie kam in Israel zur Welt – ob von aschkenasischen oder von sephardischen Eltern – und für sie bedeutet die Zukunft Israels ein Abenteuer, das es noch zu bestehen gilt, und das ihre gesamte Energie in Anspruch nimmt. Da bleibt wenig Raum für interne, nicht gerade »rassische«, bestimmt aber gesellschaftliche Auseinandersetzungen, die der im Entstehen begriffene Staat gar nicht aufkommen lassen kann, ohne damit sich selbst zu zerstören. Und was die Sephardim betrifft – sie waren stets bereit zu helfen, wenn es darum ging, einen Staat aufzubauen.

BIBLIOGRAPHIE

Das Angebot an Werken, die sich mit der jüdischen Geschichte und insbesondere mit der des sephardischen Volkes befassen, ist groß, und es kommen laufend Neuerscheinungen hinzu. Wir beschränken uns darauf, eine Anzahl von Titeln und Artikeln aufzulisten, die eigentlich täglich ergänzt werden müßten, so häufig erscheinen neue Publikationen. Besonders gilt das für Fachzeitschriften, deren Artikel und Autoren nicht ausführlich genug genannt werden können, die jedoch alle gelesen werden sollten. Die regelmäßig erscheinenden sind:

Revue des études juives (Paris);
Sepharad (Madrid);
Zion (Jerusalem);
dazu kommen noch die Beiträge in der *Encyclopedia Judaica*.

Vor den Werken, die Einzelaspekte behandeln, einige Hinweise auf allgemeine Literatur, die speziell die Sephardim betrifft:

Le Second Israel: la question séfarade, Sonderheft der Zeitschrift *Les Temps modernes*, 34. Jahrgang, Nr. 394 bis; besonders
NAHON (Gérard): »Les Sépharades. Pour une histoire globale«, S. 39-92.

Minorités, Techniques et Métiers, Gesprächsprotokoll des G. I. S. Méditerranée, Abbaye de Sénanque, Oktober 1978, Ed. C. N. R. S. – Université de Provence, 1980.

AMADOR DE LOS RIOS (José), *Historia social, politica y religiosa de los Judios de España y Portugal*, Madrid, 1875-1876, 2. Auflage 1960.

BAER (Ytzhak), *A History of the Jews in Christian Spain*, 2. Bde. Philadelphia, 1966. Spanische Übersetzung: LACAVE (J.): *Los Judios en la España Cristiana*, Madrid, 1981.

EISENBERG (Josy), *Une histoire du peuple juif*, Paris, 1974.

KRIEGEL (Maurice), *Les Juifs à la fin du Moyen Age dans l'Europe méditerranéenne*, Paris, 1979.

METZGER (Thérèse und Mendel), *La Vie juive au Moyen Age*, Genf-Paris, 1982.

NEUMANN (Abraham), *The Jews in Spain. Their social, political and cultural life during the Middle Ages*, 2 Bde. Philadelphia, 1948.

SUAREZ FERNANDEZ (Luis), *Judios españoles en la Edad Media*, Paris, 1983.

Studien einzelner Aspekte:

1. Die Juden im frühen Mittelalter

ALBERT (Bat-Sheva), »*De Fide Catholica contra Juedos*« von Isidor von Sevilla: die antijüdische Polemik im Spanien des 7. Jahrhunderts, in: *Revue des études juives*, CXLI, 1982, S. 289-316.

ASHTOR (Eliahou), *The Jews in Moslem Spain*, 2 Bde. Jerusalem 1960-1965; »The social isolation of ahl adh-dhimma« in: *Pal Hirscher Memorial Book*, Budapest, 1949, S. 73-74, Nachdruck in Variorum, London, 1978.

BLUMENKRANZ (Bernhard), *Juifs et Chrétiens. Patristique et Moyen Age*, 23 Artikel in Variorum-reprint, London, 1977.

FONTAINE (Jacques), *Isidor de Séville et la culture classique dans lÈspoagne wisigothique*, 2 Bde. Paris, 1959.

GOITEIN (Salomon), *A mediterranean society. The Jewish comunities of the Arab World as portrayed in the documents of the Cairo Geniza*, 3 Bde. Los Angeles, 1967.

SIMON (Marcel), *Verus Israel. Etudes sur les relations entre chrétiens et juifs dans l'Empire romain (135-425)*, Paris, 1948.

2. Die Juden im christlichen Spanien und im mittelalterlichen Abendland

ASHTOR (Eliahou), »La Fin du judaisme sicilien« in: *Revue des études juives*, CXLII, (3-4), 1983, S. 323-347.

Assis (Yom Tov), »The ordinance of Rabbenu Gershom and polygamus marriages in Spain«, (hebräisch) in: *Zion*, 1981 XLVI, Nr. 4. S. 251- 277. »Juifs de France réfugiés en Aragon XIII.-XIV. s.« in: *Revue des études juives*, CXLII (3-4), 1983, S. 285-322.

Blumenkranz B. und Vicaire M.H. (und andere) *Juifs et Judaisme de Languedoc - XVIII.s, Toulouse, 1977*; besonders die Beiträge von Emery A., Nahon G., Shahar S., Shatzmiller J.

Carrasco Perez (Juan), »Prestamistas judios de Tudela a fines del Siglo XIV (1382-1383)« in: *Miscelanea de Estudios Arabes y Hebraicos*, Granada, 1980 XXIX, Heft 2, S. 87-141.

Carrete Parondo (Carlos), *Fontes Judaeorum Regni Castellae- I. Provincia de Salamanca*, Salamanca, 1981.

Chartrain (Frédéric), »Neuf Cents Créances des juifs du Buis (1327-1344). Les créanciers.« in: *Journées internationales d'Etudes sur les Juifs dans la Méditerranée médiévale*, Nizza, 1983; »Les Juifs de Serres au XIVème siècle d'après les comptes de la châtellenie« in: *lole Congrès National des Sociétés Savantes*, Grenoble, 1983.

Coulet (Noel), »Reconstruction d'une synagogue à Saint-Rémy-de- Provence (1352)« in: *Revue des études juives*, CXLII (1-2) 1983. S. 153-159.

Emery (Richard), *The jews of Perpignan in the Thirteenth Century. An economic study based on notorial records*, New York, 1959.

Lancou-Agou (Danièle), *Les Juifs en Provence (1475-1501). De l'insertioin à l'expulsion*, Marseille, 1981

Jacoby (David), *Recherches sur la Méditerranée orientale du XIIème au XVème siècle*, 12 Artikel in Variorum-reprint, London, 1979

Leon tello (Pilar), *Judios de Toledo*, 2 Bde. Madrid 1979.

Leroy (Béatrice), »Recherches sur les Juifs de Navarre à la fin du Moyen Age« in: *Revue des études juives*, CXL (3-4), 1981, S. 319-432.

Millas Vallicrosa (José Maria), *La Poesia sagrada hebraico-española*, Madrid, 1940.

Nahon (Gérard) und Touati (Charles) (und andere), *Hommage à Georges Vajda*, besonders die Beiträge von Goitein (S.), Nahon (G.), Sermonetta (G.), Shatzmiller (J.), Schwarzfuchs (S.), und Touati (Ch.).

PARKES (James), *The Jew in the Medieval Community*, New York, 2. Auflage, 1976.

PIMENTA FERRO (Maria José), *Os Judeus em Portugal no Seculo XIV*, Lissabon, 1970.

ROMANO (David), *Judios al servicio de Pedro el Grande de Aragon (1276-1285)*, Barcelona, 1983.

SHATZMILLER (Joseph), *Recherches sur la communauté juive de Manosques au Moyen Age – 1241-1329*. Paris – Den Haag, 1973.

WEIL (Gérard), »La Pierre écrite. Epitaphe hébraique de la tombe juive de Serres et les Juifs du Serrois« in: *Revue des études juives*, CXLII (1-2), 1983, S. 21-72. *Astrugon, péager et gabellier du Gapençais, et Helyet fils de Jacob péager de Montfleury, fermiers du fisc et financier juifs du dauphin Humbert II*. 101e Congrès des Sociétés Savantes, Grenoble, 1983.

3. Jüdisch-christliche Disputationen, Inquisition und Konversion

BAGBY (Albert), »The Jew in the Cantigas of Alfonso X. el Sabio« in: *Speculum*, Band XLVI, Nr. 4, S. 670-688.

BEINART (Haim), *Conversos on trial, The Inquisition in Ciudad Real*, Jerusalem, 1981; *Trujillo – a Jewish community in Extremadura on the eve of the expulsion from Spain*, Jerusalem, 1980

BENNASSAR (Bartolomé), *L'Inquisition espangnole – XV. – XIXèmes siècles*, Paris, 1979.

CANTERA BURGOS (Francisco), *Alvar Garcia de Santa Maria – Historia de la Juderia de Burgos y de sus Conversos mas egregios*, Madrid, 1952.

GRABOIS (Aryeh), »The *Hebraica Veritas* and Jewish-Chrisitian intellectual relations in the Twelfth Century« in: *Speculum*, 1975, L; Nr. 4, S. 613-634.

REVAH (I.S.). »Les Marranes« in: *Revue des études juives*, CXVIII, 1959-1960, S. 29-77.

ROTH (Cecil), *History of the Marranos*, 4. Auflage, New York, 1974, spanische Übersetzung: *Los Judios Secretos. Historia de los Marranos*, Madrid, 1979.

SICROFF (Albert), *Les Controverses des statuts de pureté de sang en Espagne du XV. au XVIIème siècle*, Paris, 1960.

TOUATI (Charles), »Hasday Crescas es le problème de la science divine« in: *Revue des études juives*, CXLII (1-2), 1983, S. 73-89.

VALDEON BARUQUE (Julio), *Los Judios de Castilla y la revolucion Trastamara*, Valladolid, 1968.

4. Sephardim in den westlichen Städten

BLUMENKRANZ (Bernhard), *Histoire des Juifs de France* (in Zusammenarbeit mit andern), Toulouse, 1972.

CAVIGNAC (Jean) »L'autobiographie de Salomon Lopés-Dubec«. in: *Archives Juives*, 19. Jahrgang Nr. 1 und 2, 1983, S. 11-28.

GIROT (Georges), *Recherches sur les Juifs espagnols et portugais à Bordeaux*, Bordeaux, 1908.

LEON (Henry), *Histoire des Juifs de Bayonne*, Bayonne, 1893. Neuauflage 1976.

MOULINAS (René), *Les Juifs du Pape en France*, Toulouse, 1981.

NAHON (Gérard), *Les Nations juives portugaises du Sud-Ouest de la France (1684-1791)*, Paris, 1981. »Les Séfarades dans la France moderne, VI.-XVIIIème siècle« in: *Les Nouveaux Cahiers*, Nr. 62, 1980, S. 16-25. Als Annäherung an die Haltung gegenüber dem Tod im 18. Jahrhundert: »Sermonnaires et testateurs juifs portugais à Bayonne« in: *Revue des études juives* CXXXVI, 1977, (1-2) S. 3-123; *Menasseh ben Israel – Espérances d'Israel*, übersetzt und herausgegeben von Henri MECHOULAN und Gérard NAHON, Paris, 1979.

SCHWARZFUCHS (Simon) *Registre des Délibérations de la Nation juive portugaise de Bordeaux (1711-1787)*, Paris, 1981.

5. Italien und Osmanischen Reich

AMRAM (David), *The Makers of Hebrew Books in Italy*, London, 1909, Neuauflage 1963.

ASSEO (Henriette), »Du miel au cendres. Ou sont passés les 70 000 Juifs de Salonique?« in: *Les Temps modernes*, Nov. 1979, 35. Jahrgang. Nr. 400, S. 828-845.

BEN ZVI (Itzhak), *Eretz Yisrael under Ottoman Rule – 1517-1917*, Kapitel 8 von FINKELSTEIN (Louis), *The Jews, their History*, New York, 1974.

BRUNEBAUM-BALLIN, *Joseph Naci, duc de Naxos*, Paris-Den Haag, 1968.

FRANCO (Mosse), *Essai sur l'histoire des Israélites de L'Empire ottoman, depuis les origines jusqu'à nos jours*, Konstantinopel, 1897, Neuauflage Paris 1980.

GALANTE (Abraham), *Histoire des Juifs d'Anatolie*, 2 Bde. Istanbul, 1937.

NEHAMA (Joseph), *Histoire des Israélites de Salonique*, 7 Bde. Saloniki, 1937-1978.

ROTH (Cecil), *House of Nassi, Duke of Naxos*, Philadelphia, 1948, *Les Marranes à Venise*, Paris, 1930; *History of the Jews in Venise* Philadelphia, 1930.

SCHEID (Elie), *Mémoires sur les colonies juives de Palestine*, aus dem Hebräischen übersetzt und herausgegeben von S. SCHWARZFUCHS, Jerusalem, 1983.

SCHOLEM (Gershom), *Les Grands Courants de la mystique juive. La Merkaba, la Gnose, la Kabbale, le Zohar, le Sabbatianisme, le Hassidisme*, Paris, 1968; *Sabbetai Sevi, the Mystical Messiah - 1626-1676*, Princeton, 1975; französische Ausgabe, Verdier, 1983.

SEPHIHA (Haim Vital), *L'Agonie des Judéo-Espagnols*, Paris, 1977.

6. Die arabischen Länder und Israel

ASSOUN (Jacques) (und andere), *Les Juifs du Nil*, Paris, 1981

AVNI (Haim), España, *Franco y los Judios*, Tel Aviv, 1974, und Madrid, 1982.

AYOUN (Richard) und COHEN (Bernhard), *Les Juifs d' Algérie*, Paris, 1982.

BLUMENKRANZ (B.). und KLATZMANN (J.) (u.a.), *Histoire de l'Etat d'Israel*, Toulouse, 1982.

CAHEN (Abraham), *Les Juifs dans l'Afrique septentrionale*, Constantine, 1867.

CHOURAQUI (André), *La Condition juridique de l'Israélite marocain*, Paris, 1946.

HIRSCHBERG (J.W.), *A History of the Jews in North Africa*, 2 Bde. Leiden, 1974.

UDOVITCH (A.) und VALENSI (L.). *Communautés juives en pays d'Islam, identité et communication à Djerba*, in: *Annales E. S. C.* 35. Jahrgang, Nr. 3-4, 1980, S. 764-783.

Les Relations entre Juifs et Musulmans en Afrique du Nord aux XIX.-XXème siècles, Protokolle des internationalen Kolloquiums des Institut d'histoire des pays d'Outre-Mer, Abbaye de Senanque, Okt. 1978, Ed. C. N. R. S. 1980.

Communautés juives des marges sahariennes du Maghreb, Herausgegeben von Michel ABITBOL, Jerusalem, 1982. Ben-Zvi-Forschungsinstitut für jüdische Gemeinden im Orient. Insbesondere die Beiträge von IANCOU-AGOU (D.). RAPHAEL (F.), UDOVITCH (A.), VALENSI (L.) und SHATZMILLER (M).

NAMEN- UND SACHREGISTER

Aaron 177
Aaron Colace (der Ältere) 148
Abd-ar-Rahman III. 24, 26, 27, 28
Abenabez, Juce 57
Abenabez, Salomon 57
Abeskasis 212
Abinafia, Aaron 73
Abiram 81
Abnarrabi, Vidal 102
Aboab de Fonseca 130
Abrabanel 101
Abrabanel, Isaak 100
Abraham 7, 16
Abraham des Balmes 161
Abraham de Camonda 184, 185
Abraham ibn Daud 62
Abraham ben David 71
Abraham ben Esra 34, 38, 39, 142, 166
Abraham ben Garton ben Isaak 158
Abraham de Salinas 59
Abraham Senior (Coronel) 99, 104, 168
Abraham ben Shuaib 56
Abraham von Tudela 95
Abraham ben Zarza 86
Abravanel, Ephraim 145
Abravanel, Isaak 156, 157, 170
Abravanel, Jonas 145
Abravanel, Juda 157
Abravanel (Leone Ebreo) 135, 139, 140, 156, 157, 158
Abravanel, Samuel 170

Abulafia 73
Abulafia, Abraham 66, 68
Abulker 195
Adelkind 161
Adelkind, Cornelius 160, 161
Adour 128
Adria 154
Adrianopel 172
Adversus Judeos 19
Ägidius von Rom 76
Ägypten 7, 8, 15, 142, 155, 186, 190, 200, 201, 202, 203, 204, 205, 206, 207, 208
Ober- 209
Afrika 15, 16, 19, 106
Nord- 15, 72, 155
Agen 128
Agostino, Manuel 168
Aire-sur-l'Adour 113
Aix-en-Provence 114, 118, 119
Akiba 172
Akka 172
Al-Andalus 23, 25, 27, 30, 31, 32, 35, 43, 44, 61, 113, 114
Alazar 94
Alazar, Salomon 102
d'Albert 133
Albo, Josef 94
Albuquerque 87
Alcabala 61
Al-Constantini 38, 170
Alentejo 51
Aleppo 179, 186, 191, 199, 201, 203, 208, 216
Alexander VI. (Borgia) 107

Alexandria 15, 27, 31, 72, 191, 201, 202, 203, 204, 208, 210
Al-Faquim 70
Al-Farsi 38
Alfons I. von Aragon und Pomplona (der Schlachtenkämpfer) 44
Alfons V. 88, 89
Alfons VI. von Kastilien 37, 44, 51
Alfons VII. von Kastilien 38, 62
Alfons X. von Kastilien (der Weise) 73, 74, 81, 85, 86, 88
Alfons de Cartagena 92
Alfons von Poitiers 60
Algarve 44, 51
Algeciras 102
Algerien 172, 189, 190, 191, 195, 196, 210
Algier 64, 92, 93, 103, 121, 196, 197, 200
Alguadex, Meir 51, 92
Al-Hakim (Alfaqui Alraquim) 60
Al-Husseini 206
Alija 187, 203
Alitensi 194
Aljama 46, 47, 53, 70, 101, 102
Allah 25
Allenby 204
Alliance israélite universelle 186, 197, 198, 200, 202
Almereci, Juce 70
Almeria 102

224

Almohaden 41, 62, 113
Almojarife 38, 57, 74, 85
Almoraviden 37
Almosnino 169, 170
Almosnino, Mose 164, 169
Al-Mundhir 32
Al-Muqtadir 32
Al-Mutamin 32
Alpen 112
Alvar de Santa Maria 92
Alvaro de Luna 96, 97
Amadis von Gaula 166
Amar 212
Amarillo, Samuel 76
Amerika → Vereinigte Staaten von Nordamerika
Amsterdam 34, 63, 108, 109, 129, 130, 134, 135, 136, 137, 138, 139, 140, 142, 145, 148, 149, 150, 154, 157, 159, 163, 167, 170, 176, 182, 194, 207
Anaq 33
Anatolien 155
Anazarbos 27
Ancona 157, 163, 168, 169
Andalusien 26, 27, 38, 84, 99, 102
Antillen 130
Antiochia 31
Anton de Montoro 98
Antwerpen 130, 135, 160, 166, 169
Aquitanien 19, 78, 113, 120
Arama, Isaak 142
Araber 30, 66, 190, 192, 196, 198, 205, 211, 213
Moz- 25, 27, 31, 71
Arabien 173, 190
Arabische Halbinsel 190
Arabische Liga 207
Aragon (Aragonien) 44, 48, 51, 57, 59, 60, 70, 72, 73, 75, 84, 87, 91, 93, 94, 96, 98, 103, 104, 107, 112, 116, 119, 156
Araziel, Pero 45
Arbues 107

Arevalo 68
Arianer 20
Arias, Mose 156
Aristoteles 33, 34, 35, 65, 66, 71, 76, 93, 118
Arles 114
Arrabi Menor 51
Arrabi Mor (Rabi Mayor) 50
Aschkenas 7, 112
Aschkenasim 7, 29, 51, 63, 82, 128, 135, 156, 157, 164, 165, 170, 187, 196, 199, 203
Asdod 13, 211
Asher ben Yehiel 51
Askalon 13, 211
Askamot 131
Aspremont 128
Assyrien 142
Astruc ha-levi d'Alcañiz 95
Astruc, David 133
Astruc de Sestiers 118
Asturien 24, 43, 102
Athias, Josef 138
Atlantik 13, 125, 145, 154
-küste 189
Augustinus 16, 20, 65, 114, 142
Auschwitz 207
Australien 210
Autodafé 98, 108, 213
Avendeut, Raimund 34, 71
Averroes 40, 65, 66, 95, 118
Averrut, Nissim 61
Avezedo 133
Avicebron (ibn, Sebiruh, Cebron, Salomon ibn Gabirol, Schlomo el-Sephardi) 32, 33, 34, 35, 36, 61, 70, 143, 162, 176
Avicenna 76, 118
Avignon 84, 85, 113, 114, 122, 126, 134, 147, 158, 182, 196
Avila 68, 99
Aviz 51
Aw 9, 101
Ayala 106

Azeret 34
Azoren 106, 135

Babouches 191
Babylon 13, 29
Babylonien 26, 29, 31, 63
Bachja ibn Pakuda 34, 143
Badajoz 104
Badis 35, 36
Bagdad 191, 193, 199, 203, 204, 206, 208, 213, 214
Bakschisch 26
Balearen 44, 72, 73
Balfour-Deklaration 204
Balkan 185
-kriege 155
-staaten 155
Baltikum 136
Barbados 149
Barcelona 19, 32, 58, 59, 61, 64, 69, 76, 77, 78, 79, 90, 93, 94, 102, 115, 118, 165, 212
Bar Kochba-Aufstand 17
Bax-Mizwa 10, 52, 181, 202
Baruch 21
Bayle 73, 74
Baylon 119
Bayonne 113, 128, 130, 131, 132, 133, 134, 135, 136, 145, 146, 147, 148, 149, 150, 151, 154, 182, 211
Bayonne-Saint-Esprit 129, 131, 132
Beatrix (Gracia, Mendes, Luna) 166, 167
Beatriz de La Caballeria 96
Begin, Menachem 208
Behar 186
Beira 51
Beirut 200, 206, 208, 213
Beit Israel 136
Belon du Mans 153, 155, 179
Ben Abbas 38
Benayoun 212
Ben Bella 211
Benedikt XIII. (Pedro de Luna) 91, 94
Ben Esra 39

Benevist de la Caballeria 73
Ben Haim 158
Benjamin von Tudela 62, 63, 69, 117
Ben Labi de la Caballeria 48, 73, 94
Ben Menix 38
Ben Schaprut 38
Ben Shuaib 38
Ben Sid 73
Benvenist (Luna) 166
Ben Zerah 113
Ben-Zvi-Institut 163
Berab, Jacob 172
Berber 23, 36, 115
Berengar, Oller 78
Bernaldez, Andres 103
Berr, Cerf 134
Ber Sheva 215
Bertinoro 118
Bet Din 136, 139, 145, 192
Beth-Josef 172
Bethlehem 16, 171
Bet Shean 215
Béziers 112, 119
Bible polyglotte 162
Bibliothèque nationale 163
Bidache 128, 129, 147, 148
Bir-Hakeim 206
Blayle 149
Blida 195, 198
Bodleian Library 163
Böhmen 153
Bokobza 194
Bologna 163, 174
Bomberg, Daniel 160, 161, 162, 163
Bonaventura (hl.) 70
Bône 194
Bonhom 32
Bonjorn, Bonet 93
Bonjue Jussef 58
Bonsenhor 119
Bonsenyor, Astruch 73
Bonsenyor, Salomon 58, 72
Bordeaux 108, 113, 128, 129, 130, 131, 132, 133, 135, 145, 146, 147, 148, 149, 151, 154, 194, 207, 211, 212, 213

Bordelais 146, 150
Borja 91
Bosporus 167, 168, 184
Boston 149
Bouchara 194
Boudaren 212
Bougie 191, 195
Boumedienne 211
Bourges 121
Bousnach 194, 195
Bragança 146
Bragas 181
Brasilien 125, 130
Bragadini, Alviso 161, 162
Brandon, Rafael 159
Byzanz 15, 116, 117

Caballeria 90
Cadiz 102
Caesar, Julius 15
Calatayud 73, 94, 96
Calatrava 38
Call
  -von Barcelona 32, 46
  -von Castellnou 78
Campo dei Fiori 162
Canale Grande 160, 161
Candia 165
Canetti 185
Canetti, Elias 185
Cantigas de Santa Maria 85, 86
Caravida, Mose 61
Carcassonne 112, 118, 119
Carolosa, Abraham Miguel 176
Carigal, Josef 148
Carlos II. von Navarra (der Schlechte) 45, 74, 91
Carlos III. von Navarra 75
Carmona 61
Carmona, Salomon 175
Carpentras 126
Cases, Benjamin 186, 197
Caspali, Mose 164
Castrojeriz de Castilia 46

Catallada, Juan 76
Catania 116
Cathérine d'Albret 100
Cattaoui 203
Cattaoui, Assan 203
Cattaoui, Jakob 203
Cattaoui, Josef (Yusuf Kattawi Pascha) 203
Cattaoui, Mose 203
Cavaillon 127, 136
Ce que je crois 189
Centa 103
Chaim Muddar 72
Chajim Isaak ben David Azulai (Hida) 149, 150
Chajim ben Mose Alton 161
Chajim Nahum 203
Chajim Vital 174
Challa 105
Chanukka 8
Charleston 130
Charleville, Meir 196
Chasan 9, 52, 131
Chasaren 28
  Krim- 39
Chasdai ibn Schaprut 26, 27, 28, 29, 30, 213
Chasid 121
Cherem 49, 50, 119, 131
Chilfa 116
Chlodwig 19
Chouraqui (Sherki) 194
Chouraqui, André 189, 193
Christen 18, 21, 24, 25, 26, 27, 31, 32, 37, 43, 53, 54, 59, 67, 70, 74, 77, 80, 81, 82, 83, 85, 86, 88, 91, 92, 95, 96, 97, 103, 106, 116, 127, 135, 146, 160, 183, 191, 193
Christentum 8, 15, 16, 18, 19, 20, 21, 39, 71, 84, 93, 139, 181
Chrysostomos 142
Chuetas 108
Ciudad Real 88, 99
Ciudad Rodrigo 104
Cluny 90
Cohen 9, 177
Cohen, Albert 177, 178

Cohen Herrera, Abraham 138
Cohen, Naphtali 159
Cohen-Solal, Isaak 170
Coldeamar 211
Collège Saint-Charles 197, 198
Collège des Trois (Collège de France) 126
Colmar 134
Columbus, Christoph 100, 125
Complutense 163
Conforte, David 170
Consino, Jacob 195
Constantine 93, 121, 192, 194, 195, 196, 200, 211
Conversos 92, 93, 95, 96, 97, 98, 99, 100, 101, 102, 104, 105, 106, 107, 108, 125, 126
Cordoba 15, 24, 25, 26, 27, 28, 29, 30, 35, 40, 41, 43, 53, 62, 71, 98, 99
Coronel, Jacob 137
Corregidor 87
Covadonga 23, 43
Covilhao 51
Crémieux, Adolphe 196
Crescas, Chasdai 64, 92, 94
Cresques 59, 60
Cresques, Jeuda 93
Cristiani, Pablo 69, 90
Cromwell, Oliver 140
Cronica del Halconero de Juan II. Juan Carrillo de Huete 97
Cuellar 87
Curaçao 130, 149
Cusi, Meshullam 158

Damanhun 202
Damascenus, Johannes 142
Damaskus 24, 170, 175, 186, 191, 199, 200, 201, 203, 204, 208, 210
Daniel Levi de Barrios 138
Danzig 137
Dardanellen 204, 207
Daroca 73, 94
Datan 81
Dauphiné 113, 114, 120
David 61, 117, 158
David de Caderousse 158
David de Castro Tartas 138
David ben Josef (Kimchi) 112
David ben Moshe 192
De fide catholica contra Judeos 20, 21
Denis 51
De immortalitate animae libri quatour 141
De intellectus emendatione 143
De la fragilidad humana y inclinacion de hombre al pecado 141
De la surrection de los muertos 141
De la verdad de la ley de Moseh y Providencia de Dioscon su puablo 141
Den Haag 145
Denia 30, 102
Descartes 142, 147
Descola 119
De termino vitae 141
Deunmes 176
Deutschland 7, 111, 112, 137, 186, 202
Deutsches Reich 53
Diaz, Rafael 156
Diego Gomez (Samuel Adulafia) 105
Dieu losal 119
Di Gara 161
Dimmi 25, 27, 30, 41, 44, 45, 190, 191
Dimona 211
Dioskurides 27, 28
Disraeli, Benjamin 147
Djerba 189, 194, 197
Djihad 25
Djizya 25
Djudezmo 165, 183, 201
hl. Dominikus (Domingo de Guzman) 90
Doña Gracia Mendes 159
Doña Vellida 87
Don Abiatar Aben Crescas 60

Don Çag de la Maleha 73, 85
Don David Abudaran 101
Don Josef ben Susan 101
Don Juda ben Menir 74, 75, 79
Don Yuçaf de Ecija 51, 74
Dotar 148
Dreyfus-Affäre 197
Drittes Reich 205
Drumont, Edouard 197
Drusen 171
Duero 24
Dueña d'Estella 70
Dunash ben Labrat 28, 29, 30
Duran, Simon 93, 121

Ebro 37, 38, 48, 62, 70, 78, 81, 91
Edirne 172
Eja 81
Ejeo de los Caballeros 70
El Cid 37
El Greco 74
Elia de Montaldo 128
Eliahu Bet Zouri 206
Eliezer ben Alantansi Toledano 157
Elisabeth I. 130
El Lapidario 73
Elsaß 134, 147
Emden 130, 135
Emek ha-Barkha 109
Emmanuel, Viktor 184
Eneas 32
Engelsflügel 214
England (Großbritannien) 86, 113, 137, 145, 147, 149, 155, 186, 190, 200, 201, 202, 205, 207, 209
Ensayet, Josef 59
Ercole de Gonzaga 163
Esdras 21
Esperança de Israel 141
Estella 56, 60, 64, 70, 82
Esther 8, 58
Estienne, Robert 162
Estremadura 37, 87, 103
d'Etigny 131
Eugènie 183
Euklid 71

Europa 155, 187
  Nord- 7, 129
  West- 206
  Zentral- 7, 111, 185, 200, 206
Evora 51, 164
Exemplar Humanae Vitae 138
Ez Chajim (Universität) 138, 139, 142
Ez Chajim 175
Ezmel d'Ablitas 57
Ezquerra, Abraham 60

Falcon, Josef 148
Faro 51
Faruk 203, 206, 208
Faschismus 212
Fauxbourg des Chartrons 128, 132
Fauxbourg Saint-Esprit 128, 133, 134, 145
Felice de Prato 161
Ferdinand II. (der Katholische) 60, 74, 75, 99, 156, 164
Fernando de Ecija 91
Ferrant Alvarez de La Torre 92
Ferrara 155, 156, 157, 158, 159, 163, 167, 207
Fèvre, Michel 179, 180
Fez 29, 40, 102, 115, 136, 191, 194, 200
Flandern 137
Fliegender Teppich 214
Florenz 156
Florenza 20
Fortalicium Fidei 97
Fostat 202
Fraga 37
Franco, Francisco 212
Franco, Mose 186
François-Benjamin 146
Franken 19
Frankfurt 185, 199
Frankreich 7, 29, 60, 63, 86, 112, 120, 122, 127, 128, 133, 134, 137, 145, 147, 149, 150, 155, 168, 186, 196, 200, 202, 205, 207, 209, 211, 212, 214
  Nord- 111
  Süd- 64
Franz I. 126, 167
Franz Joseph 184
Friedrich II. 116
Froissart 83
Front de Libération Nationale (F. L. N.) 211
Fuad 202, 203
Fuero 44, 46, 47

Gabbai 9, 52, 131
Gacon, Mose 118
Galante, Mose 175
Galata 165, 166
Galenos 76
Galiläa 168
  Ober- 68, 169, 173
Galizien 19, 23, 24, 102, 103
Gallien 15, 18, 19
Garson, Baruch Serfaty 212
Garcimuñoz de Castilia 46
Garonne 112, 119
Gascogne 78
Gaza 170, 171, 190, 201, 208
Genezareth 168
Genisa 30, 202
Gento de Villafranca 45
Genua 103, 117
Geonim 17, 31, 63, 64
Gerona 64, 81, 94, 112, 116, 118, 119
Gerona 66
Geronimo de Vargas (Yom Tov ben Levi Athias) 159, 167
Gerschom von Mainz 49, 63, 111
Gerson, Isaak 161
Gibraltar (Djebel Tarik) 23
Gikatila, Josef 66, 68
Ginillo 94
Giudecca 116, 160
Giustiniani, Marcantonio 161, 162
Gizeh 209
Gola 49
Goldenes Horn 183
Golluf 94
Gomez, Diego 106
Gomez, Enrique 138
Goten 19, 23
  Ost- 19
  West- 19, 20, 23, 26, 44, 90
Gradis, David 129
Gramont 128
Granada 26, 29, 32, 35, 36, 37, 41, 66, 72, 99, 100, 101, 105
Grasse 114
Griechenland 155, 178, 185, 205
Grönland 146
Großbritannien
  → England
Großmufti 206
Guadalajara 68, 157
Guadalete 23
Guadalquivir 44
Guadiana 38
Gueroush 170
Gueruch-Sephard 164
Guillaume le Bé 162
Guillaume de Machaut 83
Gutenberg, Johannes 158
Guyana 130
Guyenne 133
Guzman 106

Habbus 35, 36
Hadrian 17
Haham Bashi 165, 177, 203
Haifa 172, 205, 208
Haiti-Santo-Domingo 146
Hakim, Eliahu 206
Hala 192, 198
Halachisten 63, 66
Halevi, Juda 38, 39, 62, 69, 117, 118, 142
Hamburg 137
Hamon 165
Ha-Rishom le-Tsion 177
Haskoy 166, 167, 184
Havra 52
Hebron 148, 149, 150, 170, 171
Heinrich II. (Valois) 126, 127

Heinrich von Trastamare 79, 86
Hekativa 194
Heliopolis 202
Henriquez, Alfons 50
Herkules 23
Herodes 14
Herzog von Este 158
Herzog de L'Infantado 100
Herzog von Gramont 147
Hieronymus (hl.) 16
Hieronymus de Santa Fé (früher Ha-Lorki d'Alcañiz) 93, 94, 142
Hijar 157
Hinian 45
Hippo Regius 16
Hippokrates 76
Hischam 31
Hispania 15
Hitler, Adolf 205, 206
Hiyya Meir ben David 161
Hohe Pforte 154, 183
Hohenstaufen 116
Holland 145
Holocoust 207
Huarte de San Juan 108
Huesca 48, 76, 94, 121, 127, 164, 169
Humbert II. (Dauphiné) 114, 120

Iberer 15, 18, 19, 62
Iberien 85, 161
Iberische Halbinsel 11, 13, 18, 19, 41, 50, 78, 81, 116, 120, 121, 125, 135, 136, 156, 171, 212
Ibn Abi Amir (Al-Manzur) 31, 32, 36
Ibn Rosch →Averroes
Illo 56
Indien 202
 West- 145
Innozenz III. 115
Inquisition 21, 87, 96, 97, 104, 105, 106, 107, 108, 125, 126, 127, 139, 146, 150, 159, 160, 181
Irak 173, 190, 210
Irgun 206, 207

Isaak 16, 77
Isaak Orobio de Castro 138
Isaak ben Sheshet 92, 93, 118, 121, 141
Isaak ben Sid 85
Isabella von Kastilien 98, 99
Isidor von Sevilla 20, 21
Islam 8, 24, 25, 37, 39, 40, 43, 176, 191
Isle-sur-la-Sorgue 127, 147
Ismailia 202
Ismanen 154, 155
Israel 8, 123, 139, 150
Israel (Land) 15, 39, 117, 142, 171, 186, 187, 189, 190, 207, 208, 209, 210, 211, 212, 214, 215, 216
Israel (Volk) 16, 22, 35, 62, 90, 93, 121, 142
Israeliten 7, 8, 9, 23, 54, 72, 78, 81, 83, 112, 115, 116, 126, 133, 135, 155, 159, 164, 168, 171, 184, 185, 196, 206, 209, 211, 212, 213
Israels Weg zum Staat 205
Istanbul 63, 103, 157, 163, 165, 166, 167, 168, 169, 171, 173, 176, 180, 182, 183, 184, 186, 193, 201, 216
Italien 15, 63, 115, 122, 126, 153, 154, 155, 157, 159, 161, 163, 164, 170, 174, 184, 185, 200, 205
Itzhak David Jaba 76
Itzhak ben Menir 64
Itzhak ibn Sadoq 57, 73
Itzhak ben Sheshet (auch Barfat oder Perfet genannt) 64
Itzhak von Toledo 72
Izmir 138, 153, 165, 171, 175, 176, 180, 186, 201
Izmir Sabbatai Zwi (Mehmet Effendi) 175, 176, 177

Jaca 81
Jacob (de Lunel) 114
Jacob ben Adonijah 161
Jacob ben Meir ibn Tibbon 112
Jacob Al-Turtusi 28
Jad ha-Chasaka 162
Jaffa 171, 186, 201, 205, 208
Jafie, Salomon 76
Jaime I. von Aragonien (der Eroberer) 57, 69, 73, 90
Jaime II. von Aragonien 72, 119
Jakob 16
Janitscharen 180
Jassy 207
Jativa 72
Jawdariyyas 194
Jean 100
Jechiel von Paris 69, 90
Jemen 189, 199, 214
Jeremia 11
Jerusalem 7, 8, 9, 13, 17, 26, 39, 40, 59, 62, 69, 91, 93, 101, 117, 123, 134, 137, 142, 148, 149, 155, 163, 164, 165, 170, 171, 172, 174, 175, 177, 182, 186, 187, 189, 190, 200, 201, 203, 204, 205, 206, 208, 211, 214, 215
Jeschiwa 48, 61, 70
Jesaja 34, 38, 123, 142, 157
Jesus (Christus) 14, 15, 16, 17, 21, 59, 82, 83, 91, 94, 139
Jeuda de la Caballeria 73
Jeuda ben Sheshet 28, 30
Jeuda ibn Wakkar 51
Jewish Agency 208, 210
Jishuw 171, 182, 203, 204
Joachim von Floris 68
João de Aviz 75, 79
Johann de Tauste 57
Jom Kippur 8, 9, 22, 34, 99
 - Konflikt 216
 - Krieg 210
Jom Tow von Sevilla 64, 69

Jordanien 208
Josef ben Ardit 168
Josef ha-Cohen 68, 109
Josef ibn Ferrusel (Cidiello) 50, 51
Josef Henriques de Castro 147
Josef ben Isaak Yaabetz 166
Josef ben Menir 75, 93, 116, 121, 192
Josef Orabuena 75, 92
Josef Penso de la Vega 156
Josef ha-Saragosti 171
Josef ibn Nagrela 36
Josef ben Yaix 56
Joseph ben Ephraim Caro 172, 173, 174, 213
Josuah ha-Lorki d'Alcañiz →Hieronymus de Santa Fé
Juan I. von Trastamare 86
Juan II. von Aragonien 60, 97
Juan d'Avignon (Mose von Roquemaure) 84
Juan de Torquemada 157
Jucef ben Salomon Arrahena 81
Juda (Reich) 13
Juda (Stamm) 13, 14, 75, 109
Juda ben Esra 38, 62
Juda ben Menir 51
Juda ben Mose ben Daniel Romano 65
Juda ibn Tibbon 34, 35
Judaismus 16, 92, 97
 Krypto- 22, 99, 146
Juden
 -ägyptische 209
 -algerische 196, 198
 -andalusische 35
 -aragonische 107, 164
 -aschkenasische 183, 185
 -autochthone 155, 204
 -byzantinische 159, 165
 -englische 209
 -französische 133, 186, 209
 -griechische 117, 159
 -iberische 40, 60, 64, 114, 126, 194, 196
 -israelische 215
 -italienische 159
 -katalanische 165
 -maghrebinische 195
 -orientalische 183
 -päpstliche 115
 -portugiesische 106, 134, 135, 140, 143
 -provenzalische 126
 -sephardische 76, 112, 200, 204
 -spanische 13, 14, 22, 26, 31, 57, 59, 65, 66, 76, 81, 89, 95, 125, 134, 157, 183, 194, 195
 -türkische 179
 -venezianische 117, 159, 165
 -westliche 159
Judentum 7, 8, 16, 18, 21, 22, 28, 29, 39, 40, 93, 97, 99, 115, 125, 128, 155, 159, 160, 162, 166, 167, 181, 193, 194, 199, 200
Juderia 46, 79, 82, 85, 93
Julian von Toledo 21
Justinus (der Märtyrer) 142

Kabbala 35, 67, 68, 69, 73, 90, 95, 141, 172, 173, 176
Kabbalist 66, 69, 138, 173, 174, 175
Kahal Kadosh Talmud Tora (K. K. T. T.) 136, 137, 138, 159
Kahina (Königin der Berber) 115
Kairo 31, 40, 59, 172, 174, 175, 179, 186, 191, 192, 193, 200, 201, 202, 203, 204, 206, 207, 209, 210, 213
 Alt- 30
 Groß- 209
Kairouan 115, 191, 194
Kalabrien 174
Kalonymos 29
Karäer 29, 62, 117
Karäismus 29
Karl von Anjou 116
Karl V. 167
Karl VIII. von Frankreich 121, 126, 156
Karolinger 24
Karthum 201
Kaschrut 149
Kaspisches Meer 28
Kastilien 24, 37, 38, 44, 51, 57, 62, 74, 75, 79, 80, 85, 86, 87, 91, 92, 96, 97, 98, 103, 104, 105, 106, 113
Katalanen 117, 118
Katalonien 44, 46, 49, 59, 62, 72, 77, 94, 98, 102, 118
Katharina von Medici 126
Katholiken 19, 135, 191
Kattan, Naim 214
Kattamon 215
Kedar 33
Kerkenna-Eiland 194
Kfar Yasif 169
Khan-el-Khalili 203
Khedive 190
Kibbuz 205, 215
 - Degania 187
Kiddusch 10
Kimchi 112
Kimchi, David 166
Konstantinopel 27, 116, 117, 183, 184
Konzentrationslager 206
Konzil von Elvira 17, 80
Konzil von Illiberis 17
Konzil von Konstanz 94
Konzil, 4. toledanisches 20
Konzil von Trient 163
Konzil von 660 21
Konzil von 670 21
Kore ha-Dorot 170
Korfu 165, 171, 177
Kreta 117
Kristallnacht 205
Kurdistan 199
Kusari 39, 118
Kyrillos 142

Labastide-Clairance 128, 129
La Coruna 150
Laguna, Andres 108

La jugement du Roy de Navarre 83, 84
Languedoc 78, 112, 113, 114, 119, 120
Las Navas de Tolosa 41, 44
Laterankonzil 80
de Lavigerie 197
Lazarillo de Tormes 106
Le Havre 128, 146
León 28, 43, 46
Lérida 53, 94, 127
Leowigild 19
Lesbos 169
Levante 19
Levantini 156, 159
Levi, Jacob 131
Levita, Elia 126, 159, 162
Leviten 9
Libanon 190, 216
Limpieza de sangre 107
Lissabon 26, 44, 46, 48, 75, 79, 106, 125, 127, 146, 157, 160, 167, 169, 212
Livorno 126, 156, 177, 201
Logroño 107
Lombardei 155, 157
Lombardus, Petrus 76
London 38, 129, 130, 138, 140, 145, 146, 148, 149, 206, 210
Lopes, Aaron 129
Lopes Homen, Emmanuel 129
Lopez, Antoinette 128
Lopez Pereira, Manuel 129
Lopez, Rodrigo 130
Lopez de Villalobos 108
Lorca 36
Lord Moyne 206
Lothringen 134
Lucena 26, 34
Lucien Eliah 200
Ludwig IX. (der Heilige) 60, 116
Ludwig XVI. 133, 150
Lullus, Raimundus 90
Luria 174
Luria, Isaak 174
Lusitano, Amato (Juan Rodriguez) 163, 169
Lyon 113, 211

Madeira 136, 139
Madrid 108, 212, 163, 177
Magen David 204
Maghreb 72, 76, 90, 93, 103, 104, 114, 115, 121, 161, 169, 171, 186, 189, 190, 193, 194, 211, 212, 215
Maimi, Simon 106
Maimonides (Mose ben Maimon, Rambam) 40, 59, 63, 65, 66, 67, 68, 69, 70, 76, 113, 116, 118, 145, 148, 159, 162, 166, 168, 200
Majorqua 164
Makkabäer 8, 183
Malaga 32, 35, 36, 212
Malesherbes 133
Mallorca 58, 59, 73, 93, 108, 115, 171, 177
Malsin 50
Malta 168
Mameluken 171, 200
Manchester 185
Manosques 114, 120
Mantua 159, 163
Manuel (der Glückliche) 106
Manuzio, Aldo 161
Maquisards 207
Maravedis 86, 101
Marbella 212
Marc Manceau 184
Mardochai Lopez Fonseca 133
Maria 59, 82, 86
Maria de Medici 128
Marokko 37, 135, 190, 192, 196, 211, 213
Marrakesch 189, 191
Marranen 108, 125, 126, 129, 130, 137, 146, 147, 154, 156, 159, 160, 161, 164, 167, 168, 169, 174, 176, 177, 181, 194, 201
Marseille 103, 114, 177, 194, 195, 200, 208, 211
Martin 56
Martin de Zalva 92
Massada 183
Massip, Astruc 114

Matanza 82, 84
Mauren 24, 74
Mauretanien 15
Mazedonien 155
Meam Loez 181
Medici 156
Mehmet Ali 201
Meir ben Ephraim 159
Meir ben Jacob Parenzo 162
Meir ben Yahia (König von Portugal) 175
Meister Eckhart 68
Mekka 172
Mekor Chajim (lateinisch Fons Vitae) 34
Mellah 192
Mérida 14, 15, 17, 23, 26, 32, 35, 50
Meman 212
Memmi, Albert 189, 198
Menahem ben Saruq 28, 29
Menahem ben Zerah 64
Menasse 72
Menasse ben Israel (Manoel Dias Sveiro) 138, 139, 141, 142, 145, 201
Mendes 169
Mendes, Alvaro (Salomon ben Yaish, Herzog von Mytilini) 169
Mendes, Francisco 167
Mendes, Juan 167
Mendes, Reyna (Brianda) 167
Mendes Vega 146
Menir 48
Meron 68, 172
Meshullam von Volterra 118, 171
Mesopotamien 17, 29, 62, 112, 155, 189, 200
Messina 116
Mestre 115
Metz 196
Metzlan, Nathan (Soncino) 157, 158, 159, 165, 166
Mexiko 125, 126
Michel de Montaigne 128, 147

Middleburgh 140
Miguel de Galar 45
Miguel de Silva 156
Mikwe-Israel 186
Minian 10, 52, 114
Mischna 161
Mischne Tora 40, 63, 159
Mittelmeer 13, 26, 28, 111, 112, 114, 125, 189, 191, 212
 -länder 112, 153, 177, 200
 -raum 62, 65, 70, 117, 153, 154, 170, 186, 194, 197
 -städte 180
Mohel 9, 52, 131
Molkhom 194
Monreal 54
Montefiore, Mose 186
Monte San Giuliano (heute Erice) 116
Montpellier 33, 40, 48, 59, 76, 112, 118
Moquattamhügel 209
Mordechair Mendès-France 129
Morella 73
More ha-More 66
Morteira 142, 159
Morteira, Saul Levi 139
Mose 8, 81, 93, 105, 177
Mose ben Abbas 94
Mose Al-Constantini 74
Mose ben Esra 38
Mose de León 68, 76
Mose ben Maimon → Maimonides
Mose ben Menir 162
Mose ben Nachman →Nachmanides
Mose de Portella 73
Mose Uri ha-Levi 135
Mose de Samuel Gradis 133
Mosse de Cuellar 56
Mosse ibn Samuel ibn Chikatilia 34
Mostaganem 197
Mudder 48
Mudejares 46, 71
München 199
Muggademim (Regidorereo, Adelantados) 47, 48

Murcia 44, 48, 72
Murviedro 87, 89, 94
Muskiquartier 202, 203, 208
Muslimen 23, 25, 26, 27, 32, 37, 44, 46, 53, 54, 56, 71, 72, 77, 116, 176, 178, 183, 193, 209
Mussolini, Benito 205
Muturrabim 201, 202
Muwallad 25
Mzab 194, 196, 212

Nachmanides (Mose ben Nachman, Ramban) 59, 67, 68, 69, 90, 91, 112
Nahon 194
Najera, Israel 170
Nantes 128
Napoleon III. 196
Napoleon Bonaparte 201
Narbonne 15, 17, 19, 23, 24, 29, 63, 112, 118
Nasser, Gamal Abdel 208, 209
Nassi, Josef 166, 167, 168, 169, 178, 186, 213
Nassi Mose Tuviah 112, 118
Nathan Del Gabay 75
Nationalsozialismus 212
Navarra 44, 45, 48, 49, 50, 51, 53, 54, 56, 57, 59, 60, 64, 72, 73, 74, 75, 78, 81, 82, 84, 96, 100, 103, 107, 112, 113, 132
Navarra-Béarn-Auch 131
Navarro 48
Navarro, Mose 51, 74, 75, 76
Navon, Isaak 214
Neapel 116, 156
Nebukadnezar 13
Netter, Charles 186
Neu-Amsterdam 130, 139
Neve Schalom 136
Newport 130, 149
Newport Rhode Island 149
New York 130, 145, 182
Nidduy 49
Nikolaus V. 97, 98

Nil 204
 -inseln 202
 -tal 201
Nîmes 113
Nissim (Gerundi) 92
Nordsee 130
Normannen 116
Norwegen 146
Notre-Dame-des-Neiges 145
Notre-Dame von Zion 180, 203
Nürnberg 160
Nürnberger Prozeß 207
Nuñez, Maria 129

Obadja 118
Obadja von Bertinore 171
Observations des singularités 153
Ochoa d'Iaurreta 58
Österreich–Ungarn 187
Ohayon 212
Olite 54
Ollivier, Emile 196
Omaijaden 24
Omar-Pakt 24, 25, 45, 80, 190, 191, 196, 211
Orabuena, Josef 51, 58
Oran 115, 194, 195, 196, 197
Oranien-Nassau 135
Orient 151, 162, 163, 177, 189, 201
 Vorderer- 31, 117, 122, 153, 172, 174, 202, 206
Origenes 16, 20, 142
Osmanen 116, 171, 200, 213
Osmanisches Reich 153, 164, 167, 171, 178, 185
Ovadia, Josef 212
Ovidius Naso, Publius 148
Oxford 163

Padua 156, 162
Palache, Samuel 135
Palästina 153, 155, 173, 175, 186, 190, 203, 204, 205, 207, 211
Palmach 207
Pamplona 44, 46, 48, 54,

58, 70, 76, 82, 83, 91, 121, 127
Pardo 159, 170
Pardo, Joseph 136, 137
Pariente 186
Paris 121, 126, 128, 133, 134, 139, 147, 163, 184, 186, 199, 208, 210, 211, 216
Parnassim 130, 137, 165
Passah 8
Patterson 204, 207
Pau 128, 132
Paul IV. 162, 168
Paulus 17
Pecha 48, 119, 178
Pedro I. (der Grausame) 74, 79, 86
Pedro III. (der Große) 72, 73, 116
Pedro de Arbues 100
Pedro von Avignon 96
Pedro del La Caballeria 95, 96
Pedro Gonzales de Mendoza 100
Pedro de Ollogoyen 82
Pentateuch 161
Peñiscola 73, 94
Pereire (Pereyre, Pereira) 146, 147
Pereyra Suares, David 134
Perez de Corbeil 64
Perez, Diego (Salomon Molko) 174
Pero Lopez de Ayala 86
Perpignan 93
Persischer Golf 190, 191
Peyrehorade 128, 129
Philadelphia 130
Philon 191
Philipp II. 134
Pietro da Padova 76
Pievo di Sacco 158
Pinel, Duarte (Samuel Usque) 158, 159, 167
Pinto, Daniel 175
Pisa 156
Pizzighe Hone, David 116
Platon 34, 35
Poebene 158
Poitiers 24

Polen 207, 215
Ponentini 156, 159
Porphyrogennetos, Konstantin 27
Porte d'Aquitaine 128
Porto 51, 53, 75, 81, 127, 150, 212, 213
Port-Said 202
Portugal 19, 44, 46, 50, 51, 53, 54, 72, 74, 75, 79, 84, 96, 100, 103, 104, 105, 106, 125, 126, 135, 139, 146, 157, 166, 170, 212
Portugiesen 57, 127, 130, 158
Polytheismus 144
Prag 185
Presigno 161
Profach 119
Profat 59
Profiat Duran 93, 94
Provence 15, 112, 114, 119, 120, 121, 126, 155, 164
Providencia de Dios con Israel y verdad de la ley de Mosseh 139
Pumbedita 115
Purim 8, 58
Pyrenäen 19, 23, 24, 44, 120, 127, 212

Raba (Henriques Nuñes) 146
Rabenu Moise de Egypto 148
Rabbat 189
Rabbi 9, 18, 29, 47, 48, 50, 51, 54, 59, 63, 64, 69, 70, 87, 92, 94, 95, 130, 137, 138, 141, 145, 148, 163, 172, 175, 177, 178, 181, 186, 191, 192, 197
Rabbinismus 30
Rafael ha-Cohen 192
hl. Raimund von Penafort (Peñaforte) 69, 70
Rambam → Maimonides
Ramban → Nachmanides
Raschba (Rabbi Schlomo ben Adret) 66

Raschi 161
Raschi von Troyes (Rabbi Salomon ben Isaak) 63, 64, 111
Rathier von Verona 80
Ravaya 73, 90
Ravaya, Josef 73
Ravaya, Jucef 51, 116
Raya 184, 185
Recemundo (Rabbi ben Zaid) 26
Recife 130
Reconquista 24, 41, 43
Reggio di Calabria 158
Regimiento de la vida 169
Reinach, Salomon 197
Reinoso, Arce 108
Rekared 19
Rembrandt (R. Harmensz van Rijn) 138
Rendeiro (Arrendador) 75, 80, 100, 105, 108
Rhein 111
Rheinland 135
Rhone 15, 113, 114, 120
Richelieu 131
Riga 216
Rimado del Palacio 86
Rimini 157, 158, 159
Römer 16, 17, 19, 80
Roderich 23
Rodrigues-Pereire, Jacob 129, 132
Rom 15, 19, 27, 115, 126, 155, 157, 160, 162
Romagna 163
Rommelfeldzug 206
Ronda 36, 213
Roth, Cecil 134
Rothschild, Baron Edmond de 153, 186
Rosch-ha-Schana 8, 162
Rosenthaliana 138
Rotes Meer 191
Rousillon 112, 114
Rubeni, David 173, 174
Ruggiero 116
Ruiz, Maria 57
Rumänien 185
Rußland 200, 203, 207
Rustschuk 186

Saadia 29

Sadat, Anwar 208
Sabbat 9, 10, 21, 22, 30, 45, 48, 49, 85, 96, 99, 175, 180
Sabbionetta 163
Sabras 216
Sacrajas 37
Safed (Beth El) 63, 148, 163, 170, 171, 172, 173, 174, 175, 190
Sagonte 73
Sahara 115, 189
Sahagun 46, 78, 79
Saint-Eloi 128
Saint-Jean-de-Luz 129, 137
Saint-Maur 133
Saint Rémy-de-Provence 114, 120
Saladin 40, 200
Salamanca 59, 169
Salazar 212
Salomo 14
Salomon ibn Adret 64, 118
Salomon al-Constantini 72
Salomon ben Ardut 76
Salomon ibn Gabirol → Avicebron
Salomon de la Garde 119
Salomon ben Isaak Yaabetz 166
Salomon ben Menasse 72
Salomon ben Sids 73
Salomon ibn Verga 109
Saloniki 103, 109, 136, 155, 157, 158, 159, 163, 164, 165, 166, 169, 170, 171, 172, 173, 174, 175, 176, 177, 178, 180, 181, 182, 186, 193, 201, 205, 207
Sambation 175
Sambenito 105, 181
Samuel Aben Menasse 72
Samuel ha-Levi ben Josef ibn Nagrela (Ha Nagid, Pablo de Santa Maria) 32, 35, 36, 54, 74, 86, 92, 93, 213
Samuel ibn Tibbon 113
Sanchez 94, 101
Sanchez (der Dicke) 28

Sanchez, Pedro 96
Sancho de Aguila 87
Sancho de Gorga 45
Sancho von Navarra (der Weise) 81
Sangüesa 53
San-Miguel-de-Los-Navarros 54
San Remo 205
Santa Coloma de Queralt 46
Santa Companhia de dotar orfâse donzelas pobres 136
Santangel 94, 101
Santarem 51, 75
Santiago 108
Santo Domingo 146
Santo Niño de La Guardia 86
Sarmiento, Pedro 97
Saragossa 26, 32, 33, 34, 37, 38, 44, 48, 53, 54, 59, 64, 70, 73, 74, 76, 92, 94, 95, 96, 100, 101, 102, 105, 116, 127, 162, 166
Sasportas 194
Sasportas, Jacob 138, 195
Saul de Challono 116
Savannah 130
Savoyen 113, 114
Scemama 212
Schammasch 9
Schawuot 8, 34
Scheelot und Teschuwot 64
Scheid, Eli 153
Schem Tow ibn Ardeutiel de Carrion 61
Schemtow ibn Falaquera 33, 65, 66, 118
Schem Tow ben Menir 166
Schemtow ibn Schaprut 91
Schlacht der gelben Turbane 37
Schlomo el-Sephardi → Avicebron
Schochet 9, 52, 103, 131
Schwarzes Meer 206
Scriptor noster maior de Arabico 72
Sechstagekrieg 209, 211, 216

Sedan 196
Segorbe 73
Segovia 38, 53, 87, 99
Segovia Alfons de Espina 97
Selim I. 167
Selim II. 167, 168, 169, 213
Señor Benjamin Louis 150
Sento de Forns 58
Sepanto 168
Sepharad 7, 13, 14, 17, 29, 109, 111, 112, 114, 115, 170, 212
Sepharam 169
Sepher ha-Kabbala 62
Serenissima Republica 160
Serres 114, 121
Setif 197
Sevilla 17, 20, 26, 32, 46, 50, 85, 91, 99, 212
Sevillana medicina 85
Shebet Jeuda 109
Shoshan 73
Shulkhan Aruk (Mesa del Alma) 173
Sierra Nevada 23
Siete Partidas 88
Sijilmasa 115
Silveyra, Isaak 175
Silvegra, Jacob (Furtado) 133, 134
Simeon ben Jochai 68, 172
Simon von Montfort 119
Sinai 8
-krieg 208
Sirat 194
Sirat, Samuel 214
Sisebut 20
Sitbon 194
Sizilien 56, 62, 71, 72, 73, 116
Smyrna 154, 179
Sohar 68, 76, 159, 174, 175, 176
Soncino → Metzlan, Nathan
Sorbonne 198
Soria 68
Souza, Ribca 129
Spanien 7, 14, 15, 16, 17, 19, 20, 21, 24, 32, 36, 39, 43, 45, 55, 56, 58,

61, 62, 63, 65, 67, 69, 71, 72, 77, 78, 80, 81, 83, 90, 92, 96, 98, 104, 111, 112, 113, 114, 115, 120, 121, 122, 125, 130, 134, 147, 150, 153, 154, 162, 166, 172, 173, 182, 183, 194, 195, 212, 213, 214

Spanier 24, 37, 45, 56, 57, 59, 68, 90, 95, 116, 117, 127, 130, 143, 156, 158, 195
Spence, Caroll 183, 185
Speyer 157
Spinoza, Baruch 34, 139, 142, 143, 144, 147
Stenzl, Jürg 84
Stern (Gruppe) 206, 207
Straßburg 212
Struma 206
Sudan 115
Sueben 19
Suez 204
 -kanal 183, 201, 206, 208
Sukkot 8, 49, 131
Suleyman (der Prächtige) 167, 168
Sullam, Josef 58
Sura 115
Surinam 130, 145
Synagoge 9, 10, 22, 25, 26, 29, 48, 52, 53, 54, 62, 69, 75, 77, 82, 85, 87, 89, 102, 116, 120, 128, 131, 132, 135, 136, 141, 163, 164, 184, 191, 197, 202, 211, 212
 Ben-Esra- 31, 202
 El Transito- 74
Syri 18
Syrien 15, 155, 190, 201, 206, 210, 213

Tabor 201
Tagel, Johan 96
Taifas 32, 37, 50, 71
Takkanot 48
Tallia Judeorum 113
Talmud 10, 17, 26, 29, 35, 48, 51, 52, 61, 63, 64, 66, 67, 68, 69, 70, 91, 94, 100, 111, 112, 118, 157, 161, 162, 163, 172, 174, 175, 181, 192, 202, 212
Talmudisten 40
Tammus 129
Tanger 103, 115, 194
Tarazona 73, 74
Tarfun-Straße 199
Tarik 23
Taros, Mosse 58
Tarragona (Cesse, Colonia Julia Victorix Triumphalis) 14, 15
Tartas 128
Taveres, Benjamin 133
Tchelebi, Rafael (König Toas) 175
Teboul 212
Tedeschi 156, 159
Tel Aviv 187, 190
Tertullian 16
Teruel 74, 99
Theben 165
Theodomir (Tudmir) 23
Thibaut II. von Navarra 56
Thomas von Aquin 65, 66, 70, 76
Tiaret 115
Tibbon 33, 34, 40, 76, 118
Tiber 163
Tiberias 168, 170, 171, 213
Tirado, Jacob 135, 137
Titus 17
Tlemcen 115, 194, 196, 197, 198
Todesco 185
Todros von Toledo 68
Toledo 19, 20, 26, 32, 37, 38, 44, 46, 48, 51, 53, 64, 70, 74, 78, 92, 98, 101, 104, 105, 125, 127, 213
Tomas Garcia de Santa Maria 96
Tomas de Torquemada 99, 101
Tora 8, 17, 29, 47, 102, 157, 158, 175, 181, 191, 197

Tortosa 14, 15, 26, 28, 29, 30, 63, 91, 94, 102
Toskana 156
Tossafisten 63, 161
Toulouse 19, 60, 112, 113, 128, 211, 212
Tractatus theologico-politicus 143, 144
Trapani 116
Tras os Montes 51
Trastamare 79
Tripolitanien 15
Tropen 130
Troyes 121
Trujillo 87
Tubiya 212
Tudela 33, 38, 44, 45, 46, 48, 49, 52, 53, 56, 57, 58, 65, 66, 68, 70, 74, 76, 81, 91, 100, 101, 116, 121
Türkei 108, 153, 155, 174, 176, 184, 190, 203, 214, 215
Türken 163, 166, 180
Tunesien 190, 196, 197, 211
Tunis 194, 198, 213
Tyros 172

Ukraine 206
Ullmann, Arno 205
Ungarn 153
Uriel da Costa (Uriel Acosta, Gabriel Da Costa) 139
Uziel, Isaak 136, 140

Valencia 32, 37, 44, 46, 58, 64, 72, 73, 74, 88, 94, 102, 105, 112, 115, 116, 119, 156, 160, 165, 212
Valensi 194
Valladolid 74, 87, 125
Vatikana 163
Venedig 115, 117, 126, 130, 136, 137, 139, 147, 155, 156, 157, 159, 160, 161, 162, 163, 167, 168, 171, 182, 184
Venetien 158

Venezuela 125
Verdun 198
Vereinigte Niederlande 135, 145, 147
Vereinigte Staaten von Nordamerika 142, 183, 186, 202, 215
Vereinte Nationen 207
Versailles 133, 149
Vespucci, Amerigo 125
Vindiciae Judaeorum 140
Vinzenz (hl.) 51
Vinzenz Ferrer 91
Violantha von Aragonien 91
Viseu 51
Vitas Francès 45
Volterra 118
Voorburg 145
Vouillé 19

Wandalen 19
Wakkar 48, 73
Waldvogel, Prokopius 158
Wamba 21
Wargla 193, 194, 199
Warschauer Ghetto 206
Weltkrieg, erster 155, 198, 204
Weltkrieg, zweiter 206, 207
Westgotisches Königreich (auch Westgotenreich) 19, 23
Weströmisches Kaiserreich 19
Wien 154, 185, 199
Wilhelm (der Schweigsame) 134
Wilhelm von Oranien 168

Yahia Aben Yaish 50
York 38

Zacuto 194
Zacuto, Abraham (Lusitanus) 138
Zallaqa 37
Zanetti 161
Zapata, Mateo 108
Zarathustrier 25
Zarefat 7, 112
Zarefati 121
Zelus Christi contra Judeos 95
Zerahia ha-Levi 94
Zerfati 158, 159
Zion 14, 39, 187
Zion Mule Corpse 204
Zionismus 142, 208, 209
Zuera 96
Zypern 207

**Bitte beachten Sie
die folgenden Seiten**

Peter Landesmann

Die Juden und ihr Glaube

Eine Gemeinschaft im Zeichen der Tora

Ullstein Buch 34660

Ohne Zweifel zählt das Judentum zu den faszinierendsten Phänomenen der Menschheitsgeschichte. Hier liegt der Ursprung aller monotheistischen Religionen. Dieses Buch macht den Leser in fesselnder Weise mit der jüdischen Religion, ihren Glaubenssätzen und Gebräuchen vertraut. Der Vergleich von Juden- und Christentum hilft jedem Menschen, die Wurzeln seines eigenen Glaubens zu erkennen.

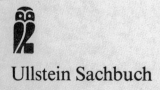

Ullstein Sachbuch

Salcia Landmann

Jesus und die Juden

oder Die Folgen einer Verstrickung

Ullstein Buch 34597

Auf provokante und verblüffend unorthodoxe Weise geht die Kennerin des osteuropäischen Judentums der Frage nach, weshalb die Juden von Jesus zu Lebzeiten keine Notiz genommen haben. Es gelingt ihr eine atmosphärisch dichte Analyse der damaligen jüdischen Schriftgelehrtenwelt und der Anfänge des Christentums…

»… Sie ist eine Schriftstellerin, die mit der Hingabe ihrer ganzen Subjektivität zu erfüllen weiß, was sie schildern will.«
(Neue Zürcher Zeitung)

Ullstein Sachbuch

Das Judentum ist nicht nur Ursprung aller monotheistischen Religionen und damit auch des christlichen Glaubens, es durchdringt und prägt vielmehr das gesamte abendländische Leben.

Das Wissen um die jüdische Welt, ihren Glauben, ihre Bräuche, ihre Lehren, hilft damit auch dem Nichtjuden, die Wurzeln seiner kulturellen Existenz zu erkennen, es trägt außerdem bei zur Vertiefung des Verständnisses und zur Ausweitung des Dialogs zwischen Juden und Christen.

296 Seiten · Gebunden

nymphenburger